唐房玄齡等撰

晉書

第三册

卷一九至卷三〇（志）

中華書局

晉書卷十九

志第九

禮上

夫人含天地陰陽之靈，有哀樂喜怒之情。迺聖垂範，以爲民極，節其驕淫，以防其暴亂；崇高天地，虔敬鬼神，列尊卑之序，成夫婦之義，然後爲國爲家，可得而治也。傳曰：「一日克己復禮，天下歸仁。」若迺太一初分，燧人鑽火，志有暢於恭儉，情不由乎玉帛，而酌玄流於春澗之右，焚封豕於秋林之外，亦無得而闕焉。軒頊依神，唐虞稽古，逮乎隆周，其文大備。或垂百官之範，置不刊之法；或禮經三百，威儀三千，皆所以弘宣天意，雕刻人理。叔代澆訛，王風陵謝，事睽光國，禮亦愆家。趙簡子問太叔以揖讓周旋之禮，對曰：「蓋所謂儀而非禮也。」天經地義之道，自茲尤缺。哀公十一年，孔子自衞反魯，迹三代之典，垂百王之訓，時無明后，道噎不行。

若夫情尚分流，隄防之仁是棄；澆訛異術，洙泗之風斯泯。是以漢文罷再朞之喪，中興爲一郊之祭，隨時之義，不其然歟！而西京元鼎之辰，中興永平之日，疏璧流而延冠帶，啓儒門而引諸生，兩京之盛，於斯爲美。及山魚登俎，澤豕睽經，禮樂恆委，浮華相尚，而郊禋之制，綱紀或存。魏氏光宅，憲章斯美。王肅、高堂隆之徒，博通前載，三千條之禮，十七篇之學，各以舊文增損當世，豈所謂致君於堯舜之道焉。世屬雕牆，時逢秕政，周因之典，務多違俗，而遺編殘冊猶有可觀者也。景初元年，營洛陽南委粟山以爲圓丘，祀之日以始祖帝舜配，房俎生魚，陶樽玄酒，非搢紳爲之綱紀，其孰能與於此者哉！

宣景戎旅，未遑伊制。太康平吳，九州共一，禮經咸至，樂器同歸，於是齊魯諸生各攜緗素。武皇帝亦初平寇亂，意先儀範。其吉禮也，則三茅不翦，日觀停瑄；其凶禮也，則深衣布冠，降席徹膳。明乎一謙三益之義，而敎化行焉。元皇中興，事多權道，遺文舊典，不斷如髮。是以常侍戴邈詣闕上疏云：「方今天地更始，萬物權輿，蕩近世之流弊，創千齡之英範。是故雙劍之節崇，而飛白之俗成；挾琴之容飾，而赴曲之和作。」其所以興起禮文，勸帝身先之也。穆哀之後，王猷漸替，桓溫居揆，政由己出，而有司或曜斯文，增暉執事，主威長謝，臣道專行。記曰，「苟無其位，不可以作禮樂」，豈斯之謂歟！

晉始則有荀顗、鄭沖裁成國典，江左則有荀崧、刁協損益朝儀。周官五禮，吉凶軍賓嘉，而吉禮之大，莫過祭祀，故洪範八政，三曰祀。祀者，所以昭孝事祖，通于神明者也。漢興，承秦滅學之後，制度多未能復古。歷東、西京四百餘年，故往往改變。魏氏承漢末大亂，舊章殄滅，命侍中王粲、尚書衞覬草創朝儀。及晉國建，文帝又命荀顗因魏代前事，撰爲新禮，參考今古，更其節文，羊祜、任愷、庾峻、應貞並共刊定，成百六十五篇，奏之。太康初，尚書僕射朱整奏付尚書郎摯虞討論之。虞表所宜損增曰：

臣典校故太尉顗所撰五禮，臣以爲夫革命以垂統，帝王之美事也，隆禮以率教，邦國之大務也，是以臣前表禮事稽留，求速訖施行。又以喪服最多疑闕，宜見補定。又以今禮篇卷煩重，宜隨類通合。事久不出，懼見寢嘿。

蓋冠婚祭會諸吉禮，其制少變；至于喪服，世之要用，而特易失旨。故子張疑高宗諒陰三年，子思不聽其子服出母，子游謂異父昆弟大功，而子夏謂之齊衰，及孔子沒而門人疑於所服。此等皆明達習禮，仰讀周典，俯師仲尼，漸漬聖訓，講肄積年，及遇喪事，猶尚若此，明喪禮易惑，不可不詳也。況自此已來，篇章焚散，去聖彌遠，喪制詭謬，固其宜矣。是以喪服一卷，卷不盈握，而爭說紛然。三年之喪，鄭云二十七月，王云二十五月。改葬之服，鄭云服緦三月，王云葬訖而除。繼母出嫁，鄭云皆服，王云從乎繼寄育乃爲之服。無服之殤，鄭云子生一月哭之一日，王云以哭之日易服之月。如此者甚衆。喪服本文省略，必待注解事義迺彰；其傳說差詳，世稱子夏所作。鄭王祖經宗傳，而各有異同，天下並疑，莫知所定。而顗直書古經文而已，盡除子夏傳及先儒注說，其事不可得行。及其行事，故當還頒異說，一彼一此，非所以定制也。臣以爲今宜參采禮記，略取傳說，補其未備，一其殊義。可依準王景侯所撰喪服變除，使類統明正，以斷疑爭，然後制無二門，咸同所由。

又此禮當班於天下，不宜繁多。顗爲百六十五篇，篇爲一卷，合十五餘萬言，臣猶謂卷多文煩，類皆重出。案尚書堯典祀山川之禮，惟於東嶽備稱牲幣之數，陳所用之儀，其餘則但曰「如初」。周禮祀天地五帝享先王，其事同者皆曰「亦如之」，文約而義舉。今禮儀事同而名異者，輒別爲篇，卷煩而不典。皆宜省文通事，隨類合之，事有不同，乃列其異。如此，所減三分之一。

虞討論新禮訖，以元康元年上之。所陳惟明堂五帝、二社六宗及吉凶王公制度，凡十五篇。有詔可其議。後虞與傅咸纘續其事，竟未成功。中原覆沒，虞之決疑注，是其遺事也。逮于江左，僕射刁協、太常荀崧補緝舊文，光祿大夫蔡謨又踵修其事云。

魏明帝太和元年正月丁未，郊祀武帝以配天，宗祀文帝於明堂以配上帝。於是時，二漢郊禋之制具存，魏所損益可知。四年八月，天子東巡，過繁昌，使執金吾臧霸行太尉事，以特牛祠受禪壇。景初元年十月乙卯，始營洛陽南委粟山爲圜丘。詔曰：「昔漢氏之初，承秦滅學之後，採摭殘缺，以備郊祀。自甘泉后土，雍宮五畤，神祇兆位，多不經見，並以興廢無常，一彼一此，四百餘年，廢無禘禮，古代之所更立者，遂有闕焉。曹氏世系，出自有虞氏。今祀圜丘以始祖帝舜配，號圜丘曰皇皇帝天。方丘所祭曰皇皇后地，以舜妃伊氏配。天郊所祭曰皇天之神，以太祖武皇帝配。地郊所祭曰皇地之祇，以武宣皇后配。宗祀皇考高祖文皇帝於明堂，以配上帝。」十二月壬子冬至，始祀皇皇帝天于圜丘，以始祖有虞帝舜配。自正始以後，終魏世不復郊祀。

魏元帝咸熙二年十二月甲子，使持節侍中太保鄭沖、兼太尉司隸校尉李憙奉皇帝璽綬策書，〔一〕禪位于晉。丙寅，武皇帝設壇場于南郊，柴燎告類于上帝，是時尚未有祖配。泰始二年正月，詔曰：「有司前奏郊祀權用魏禮，朕不慮改作之難，令便爲永制，衆議紛互，遂不時定，不得以時供饗神祇，配以祖考。日夕難企，貶食忘安，其便郊祀。」時羣臣又議，五帝卽天也，〔二〕王氣時異，故殊其號，雖名有五，其實一神。明堂南郊，宜除五帝之坐，五郊改五精之號，皆同稱昊天上帝，各設一坐而已。地郊又除先后配祀。帝悉從之。二月丁丑，郊祀宣皇帝以配天，宗祀文皇帝於明堂以配上帝。是年十一月，有司又議奏，古者丘郊不異，宜并圓丘方丘於南北郊，更修立壇兆，其二至之祀合於二郊。帝又從之，一如宣帝所用王肅議也。是月庚寅冬至，帝親祠圓丘於南郊。自是後，圓丘方澤不別立。

太康三年正月，帝親郊祀，皇太子、皇子悉侍祠。十年十月，又詔曰：「孝經『郊祀后稷以配天，宗祀文王於明堂以配上帝』。而周官云『祀天旅上帝』，又曰『祀地旅四望』。望非地，則明堂上帝不得爲天也。往者衆議除明堂五帝位，考之禮文不正。且詩序曰『文武之功，起於后稷』，故推以配天焉。宣帝以神武創業，既已配天，復以先帝配天，於義亦所不安。其復明堂及南郊五帝位。」愍帝都長安，未及立郊廟而敗。

元帝渡江，太興二年始議立郊祀儀。尚書令刁協、國子祭酒杜夷議，宜須旋都洛邑乃修之。司徒荀組據漢獻帝都許卽便立郊，自宜於此修奉。驃騎王導、僕射荀崧、太常華恒、中書侍郎庾亮皆同組議，事遂施行，立南郊於巳地。其制度皆太常賀循所定，多依漢及晉初之儀。三月辛卯，〔三〕帝親郊祀，饗配之禮一依武帝始郊故事。是時尚未立北壇，地祇衆神共在天郊。

明帝太寧三年七月，始詔立北郊，未及建而帝崩。及成帝咸和八年正月，追述前旨，於覆舟山南立之。天郊則五帝之佐、〔四〕日月、五星、二十八宿、文昌、北斗、三台、司命、軒轅、后土、太一、天一、太微、句陳、北極、雨師、雷電、司空、風伯、老人，凡六十二神也。地郊則五嶽、四望、四海、四瀆、五湖、五帝之佐、沂山、嶽山、白山、霍山、醫無閭山、蔣山、松江、會稽山、錢唐江、先農，凡四十四神也。江南諸小山，蓋江左所立，猶如漢西京關中小水皆有祭秩也。是月辛未，祀北郊，始以宣穆張皇后配，此魏氏故事，非晉舊也。

康帝建元元年正月，將北郊，有疑議。太常顧和表：「泰始中，合二至之禮於二郊。北郊之月，古無明文，或以夏至，或同用陽復。漢光武正月辛未，始建北郊，此則與南郊同月。及中興草創，百度從簡，合七郊於一丘，憲章未備，權用斯禮，蓋時宜也。至咸和中，議別立北郊，同用正月。魏承後漢，正月祭天以地配。時高堂隆等以爲禮祭天不以地配，而稱周禮三王之郊一用夏正。」於是從和議。是月辛未南郊，辛巳北郊，帝皆親奉。

安帝元興三年，劉裕討桓玄，走之。己卯，告義功于南郊。是年，帝蒙塵江陵未反。其明年應郊，朝議以爲宜依周禮，宗伯攝職，三公行事。尚書左丞王納之獨曰：「既殯郊祀，自是天子當陽，有君存焉，稟命而行，何所辯也。郊之與否，〔五〕豈如今日之比乎！」議者又云：「今宜郊，故是承制所得令三公行事。」又「郊天極尊，〔六〕惟一而已，故非天子不祀也。庶人以上，莫不蒸嘗，嫡子居外，介子執事，未有不親受命而可祭天者」。納之又曰：「武皇受禪，用二月郊，元帝中興，以三月郊。今郊時未過，日望輿駕，無爲欲速，而使皇輿旋反，更不得親奉也。」〔七〕於是從納之議。

郊廟牲幣璧玉之色，雖有成文，秦世多以騮駒，漢則但云犢，未辨其色。江左南北郊同用玄牲，明堂廟社同以赤牲。

禮有事告祖禰宜社之文，未有告郊之典也。漢儀，天子之喪，使太尉告謚于南郊，他無聞焉。魏文帝黃初四年七月，帝將東巡，以大軍當出，使太常以一特牛告祠南郊。及文帝崩，太尉鍾繇告謚南郊，皆是有事於郊也。江左則廢。

禮，春分朝日於東，秋分夕月於西。漢武帝郊泰畤，平旦出竹宮，東向揖日，其夕西向揖月。即用郊日，又不在東西郊也。後遂旦夕常拜。故魏文帝詔曰：「漢氏不拜日於東郊，而旦夕常於殿下東西拜日月，煩褻似家人之事，非事天交神之道也。」黃初二年正月乙亥，朝日于東門之外，又違禮二分之義。魏明帝太和元年二月丁亥，朝日于東郊，八月己丑，夕月于西郊，始得古禮。及武帝太康二年，有司奏，春分依舊車駕朝日，寒溫未適，可不親出。詔曰：「禮儀宜有常，若如所奏，與故太尉所撰不同，復爲無定制也。閒者方難未平，故每從所奏，今戎事弭息，惟此爲大。」案此詔，帝復爲親朝日也。此後廢。

禮，「郊祀后稷以配天，宗祀文王於明堂以配上帝」。魏文帝即位，用漢明堂而未有配。

明帝太和元年，始宗祀文帝於明堂，齊王亦行其禮。

晉初以文帝配，後復以宣帝，尋復還以文帝配，其餘無所變革。是則郊與明堂，同配異配，參差不同矣。摯虞議以爲：「漢魏故事，明堂祀五帝之神。新禮，五帝卽上帝，卽天帝也。明堂除五帝之位，惟祭上帝。案仲尼稱『郊祀后稷以配天，宗祀文王於明堂以配上帝』。周禮，祀天旅上帝，祀地旅四望。望非地，則上帝非天，斷可識矣。郊丘之祀，掃地而祭，牲用繭栗，器用陶匏，事反其始，故配以遠祖。明堂之祭，備物以薦，玉牲並陳，籩豆成列，禮同人鬼，故配以近考。郊堂兆位，居然異體，牲牢品物，質文殊趣。且祖考同配，非謂尊嚴之美，三日再祀，非謂不黷之義，其非一神，亦足明矣。昔在上古，生爲明王，沒則配五行，故太昊配木，神農配火，少昊配金，顓頊配水，黃帝配土。此五帝者，配天之神，同兆之於四郊，報之於明堂。祀天，大裘而冕，祀五帝亦如之。或以爲五精之帝，佐天育物者也。前代相因，莫之或廢，晉初始從異議。庚午詔書，明堂及南郊除五帝之位，惟祀天神，新禮奉而用之。前太醫令韓楊上書，〔八〕宜如舊祀五帝。太康十年，詔已施用。宜定新禮，明堂及郊祀五帝如舊儀。」詔從之。江左以後，未遑修建。

漢儀，太史每歲上其年曆，先立春、立夏、大暑、立秋、立冬常讀五時令，皇帝所服，各隨五時之色。帝升御坐，尚書令以下就席位，尚書三公郎以令置案上，奉以入，就席伏讀訖，賜酒一卮。魏氏常行其禮。魏明帝景初元年，通事白曰：「前後但見讀春夏秋冬四時令，至於服黃之時，獨闕不讀，今不解其故。」散騎常侍領太史令高堂隆以爲「黃於五行，中央土也，王四季各十八日。土生於火，故于火用事之末服黃，〔九〕三季則否。其令則隨四時，不以五行爲令也，〔一〇〕是以服黃無令」。斯則魏氏不讀大暑令也。

及晉受命，亦有其制。傅咸云：「立秋一日，白路光於紫庭，白旂陳於玉階。」然則其日旂路皆白也。成帝咸和五年六月丁未，有司奏讀秋令。兼侍中散騎常侍荀奕、兼黃門侍郎散騎侍郎曹宇駁曰：「尚書三公曹奏讀秋令，儀注舊典未備。臣等參議光祿大夫臣華恒議，武皇帝以秋夏盛暑，常闕不讀令，在春冬不廢也。夫先王所以順時讀令者，蓋後天而奉天時，正服尊嚴之所重。今服章多闕，加比熱隆赫，臣等謂可如恒議，依故事闕如不讀。」詔可。六年三月，有司奏「今月十六日立夏。今正服漸備，四時讀令，是祗述天和隆殺之道，謂今故宜讀夏令」。奏可。

禮孟春之月，「乃擇元辰，天子親載耒耜，措之于參保介之御間，帥三公九卿諸侯大夫躬耕帝藉」。至秦滅學，其禮久廢。漢文帝之後，始行斯典。魏之三祖，亦皆親耕藉田。

及武帝泰始四年，有司奏始耕祠先農，可令有司行事。詔曰：「夫國之大事，在祀與農。是以古之聖王，躬耕帝藉，以供郊廟之粢盛，且以訓化天下。近世以來，耕藉止於數步之中，空有慕古之名，曾無供祀訓農之實，而有百官車徒之費。今修千畝之制，當與羣公卿士躬稼穡之艱難，以率先天下。主者詳具其制，下河南，處田地於東郊之南，洛水之北。若無官田，隨宜便換，而不得侵人也。」於是乘輿御木輅以耕，以太牢祀先農。自惠帝之後，其事便廢。

江左元帝將修耕藉，尙書符問「藉田至尊應躬祠先農不」？賀循答：「漢儀無正有至尊應躬祭之文，〔二〕然則周禮王者祭四望則毳冕，祭社稷五祀則絺冕，以此不爲無親祭之義也。宜立兩儀注。」賀循等所上儀注又未詳允，事竟不行。後哀帝復欲行其典，亦不能遂。

漢儀，縣邑常以乙未日祠先農，乃耕於乙地，以丙戌日祠風伯於戌地，以己丑日祠雨師於丑地，牲用羊豕。立春之日，皆青幡幘迎春於東郊外野中。迎春至自野中出，則迎拜之而還，弗祭。三時不迎。

魏氏雖天子耕藉，藩鎮闕諸侯百畝之禮。及武帝末，有司奏：「古諸侯耕藉田百畝，躬執耒以奉社稷宗廟，以勸率農功。今諸王臨國，宜依修耕藉之義。」然竟未施行。

周禮，王后帥內外命婦蠶於北郊。漢儀，皇后親桑東郊苑中，蠶室祭蠶神，曰菀窳婦人、寓氏公主，祠用少牢。魏文帝黄初七年正月，命中宮蠶於北郊，依周典也。

及武帝太康六年，散騎常侍華嶠奏：「先王之制，天子諸侯親耕耤田千畝，后夫人躬蠶桑。今陛下以聖明至仁，修先王之緒，皇后體資生之德，合配乾之義，而坤道未光，蠶禮尙缺。以爲宜依古式，備斯盛典。」詔曰：「昔天子親耤，以供粢盛，后夫人躬蠶，以備祭服，所以聿遵孝敬，明教示訓也。今耤田有制，而蠶禮不修，由中間務多，未暇崇備。今天下無事，宜修禮以示四海。其詳依古典，及近代故事，以參今宜，明年施行。」於是蠶於西郊，蓋與耤田對其方也。乃使侍中成粲草定其儀。先蠶壇高一丈，方二丈，爲四出陛，陛廣五尺，在皇后採桑壇東南帷宮外門之外，而東南去帷宮十丈，在蠶室西南，桑林在其東。取列侯妻六人爲蠶母。蠶將生，擇吉日，皇后著十二笄步搖，依漢魏故事，衣青衣，乘油畫雲母安車，駕六騩馬。女尙書著貂蟬佩璽陪乘，載筐鉤。公主、三夫人、九嬪、世婦、諸太妃、太夫人及縣鄉君、郡公侯特進夫人、外世婦、命婦皆步搖，衣青，各載筐鉤從蠶。先桑二日，蠶宮生蠶著薄上。桑日，皇后未到，太祝令質明以一太牢告祠，謁者一人監祠。祠畢撤饌，班餘胙於從桑及奉祠者。皇后至西郊升壇，公主以下陪列壇東。皇后東面躬桑，採三條，諸妃公主各採五條，縣鄉君以下各採九條，悉以桑授蠶母，還蠶室。事訖，皇后還便坐，公主以下乃就位，設饗宴，賜絹各有差。

前漢但置官社而無官稷，王莽置官稷，後復省。故漢至魏但太社有稷，而官社無稷，故常二社一稷也。

晉初仍魏，無所增損。至太康九年，改建宗廟，而社稷壇與廟俱徙。乃詔曰：「社實一神，其并二社之祀。」於是車騎司馬傅咸表曰：

祭法王社太社，各有其義。天子尊事郊廟，故冕而躬耕。躬耕也者，所以重孝享之粢盛。親耕故自報，自爲立社者，爲藉田而報者也。國以人爲本，人以穀爲命，故又爲百姓立社而祈報焉。事異報殊，此社之所以有二也。

王景侯之論王社，亦謂春祈藉田，秋而報之也。其論太社，則曰王者布下圻內，爲百姓立之，謂之太社，不自立之於京都也。景侯此論據祭法。祭法：「大夫以下成羣立社，曰置社。」景侯解曰，「今之里社是也」。景侯解祭法，則以置社爲人間之社矣。而別論復以太社爲人間之社，未曉此旨也。太社，天子爲百姓而祀，故稱天子社。郊特牲曰：「天子太社，必受霜露風雨。」以羣姓之衆，王者通爲立社，故稱太社也。若夫置社，其數不一，蓋以里所爲名，左氏傳盟于清丘之社是也。衆庶之社，既已不稱太矣，若復不立之京都，當安所立乎！

祭法又曰，王爲羣姓立七祀，王自爲立七祀。言自爲者，自爲而祀也；爲羣姓者，爲羣姓而祀也。太社與七祀其文正等。說者窮此，因云墳籍但有五祀，無七祀也。案祭，五祀國之大祀，七者小祀。周禮所云祭凡小祀，則墨冕之屬也。景侯解大厲曰，「如周杜伯，鬼有所歸，乃不爲厲」。今云無二社者稱景侯，祭法不謂無二，則曰「口傳無其文也」。夫以景侯之明，擬議而後爲解，而欲以口論除明文，如此非但二社當見思惟，景侯之後解亦未易除也。

前被敕，尚書召誥乃社于新邑，惟一太牢，不二社之明義也。案郊特牲曰社稷太牢，必援一牢之文以明社之無二，則稷無牲矣。說者曰，舉社則稷可知。苟可舉社以明稷，何獨不舉一以明二？國之大事，在祀與戎。若有二而除之，不若過而存之。況存之有義，而除之無據乎？

周禮封人掌設社壝，無稷字。今帝社無稷，蓋出於此。然國主社稷，故經傳動稱社稷。周禮王祭社稷則絺冕，此王社有稷之文也。封人所掌社壝之無稷字，〔三〕說者以爲略文，從可知也。謂宜仍舊立二社，而加立帝社之稷。

時成粲議稱景侯論太社不立京都，欲破鄭氏學。咸重表以爲：「如粲之論，景侯之解文以此壞。大雅云『乃立冢土』，毛公解曰，『冢土，大社也』。景侯解詩，卽用此說。禹貢『惟土五色』，景侯解曰，『王者取五色土爲太社，封四方諸侯，各割其方色土者覆四方也』。如此，太社復爲立京都也。不知此論何從而出，而與解乖，上違經記明文，下壞景侯之解。臣雖頑蔽，少長學門，不能默已，謹復續上。」劉寔與咸議同。詔曰：「社實一神，而相襲二位，衆議不同，何必改作！其便仍舊，一如魏制。」

其後摯虞奏，以爲：「臣案祭法『王爲羣姓立社曰太社，王自爲立社曰王社』。周禮大司徒『設其社稷之壝』，又曰『以血祭祭社稷』，則太社也。又曰『封人掌設王之社壝』，又有軍旅宜乎社，則王社也。太社爲羣姓祈報，祈報有時，主不可廢。故凡祓社釁鼓，主奉以從是也。此皆二社之明文，前代之所尊。以尙書召誥社于新邑三牲各文，詩稱『乃立冢土』，無兩社之文，故廢帝社，惟立太社。詩書所稱，各指一事，又皆在公旦制作之前，未可以易周禮之明典，祭法之正義。前改建廟社，營一社之處，朝議斐然，執古匡今。世祖武皇帝躬發明詔，定二社之義，以爲永制。宜定新禮，從二社。」詔從之。

至元帝建武元年，又依洛京立二社一稷。其太社之祝曰：「地德普施，惠存無疆。乃建太社，保祐萬邦。悠悠四海，咸賴嘉祥。」其帝社之祝曰：「坤德厚載，邦畿是保。乃建帝社，以神地道。明祀惟辰，景福來造。」

漢儀，每月旦，太史上其月曆，有司侍郎尚書見讀其令，奉行其正。朔前後二日，牽牛酒至社下以祭日。〔一三〕日有變，割羊以祠社，用救日變。執事者長冠，衣絳領袖緣中衣、絳袴袜以行禮，〔一四〕如故事。自晉受命，日月將交會，太史乃上合朔，尚書先事三日，宣攝內外戒嚴。摯虞決疑曰：「凡救日蝕者，著赤幘，以助陽也。日將蝕，天子素服避正殿，內外嚴警。太史登靈臺，伺候日變，便伐鼓於門。聞鼓音，侍臣皆著赤幘，帶劍入侍。三臺令史以上皆各持劍，立其戶前。衞尉卿驅馳繞宮，伺察守備，周而復始。亦伐鼓於社，用周禮也。又以赤絲爲繩以繫社，祝史陳辭以責之。社，勾龍之神，天子之上公，故陳辭以責之。日復常，乃罷。」

漢建安中，將正會，而太史上言，正旦當日蝕。朝士疑會否，共諮尚書令荀彧。時廣平計吏劉邵在坐，曰：「梓慎、裨竈，古之良史，猶占水火，錯失天時。禮，諸侯旅見天子，入門不得終禮者四，日蝕在一。然則聖人垂制，不爲變異豫廢朝禮者，或災消異伏，或推術謬誤也。」或及衆人咸善而從之，遂朝會如舊，日亦不蝕，邵由此顯名。

至武帝咸寧三年、四年，並以正旦合朔却元會，改魏故事也。元帝太興元年四月，合朔，中書侍郎孔愉奏曰：「春秋，日有蝕之，天子伐鼓于社，攻諸陰也；諸侯伐鼓于朝，臣自攻也。案尚書符，若日有變，便擊鼓于諸門，有違舊典。」詔曰：「所陳有正義，輒敕外改之。」

至康帝建元元年，太史上元日合朔，後復疑應却會與否。庾冰輔政，寫劉邵議以示八坐。于時有謂邵爲不得禮意，荀彧從之，是勝人之一失。故蔡謨遂著議非之，曰：「邵論災消異伏，又以梓愼、裨竈猶有錯失，太史上言，亦不必審，其理誠然也。而云聖人垂制，不爲變異豫廢朝禮，此則謬矣。災祥之發，所以譴告人君，王者之所重誡，故素服廢樂，退避正寢，百官降物，用幣伐鼓，躬親而救之。夫敬誡之事，與其疑而廢之，寧愼而行之。故孔子、老聃助葬於巷黨，以喪不見星而行，故日蝕而止柩，曰安知其不見星也。而邵廢之，是棄聖賢之成規也。魯桓公壬申有災，而以乙亥嘗祭，春秋譏之。災事既過，猶追懼未已，故廢宗廟之祭，況聞天眚將至，行慶樂之會，於禮乖矣。禮記所云諸侯入門不得終禮者，謂日官不豫言，諸侯既入，見蝕乃知耳，非先聞當蝕而朝會不廢也。引此，可謂失其義旨。劉邵所執者禮記也，夫子、老聃巷黨之事，亦禮記所言，復違而反之，進退無據。然荀令所善，漢朝所從，遂使此言至今見稱，莫知其誤矣。後來君子將擬以爲式，故正之云爾。」於是冰從衆議，遂以却會。

至永和中，殷浩輔政，又欲從劉邵議不却會。王彪之據咸寧、建元故事，又曰：「禮云諸侯旅見天子，不得終禮而廢者四，自謂卒暴有之，非爲先存其事，而僥倖史官推術繆錯，故不豫廢朝禮也。」於是又從彪之議。

尚書「禋于六宗」，諸儒互說，往往不同。王莽以易六子，遂立六宗祠。魏明帝時疑其事，以問王肅，亦以爲易六子，故不廢。及晉受命，司馬彪等表六宗之祀不應特立新禮，於是遂罷其祀。其後摯虞奏之，又以爲：「案舜受終，『類于上帝，禋于六宗，望于山川』，則六宗非上帝之神，又非山川之靈也。周禮肆師職曰：『用牲于社宗。』黨正職曰：『春秋祭禜亦如之。』肆師之宗，與社並列，則班與社同也。黨正之禜，文不繫社，則神與社異也。周之命祀，莫重郊社，宗同於社，則貴神明矣。又，月令孟冬祈于天宗，則周禮祭禜，月令天宗，六宗之神也。漢光武即位高邑，依虞書禋于六宗。安帝元初中，立祀乾位，禮同太社。魏氏因之，至景初二年，大議其神，朝士紛紜，各有所執。惟散騎常侍劉邵以爲萬物負陰而抱陽，沖氣以爲和。六宗者，太極沖和之氣，爲六氣之宗者也。虞書謂之六宗，周書謂之天宗。是時考論異同，而從其議。漢魏相仍，著爲貴祀。凡崇祀百神，放而不至，有其興之，則莫敢廢之。宜定新禮，祀六宗如舊。」詔從之。

禮，王爲羣姓立七祀，曰司命、中霤、國門、國行、大厲、戶、竈。仲春玄鳥至之日，以太牢祀高禖。毛詩絲衣篇，高子曰靈星之尸。漢興，高帝亦立靈星祠。及武帝，以李少君故，始祠竈；及生戾太子，始立高禖。漢儀云，國家亦有五祀，有司行事，其禮頗輕於社稷，則亦存其典矣。又云，常以仲春之月，立高禖祠于城南，祀以特牲。又，是月也，祠老人星于國都南郊老人星廟。立夏祭竈，季秋祠心星于城南壇心星廟。元康時，洛陽猶有高禖壇，百姓祠其旁，或謂之落星。是後諸祀無聞。江左以來，不立七祀，靈星則配饗南郊，不復特置焉。

左氏傳「龍見而雩」，經典尙矣。漢儀，自立春至立夏，盡立秋，郡國尙旱，郡縣各掃除社稷。其旱也，公卿官長以次行雩禮求雨，閉諸陽，衣皁，興土龍，立土人，舞僮二佾，七日一變，如故事。武帝咸寧二年，春久旱。四月丁巳，詔曰「諸旱處廣加祈請」。五月庚午，始祈雨于社稷山川。六月戊子，獲澍雨。此雩之舊典也。太康三年四月，十年二月，又如之。其雨多則禜祭，赤幘朱衣，閉諸陰，朱索縈社，伐朱鼓焉。

周禮，王者祭昊天上帝、日月星辰、司中司命、風伯雨師、社稷、五土、〔二〕五嶽、山林川澤、四方百物，兆四類四望，亦如之。魏文帝黃初二年六月庚子，初禮五嶽四瀆，咸秩羣祀，瘞沈珪璧。六年七月，帝以舟軍入淮。九月壬戌，遣使者沈璧于淮。魏明帝太和四年八月，帝東巡，遣使者以特牛祠中嶽。魏元帝咸熙元年，行幸長安，使使者以璧幣禮祠華山。

及穆帝升平中，何琦論修五嶽祠曰：「唐虞之制，天子五載一巡狩，順時之方，柴燎五嶽，望于山川，徧于羣神，故曰，因名山升中于天，所以昭告神祇，饗報功德。是以災厲不作，而風雨寒暑以時。降及三代，年數雖殊，而其禮不易，五嶽視三公，四瀆視諸侯，著在經記，所謂『有其舉之，莫敢廢也』。及秦漢都西京，涇、渭、長水，雖不在祀典，以近咸陽故，盡得比大川之祠，而正立之祀可以闕哉！自永嘉之亂，神州傾覆，茲事替矣。惟灊之天柱，在王略之內也，舊臺選百戶吏卒，以奉其職。中興之際，未有官守，廬江郡常遣大吏兼假四時禱賽，春釋寒而冬請冰。咸和迄今，又復墮替。計今非典之祠，可謂非一。考其正名，則淫昏之鬼；推其糜費，則百姓之蠹。而山川大神更爲簡缺，禮俗穨紊，人神雜擾，公私奔蹙，漸以繁滋。良由頃國家多難，日不暇給，草建廢滯，事有未遑。今元憝已殲，宜修舊典。嶽瀆之域，風敎所被，來蘇之衆，咸蒙德澤。而神明禋祀，未之或甄，巡狩柴燎，其廢尙矣。崇明前典，將俟皇輿北旋，稽古憲章，大釐制度。俎豆牲牢，祝嘏文辭，舊章靡記，可令禮官作式，歸諸誠簡，以達明德馨香，如斯而已。其諸祆孽，可粗依法令，先去其甚，俾邪正不黷。」時不見省。

昔武王入殷，未及下車而封先代之後，蓋追思其德也。孔子以大聖而終於陪臣，未有封爵。至漢元帝，孔霸以帝師賜爵，號褒成君，奉孔子後。魏文帝黄初二年正月，詔以議郎孔羨爲宗聖侯，邑百戶，奉孔子祀，令魯郡修舊廟，置百戶吏卒以守衞之。及武帝泰始三年十一月，改封宗聖侯孔震爲奉聖亭侯。又詔太學及魯國，四時備三牲以祀孔子。明帝太寧三年，詔給奉聖亭侯孔亭四時祠孔子祭直，如泰始故事。

禮，始立學必先釋奠于先聖先師，及行事必用幣。漢世雖立學，斯禮無聞。魏齊王正始二年二月，帝講論語通，五年五月，講尚書通，七年十二月，講禮記通，並使太常釋奠，以太牢祠孔子於辟雍，以顏回配。武帝泰始七年，皇太子講孝經通。咸寧三年，講詩通，太康三年，講禮記通。惠帝元康三年，皇太子講論語通。元帝太興二年，皇太子講論語通。太子並親釋奠，以太牢祠孔子，以顏回配。成帝咸康元年，帝講詩通。穆帝升平元年三月，帝講孝經通。孝武寧康三年七月，帝講孝經通。並釋奠如故事，穆帝、孝武並權以中堂爲太學。

故事，祀皋陶於廷尉寺，新禮移祀於律署，以同祭先聖於太學也。故事，祀以社日，新禮改以孟秋之月，以應秋政。摯虞以爲：「案虞書，皋陶作士師，惟明克允，國重其功，人思其當，是以獄官禮其神，繫者致其祭，功在斷獄之成，不在律令之始也。太學之設，〔一六〕義重太常，故祭于太學，是崇聖而從重也。律署之置，卑於廷尉，移祀於署，是去重而就輕也。律非正署，廢興無常，宜如舊祀於廷尉。又，祭用仲春，義取重生，改用孟秋，以應刑殺，理未足以相易。宜定新禮，皆如舊。」制：「可。」

歲旦常設葦茭桃梗，磔雞於宮及百寺之門，以禳惡氣。案漢儀則仲夏設之，有桃印，無磔雞。及魏明帝大修禳禮，故何晏禳祭議雞特牲供禳釁之事。磔雞宜起於魏，桃印本漢制，所以輔卯金，又宜魏所除也。但未詳改仲夏在歲旦之所起耳。魏明帝青龍元年，詔郡國，山川不在祀典者勿祠。

武帝泰始元年十二月，詔曰：「昔聖帝明王修五嶽四瀆，名山川澤，各有定制，所以報陰陽之功故也。然以道莅天下者，其鬼不神，其神不傷人，故祝史薦而無媿辭，是以其人敬愼幽冥而淫祀不作。末世信道不篤，僭禮瀆神，縱欲祈請，曾不敬而遠之，徒偷以求幸，祆妄相煽，舍正爲邪，故魏朝疾之。其案舊禮具爲之制，使功著於人者必有其報，而祆淫之鬼不亂其間。」二年正月，有司奏春分祠厲殃及禳祠，詔曰：「不在祀典，除之。」

王制，天子七廟，諸侯以下各有等差，禮文詳矣。漢獻帝建安十八年五月，以河北十郡封魏武帝爲魏公。是年七月，始建宗廟于鄴，自以諸侯禮立五廟也。後雖進爵爲王，無所改易。延康元年，文帝繼王位，七月，追尊皇祖爲大王，丁夫人曰大王后。黃初元年十一月受禪，又追尊大王曰大皇帝，皇考武王曰武皇帝。二年六月，以洛京宗廟未成，乃祠武帝於建始殿，親執饋奠，如家人禮。案禮將營宮室，宗廟爲先，庶人無廟，故祭於寢，帝者行之，非禮甚矣。

明帝太和三年六月，又追尊高祖大長秋曰高皇，夫人吳氏曰高皇后，並在鄴廟。廟所祠，則文帝之高祖處士、曾祖高皇、祖大皇帝共一廟，考太祖武皇帝特一廟，百世不毁，然則所祠止於親廟四室也。其年十一月，洛京廟成，則以親盡遷處士主置園邑，使行太傅太常韓暨、行太常宗正曹恪持節迎高皇以下神主，共一廟，猶爲四室而已。至景初元年六月，羣公有司始更奏定七廟之制，曰：「大魏三聖相承，以成帝業。武皇帝肇建洪基，撥亂夷險，爲魏太祖。文皇帝繼天革命，應期受禪，爲魏高祖。上集成大命，清定華夏，興制禮樂，宜爲魏烈祖。於太祖廟北爲二祧，其左爲文帝廟，號曰高祖昭祧，其右擬明帝，號曰烈祖穆祧。

三祖之廟，萬世不毀。其餘四廟，親盡迭遷，一如周后稷、文武廟祧之禮。」

文帝甄后賜死，故不列廟。明帝即位，有司奏請追謚曰文昭皇后，使司空王朗持節奉策告祠于陵。三公又奏曰：「自古周人歸祖后稷，又特立廟以祀姜嫄。今文昭皇后之於後嗣，聖德至化，豈有量哉！夫以皇家世妃之尊，神靈遷化，而無寢廟以承享祀，非以報顯德，昭孝敬也。稽之古制，宜依周禮，別立寢廟。」奏可。太和元年二月，立廟于鄴。四月，洛邑初營宗廟，掘地得玉璽，方一寸九分，其文曰「天子羨思慈親」。明帝為之改容，以太牢告廟。至景初元年十二月己未，有司又奏文昭皇后立廟京師，永傳享祀，樂舞與祖廟同，廢鄴廟。

魏元帝咸熙元年，進文帝爵為王，追命舞陽宣文侯為宣王，忠武侯為景王。是年八月，文帝崩，謚曰文王。

武帝泰始元年十二月丙寅，受禪。丁卯，追尊皇祖宣王為宣皇帝，伯考景王為景皇帝，考文王為文皇帝，宣王妃張氏為宣穆皇后，景王夫人羊氏為景皇后。二年正月，有司奏置七廟。帝重其役，詔宜權立一廟。於是羣臣議奏：「上古清廟一宮，尊遠神祇。逮至周室，制為七廟，以辯宗祧。聖旨深弘，遠跡上世，敦崇唐虞，舍七廟之繁華，遵一宮之遠旨。昔舜承堯禪，受終文祖，遂陟帝位，蓋三十載，月正元日，又格于文祖，遂陟帝位，〔一七〕此則虞氏不改唐廟，因仍舊宮。可依有虞氏故事，卽用魏廟。」奏可。於是追祭征西將軍、豫章府君、潁川府君、京兆府君，與宣皇帝、景皇帝、文皇帝爲三昭三穆。是時宣皇未升，太祖虛位，所以祠六世，與景帝爲七廟，其禮則據王肅說也。七月，又詔曰：「主者前奏，就魏舊廟，誠亦有準。然於祗奉神明，情猶未安，宜更營造。」於是改創宗廟。十一月，追尊景帝夫人夏侯氏爲景懷皇后。任茂議以爲夏侯初嬪之時，未有王業。帝不從。太康元年，靈壽公主修麗祔于太廟，周漢未有其準。魏明帝則別立平原主廟，晉又異魏也。六年，〔一八〕因廟陷，當改修創，羣臣又議奏曰：「古者七廟異所，自宜如禮。」詔又曰：「古雖七廟，自近代以來皆一廟七室，於禮無廢，於情爲敍，亦隨時之宜也。其便仍舊。」至十年，乃更改築於宣陽門內，窮極壯麗，然坎位之制猶如初爾。廟成，帝用摯虞議，率百官遷神主于新廟，自征西以下，車服導從皆如帝者之儀。及武帝崩則遷征西，及惠帝崩又遷豫章。而惠帝世愍懷太子、太子二子哀太孫臧、沖太孫尙並祔廟，元帝世，懷帝殤太子又祔廟，號爲陰室四殤。懷帝初，又策謚武帝楊后曰武悼皇后，改葬峻陽陵側，別祠弘訓宮，不列於廟。

元帝旣卽尊位，上繼武帝，於元爲禰，如漢光武上繼元帝故事也。是時，西京神主，堙滅虜庭，江左建廟，皆更新造。尋以登懷帝之主，又遷潁川，位雖七室，其實五世，蓋從刁協以兄弟爲世數故也。于時百度草創，舊禮未備，毁主權居別室。至太興三年正月乙卯，詔曰：「吾雖上繼世祖，然於懷、愍皇帝皆北面稱臣。今祠太廟，不親執觴酌，而令有司行事，於情禮不安。可依禮更處。」太常恒議：〔一九〕「今聖上繼武皇帝，宜準漢世祖故事，不親執觴爵。」又曰：「今上承繼武帝，而廟之昭穆，四世而已，前太常賀循、博士傅純，並以爲惠、懷及愍，宜別立廟。然臣愚謂廟室當以容主爲限，無拘常數。殷世有二祖三宗，若拘七室，則當祭禰而已。推此論之，宜還復豫章、潁川，全祠七廟之禮。」驃騎長史溫嶠議：「凡言兄弟不相入廟，既非禮文，且光武奮劍振起，不策名於孝平，務神其事，以應九世之讖，又古不共廟，故別立焉。今上以策名而言，殊於光武之事，躬奉烝嘗，於經既正，於情又安矣。太常恆欲還二府君，以全七世，嶠謂是宜。」驃騎將軍王導從嶠議。嶠又曰：「其非子者，可直言皇帝敢告某皇帝，又若以一帝爲一世，則不祭禰，反不及庶人。」帝從嶠議，悉施用之。於是乃更定制，還復豫章、潁川于昭穆之位，以同惠帝嗣武故事，而惠、懷、愍三帝自從春秋尊尊之義，在廟不替也。

及元帝崩，則豫章復遷。然元帝神位猶在愍帝之下，故有坎室者十也。至明帝崩，而潁川又遷，猶十室也。于時續廣太廟，故三遷主並還西儲，名之曰祧，以準遠廟。成帝咸康七年五月，始作武悼皇后神主，祔于廟，配饗世祖。成帝崩而康帝承統，以兄弟一世，故不遷京兆，始十一室也。

至康帝崩，穆帝立，永和二年七月，有司奏：「十月殷祭，京兆府君當遷祧室。昔征西、豫章、潁川三府君毀主，中興之初權居天府，在廟門之西。咸康中，太常馮懷表續奉還於西儲夾室，謂之爲祧，疑亦非禮。今京兆遷入，是爲四世遠祖，長在太祖之上。昔周室太祖世遠，故遷有所歸。今晉廟宣皇爲主，而四祖居之，是屈祖就孫也；殷祫在上，是代太祖也。」領司徒蔡謨議：「四府君宜改築別室，若未展者，當入就太廟之室。人莫敢卑其祖，文武不先不窋。殷祭之日，征西東面，處宣皇之上。其後遷廟之主，藏於征西之祧，祭薦不絕。」護軍將軍馮懷議：「禮，無廟者爲壇以祭，可立別室藏之，至殷禘則祭于壇也。」輔國將軍譙王司馬無忌等議：「諸儒謂太王、王季遷主，藏於文武之祧。如此，府君遷主宜在宣帝廟中。然今無寢室，宜變通而改築。又殷祫太廟，征西東面。」尙書郎孫綽與無忌議同，曰：「太祖雖位始九五，而道以從暢，替人爵之尊，篤天倫之道，所以成教本而光百代也。」尙書郎徐禪議：「禮『去祧爲壇，去壇爲墠』，歲祫則祭之。今四祖遷主，可藏之石室，有禱則祭於壇墠。」又遣禪至會稽，訪處士虞喜。喜答曰：「漢世韋玄成等以毀主瘞於園，魏朝議者云應埋兩階之間。且神主本在太廟，若今別室而祭，則不如永藏。又四君無追號之禮，益明應毀而無祭。」是時簡文爲撫軍，與尙書郎劉邵等奏：「四祖同居西祧，藏主石室，禘祫乃祭，如先朝舊儀。」時陳留范宣兄子問此禮，宣答曰：「舜廟所祭，皆是庶人，其後世遠而毀，不居舜上，不序昭穆。今四君號猶依本，非以功德致祀也。若依虞主之瘞，則猶藏子孫之所；若依夏主之埋，則又非本廟之階。宜思其變，則築一室，親未盡則禘祫處宣帝之上，親盡則無緣下就子孫之列。」其後太常劉遐等同蔡謨議。博士張憑議：「或疑陳於太祖者，皆其後之毀主，憑案古義無別前後之文也。禹不先鯀，則遷主居太祖之上，亦何疑也。」於是京兆遷入西儲，同謂之祧，如前三祖遷主之禮，故正室猶十一也。穆帝崩而哀帝、海西並爲兄弟，無所登除。咸安之初，簡文皇帝上繼元皇，世秩登進，於是潁川、京兆二主復還昭穆之位。至簡文崩，潁川又遷。

孝武帝太元十二年五月壬戌，詔曰：「昔建太廟，每事從儉，太祖虛位，明堂未建。郊祀國之大事，而稽古之制闕然，便可詳議。」祠部郎中徐邈議：「圓丘郊祀，經典無二，宣皇帝嘗辯斯義，而檢以聖典。爰及中興，備加研極，以定南北二郊，誠非異學所可輕改也。謂仍舊爲安。武皇帝建廟六世，祖三昭三穆。宣皇帝創基之主，實惟太祖，親則王考。四廟在上，未及遷世，故權虛東向之位也。兄弟相及，義非二世。故當今廟祀，世數未足，而欲太祖正位，則違事七之義矣。又禮曰庶子王亦禘祖立廟，蓋謂支胤援立，則親近必復。京兆府君於今六世，宜復立此室，則宣皇未在六世之上，須前世既遷，乃太祖位定耳。京兆遷毀，宜藏主於石室，雖禘祫猶弗及。何者？傳稱毀主升合乎太祖，升者自下之名，不謂可降尊就卑也。太子太孫，陰室四主，儲嗣之重，升祔皇祖，所配之廟，世遠應遷，然後從食之孫，與之俱毁。明堂方圓之制，綱領已舉，不宜闕配帝之祀。且王者以天下爲家，未必一邦，故周平、光武無廢於二京也。明堂所配之神，積疑莫辯。案易「殷薦上帝，以配祖考」，祖考同配，則上帝亦爲天，而嚴父之義顯。周禮旅上帝者，有故告天，與郊祀常禮同用四圭，故並言之。若上帝是五帝，經文何不言祀天旅五帝，祀地旅四望乎？」侍中車胤議同。又曰：「明堂之制，既其難詳，且樂主於和，禮主於敬，故質文不同，音器亦殊。既茅茨廣夏，不一其度，何必守其形範，而不弘本從俗乎？九服咸寧，河朔無塵，然後明堂辟雍可崇而修之。」時朝議多同，於是奉行，一無所改。十六年，始改作太廟殿，正室十四間，東西儲各一間，合十六間，棟高八丈四尺。備法駕遷神主于行廟，征西至京兆四主及太子太孫各用其位之儀服。四主不從帝者之儀，是與太康異也。諸主既入廟，設脯醢之奠。及新廟成，神主還室，又設脯醢之奠。十九年二月，追尊簡文母會稽太妃鄭氏爲簡文皇帝宣太后，立廟太廟道西。及孝武崩，京兆又遷，如穆帝之世四祧故事。

義熙九年四月，將殷祠，詔博議遷毁之禮。大司馬琅邪王德文議：「泰始之初，虚太祖之位，而緣情流遠，上及征西，故世盡則宜毁，而宣帝正太祖之位。又漢光武移十一帝主於洛邑，則毁主不設，理可推矣。宜築别室，以居四府君之主，永藏而弗祀也。」大司農徐廣議：「四府君嘗處廟堂之首，歆率土之祭，若埋之幽壤，於情理未必咸盡。謂可遷藏西儲，以爲遠祧，而禘饗永絕也。」太尉諮議參軍袁豹議：「仍舊無革，殷祠猶及四府君，情理爲允。」時劉裕作輔，意與大司馬議同，須後殷祠行事改制。會安帝崩，未及禘而天祿終焉。

武帝咸寧五年十一月己酉，弘訓羊太后崩，宗廟廢一時之祀，天地明堂去樂，且不上胙。穆帝升平五年十月己卯，殷祀，以帝崩後不作樂。孝武太元十一年九月，皇女亡，及應烝祠，中書侍郎范甯奏：「案喪服傳有死宮中者三月不舉祭，不別長幼之與貴賤也。皇女雖在嬰孩，臣竊以爲疑。」於是尚書奏使三公行事。

武帝泰始七年四月，帝將親祠，車駕夕牲，而儀注還不拜。詔問其故，博士奏歷代相承如此。帝曰：「非致敬宗廟之禮也。」於是實拜而還，遂以爲制，夕牲必躬臨拜，而江左以來復止。

魏故事，天子爲次殿於廟殿之北東，天子入自北門。新禮，設次殿於南門中門外之右，天子入自南門。摯虞以爲：「次殿所以爲解息之處，凡適尊以不顯爲恭，以由隱爲順，而設之於上位，入自南門，非謙厭之義。宜定新禮，皆如舊說。」從之。

禮，大事則告祖禰，小事則特告禰，秦漢久廢。魏文帝黃初四年七月，將東巡，以大軍當出，使太常以特牛告南郊。及文帝崩，又使太尉告謚策於南郊。自是迄晉相承，告郊之後仍以告廟，至江左其禮廢。至成帝咸和三年，蘇峻覆亂京都，溫嶠等立行廟於白石，復行其典。告先君及后曰：「逆臣蘇峻，傾覆社稷，毁棄三正，汚辱海內。臣侃、臣嶠、臣亮等手刃戎首，龔行天罰。惟中宗元皇帝、肅祖明皇帝、明穆皇后之靈，降鑒有罪，剿絶其命，翦此羣凶，以安宗廟。臣等雖隕首摧軀，猶生之年。」

魏明帝太和三年，詔曰：「禮，王后無嗣，擇建支子，以繼大宗，則當纂正統而奉公義，何得復顧私親哉！漢宣繼昭帝後，加悼考以皇號。哀帝以外藩援立，而董宏等稱引亡秦，惑誤朝議，遂尊恭皇，立廟京師。又寵藩妾，使比長信，僭差無禮，人神弗佑。非罪師丹忠正之諫，用致丁傅焚如之禍。自是之後，相踵行之。其令公卿有司，深以前世爲戒。後嗣萬一有由諸侯入奉大統，則當明爲人後之義。敢爲佞邪導諛君上，妄建非正之號，謂考爲皇，稱妣爲后，則股肱大臣誅之無赦。其書之金策，藏之宗廟。」是後高貴、常道援立，皆不外尊。及愍帝建興四年，司徒梁芬議追尊之禮，帝既不從，而左僕射索綝等亦稱引魏制，以為不可，故追贈吳王為太保而已。元帝太興二年，有司言琅邪恭王宜稱皇考。賀循議云：「禮典之義，子不敢以己爵加其父號。」帝又從之。

校勘記

〔一〕李憙　「憙」原誤作「喜」，今據本傳及宋書禮志在本志校記中以後簡稱宋志三改。

〔二〕五帝即天也　「天也」，各本作「天地」，局本作「天也」，今從局本。

〔三〕三月辛卯　三月壬寅朔，無辛卯。御覽五二七引晉起居注，元帝中興，以二月郊。二月壬申朔，辛卯為二十日。疑志文「三月」為「二月」之誤。下文王納之曰「以三月郊」，疑亦當從御覽作「亦以二月郊」。

〔四〕天郊則五帝之佐　通典四二「五帝之佐」作「五帝及佐」，疑是。有五帝，又有其佐，則與下「凡六十二神」之數合。下文地郊「五帝之佐」，疑亦當從拾補說作「五人帝、五人帝之佐」。

〔五〕郊之與否　「郊」，各本作「齊」，殿本作「郊」，今從殿本。

〔六〕又郊天極尊　「又」下為王納之之言，「又」當作「納之又曰」，始不致與「議者」之言相混。

〔七〕無為欲速至不得親奉也　宋志三「而」下有「無據」二字，全文為「無為欲速而無據，使皇輿旋反更不得親奉也」，文義較具。

〔八〕前太醫令韓楊上書　斠注：隋志天文類有太史令韓楊天文要集四十卷，初學記二〇引之。當即其人。此「太醫令」恐爲「太史令」之誤。

〔九〕故于火用事之末服黃　各本脫「于火」二字，宋本不脫，與宋志二合，今從宋本。

〔一〇〕不以五行爲令也　高堂隆「其令則隨四時」之說，蓋本于春秋繁露五行之義、白虎通五行「土不名一時」之說，謂不以土行爲令也。通典七〇于此，「五」作「土」，當是。

〔一一〕漢儀無正有至尊應躬祭之文　拾補：「正有」二字衍。按：通典四六無，應刪。

〔一二〕封人所掌社壝之無稷字　原脫「社」字，今據周禮地官、通典四五及上文補。

〔一三〕牽牛酒至社下以祭日　「牛」，後漢書禮儀志在本志校記中以後簡稱續漢志上作「羊」。探下文，宜作「羊」。

〔一四〕絳袴袜　各本作「絳緣」，局本作「絳袴袜」，蓋據續漢志上改，今從之。

〔一五〕五土　周禮大宗伯作「五祀」。

〔一六〕太學之設　通典五三「設」作「祀」。

〔一七〕遂陟帝位　拾補：此四字複上，乃衍文。

〔一八〕六年　斠注：按武紀，此「六年」當爲「八年」之誤。通典五一引河南人孫平子封事亦作「八年」。

〔一九〕太常恒議　拾補：「恒」上脫「華」字。按：宋志三有「華」字。

晉書卷二十

志第十

禮中

五禮之別，二曰凶。自天子至于庶人，身體髮膚，受之父母，其理既均，其情亦等，生則養，死則哀，故曰三年之喪，天下之達禮者也。〔一〕漢禮，天子崩，自不豫至於登遐及葬，喪紀之制，與夫三代變易。魏晉以來，大體同漢。然自漢文革喪禮之制，後代遵之，無復三年之禮。及魏武臨終，遺令「天下尚未安定，未得遵古。百官當臨殿中者，十五舉音，葬畢便除。其將兵屯戍者，不得離部」。魏武以正月庚子崩，辛丑即殯，是月丁卯葬，是爲不踰月也。

及宣帝、景帝之崩，並從權制。文帝之崩，國內服三日。武帝亦遵漢魏之典，既葬除喪，然猶深衣素冠，降席撤膳。太宰司馬孚、太傅鄭沖、太保王祥、太尉何曾、司徒領中領軍司馬望、司空荀顗、車騎將軍賈充、尚書令裴秀、尚書僕射武陔、都護大將軍郭建、侍中郭綏、中書監荀勖、中軍將軍羊祜等奏曰：「臣聞禮典軌度，豐殺隨時，虞夏商周，咸不相襲，蓋有由也。大晉紹承漢魏，有革有因，期於足以興化而已，故未得皆返太素，同規上古也。陛下既以俯遵漢魏降喪之典，以濟時務，而躬蹈大孝，情過乎哀，素冠深衣，降席撤膳，雖武丁行之於殷世，曾閔履之於布衣，未足以踰。方今荆蠻未夷，庶政未乂，萬機事殷，動勞神慮，太豈遑全遂聖旨，以從至情。臣等以爲陛下宜割情以康時濟俗，輒敕御府易服，內者改坐，太官復膳，諸所施行，皆如舊制。」詔曰：「每感念幽冥，而不得終苴絰於草土，以存此痛，況當食稻衣錦，誠詭然激切其心，非所以相解也。吾本諸生家，傳禮來久，何心一旦便易此情於所天！相從已多，可試省孔子答宰我之言，無事紛紜也。言及悲剝，柰何！柰何！」孚等重奏：「伏讀聖詔，感以悲懷，輒思仲尼所以抑宰我之問，聖思所以不能已已，甚深甚篤。然今者干戈未戢，武事未偃，萬機至重，天下至衆。陛下以萬乘之尊，履布衣之禮，服粗席稾，水飲疏食，殷憂內盈，毁悴外表。而躬勤萬機，坐而待旦，降心接下，仄不遑食，所以勞力者如斯之甚。是以臣等悚息不寧，誠懼神氣用損，以疚大事。輒敕有司，改坐復常，率由舊典。惟陛下察納愚款，以慰皇太后之心。」又詔曰：「重覽奏議，益以悲剝，不能自勝，柰何！柰何！三年之喪，自古達禮，誠聖人稱情立衷，明恕而行也。神靈日遠，無所訴告，雖薄於情，食旨服美，所不堪也。不宜反覆，重傷其心，言用斷絕，柰何！柰何！」帝遂以此禮終三年。

後居太后之喪亦如之。

泰始二年八月，詔曰：「此上旬，先帝棄天下日也，便以周年。吾煢煢，當復何時一得敍人子之情邪！思慕煩毒，欲詣陵瞻侍，以盡哀憤。主者具行備。」太宰安平王孚、尚書令裴秀、尚書僕射武陔等奏：「陛下至孝烝烝，哀思罔極。衰麻雖除，哀毀疏食，有損神和。今雖秋節，尚有餘暑，謁見山陵，悲感摧傷，羣下竊用悚息，以爲宜降抑聖情，以慰萬國。」詔曰：「孤煢忽爾，日月已周，痛慕摧感，永無逮及。欲瞻奉山陵，以敍哀憤，體氣自佳耳。又已涼，便當行，不得如所奏也。主者便具行備。」又詔曰：「漢文不使天下盡哀，亦帝王至謙之志。當見山陵，何心而無服，其以衰絰行。」孚等重奏曰：「臣聞上古喪期無數，後世乃有年月之漸。漢文帝隨時之義，制爲短喪，傳之于後。陛下以社稷宗廟之重，萬方億兆之故，既從權制，釋除衰麻，羣臣百姓吉服，今者謁陵，以敍哀慕，若加衰絰，進退無當。不敢奉詔。」詔曰：「亦知不在此麻布耳。然人子情思，爲欲令哀喪之物在身，蓋近情也。羣臣自當案舊制。」孚等又奏曰：「臣聞聖人制作，必從時宜。故五帝殊樂，三王異禮，此古今所以不同，質文所以迭用也。陛下隨時之宜，既降心克己，俯就權制，既除衰麻，而行心喪之禮，今復制服，義無所依。若君服而臣不服，亦未之敢安也。參議宜如前奏。」詔曰：「患情不能跂及耳，衣服何在。諸君勤勤之至，豈苟相違。」

泰始四年，皇太后崩。有司奏：「前代故事，倚廬中施白縑帳、蓐、素牀，以布巾裹塊草，軺輦、版輦、細犢車皆施縑裏。」詔不聽，但令以布衣車而已，其餘居喪之制，不改禮文。有司又奏：「大行皇太后當以四月二十五日安厝。故事，虞著衰服，既虞而除。其內外官僚皆就朝晡臨位，御除服訖，各還所次除衰服。」詔曰：「夫三年之喪，天下之達禮也。受終身之愛，而無數年之報，柰何葬而便卽吉，情所不忍也。」有司又奏：「世有險易，道有洿隆，所遇之時異，誠有由然，非忽禮也。方今戎馬未散，王事至殷，更須聽斷，以熙庶績。昔周康王始登翌室，猶戴冕臨朝。降于漢魏，既葬除釋，諒闇之禮，自遠代而廢矣。惟陛下割高宗之制，從當時之宜。」詔曰：「夫三年之喪，所以盡情致禮，葬已便除，所不堪也。當敍吾哀懷，言用斷絕，柰何！柰何！」有司又固請。詔曰：「不能篤孝，勿以毀傷爲憂也。誠知衣服末事耳，然今思存草土，率當以吉物奪之，乃所以重傷至心，非見念也。每代禮典質文皆不同耳，何爲限以近制，使達喪闕然乎！」羣臣又固請，帝流涕久之乃許。文明皇后崩及武元楊后崩，天下將吏發哀三日止。

穆帝崩，哀帝立。帝於穆帝爲從父昆弟，穆帝舅褚歆有表，中書答表朝廷無其儀，詔下議。尚書僕射江彪等四人並云，閔僖兄弟也，而爲父子，則哀帝應爲帝嗣。衞軍王述等二十五人云：「成帝不私親愛，越授天倫，康帝受命顯宗。社稷之重，已移所授，纂承之序，宜繼康皇。」尚書謝奉等六人云：「繼體之正，宜本天屬，考之人情，宜繼顯宗也。」詔從述等議，上繼顯宗。

寧康二年七月，簡文帝崩再周而遇閏。博士謝攸、孔粲議：「魯襄二十八年十二月乙未，楚子卒，實閏月而言十二月者，附正於前月也。喪事先遠，則應用博士吳商之言，以閏月祥。」尚書僕射謝安、中領軍王劭、散騎常侍鄭襲、右衞將軍殷康、驍騎將軍袁宏、散騎侍郎殷茂、中書郎車胤、左丞劉遵、吏部郎劉耽意皆同。康曰：「過七月而未及八月，豈可謂之踰朞。必所不了，則當從其重者。」宏曰：「假值閏十二月而不取者，此則歲未終，固不可得矣。漢書以閏爲後九月，明其同體也。」襲曰：「中宗、肅祖皆以閏月崩，祥除之變皆用閏之後月。先朝尚用閏之後月，今閏附七月，取之何疑，亦合遠日申情之言。又閏是後七而非八也，豈踰月之嫌乎！」尚書令王彪之、侍中王混、中丞譙王恬、右丞戴謐等議異，彪之曰：「吳商中才小官，非名賢碩儒、公輔重臣，爲時所準則者。又取閏無證據，直擊遠日之義，越祥忌，限外取，不合卜遠之理。又丞相桓公嘗論云，禮二十五月大祥。何緣越朞取閏，乃二十六月乎？」於是啓曰：「或以閏附七月，宜用閏月除者。或以閏名雖附七月，而實以三旬別爲一月，故應以七月除者。臣等與中軍將軍沖參詳，一代大禮，宜準經典。三年之喪，十三月而練，二十五月而畢，禮之明文也。陽秋之義，閏在年內，則略而不數。明閏在年外，則不應取之以越朞忌之重，禮制祥除必正朞月故也。」己酉晦，帝除縞卽吉。徐廣論曰：「凡辨義詳理，無顯據明文可以折中奪易，則非疑如何。禮疑從重，喪易寧戚，順情通物，固有成言矣。彪之不能徵援正義，有以相屈，但以名位格人，君子虛受，心無適莫，豈其然哉！執政從而行之，其殆過矣。」

魏武以正月崩，魏文以其年七月設妓樂百戲，是則魏不以喪廢樂也。武帝以來，國有大喪，輒廢樂終三年。惠帝太安元年，太子喪未除，及元會亦廢樂。穆帝永和中，爲中原山陵未修復，頻年元會廢樂。是時太后臨朝，后父褚裒薨，元會又廢樂也。孝武太元六年，爲皇后王氏喪，亦廢樂。孝武崩，太傅錄尚書會稽王道子議：「山陵之後，通婚嫁不得作樂，以一朞爲斷。」

漢儀，太皇太后、皇太后崩，長樂太僕、少府大長秋典喪事，三公奉制度，他皆如禮。魏晉亦同天子之儀。

泰始十年，武元楊皇后崩，及將遷于峻陽陵，依舊制，旣葬，帝及羣臣除喪卽吉。先是，尚書祠部奏從博士張靖議，皇太子亦從制俱釋服。博士陳逵議，以爲「今制所依，蓋漢帝權制，與於有事，非禮之正。皇太子無有國事，自宜終服」。有詔更詳議。尚書杜預以爲：「古者天子諸侯三年之喪始同齊斬，既葬除喪服，諒闇以居，心喪終制，不與士庶同禮。漢氏承秦，率天下爲天子修服三年。漢文帝見其下不可久行，而不知古制，更以意制祥禫，除喪即吉。魏氏直以訖葬爲節，嗣君皆不復諒闇終制。學者非之久矣，然竟不推究經傳，考其行事，專謂王者三年之喪，當以衰麻終二十五月。嗣君苟若此，則天子羣臣皆不得除喪。雖志在居篤，更逼而不行。至今世主皆從漢文輕典，由處制者非制也。今皇太子與尊同體，宜復古典，卒哭除衰麻，以諒闇終制。於義既不應不除，又無取於漢文，乃所以篤喪禮也。」於是尚書僕射盧欽、尚書魏舒問杜預證據所依。預云：「傳稱三年之喪自天子達，此謂天子絕朞，唯有三年喪也。非謂居喪衰服三年，與士庶同也。故后、世子之喪，而叔嚮稱有三年之喪二也。周公不言高宗服喪三年，而云諒闇三年，此釋服心喪之文也。叔嚮不譏景王除喪，而譏其燕樂已早，明既葬應除，而違諒闇之節也。春秋，晉侯享諸侯，子產相鄭伯，時簡公未葬，請免喪以聽命，君子謂之得禮。宰咺來歸惠公仲子之賵，傳曰『弔生不及哀』。此皆既葬除服諒闇之證，先儒舊說，往往亦見，學者未之思耳。喪服，諸侯爲天子亦斬衰，豈可謂終服三年邪！上考七代，未知王者君臣上下衰麻三年者誰；下推將來，恐百世之主其理一也。非必不能，乃事勢不得，故知聖人不虛設不行之制。仲尼曰『禮所損益雖百世可知』，此之謂也。」於是欽、舒從之，遂命預造議，奏曰：

侍中尚書令司空魯公臣賈充、侍中尚書僕射奉車都尉大梁侯臣盧欽、尚書新沓伯臣山濤、尚書奉車都尉平春侯臣胡威、尚書劇陽子臣魏舒、尚書堂陽子臣石鑒、尚書豐樂亭侯臣杜預稽首言：禮官參議博士張靖等議，以爲「孝文權制三十六日之服，以日易月，道有汚隆，禮不得全，皇太子亦宜割情除服」。博士陳逵等議，以爲「三年之喪，人子所以自盡，故聖人制禮，自上達下。是以今制，將吏諸遭父母喪，皆假寧二十五月。敦崇孝道，所以風化天下。皇太子至孝著于內，而衰服除于外，非禮所謂稱情者也。宜其不除。」

臣欽、臣舒、臣預謹案靖、逵等議，各見所學之一端，未曉帝者居喪古今之通禮也。自上及下，尊卑貴賤，物有其宜。故禮有以多爲貴者，有以少爲貴者，有以高爲貴者，有以下爲貴者，唯其稱也。不然，則本末不經，行之不遠。天子之與羣臣，雖哀樂之情若一，而所居之宜實異，故禮不得同。易曰「上古之世喪期無數」，虞書稱「三載四海遏密八音」，其後無文。至周公旦，乃稱「殷之高宗諒闇三年不言」。其傳曰「諒，信也；闇，默也」。下逮五百餘歲，而子張疑之，以問仲尼。仲尼答云：「何必高宗，古之人皆然，君薨，百官總己以聽於冢宰三年。」周景王有后、世子之喪，既葬除喪而樂。晉叔嚮譏之曰：「三年之喪，雖貴遂服，禮也。王雖弗遂，宴樂已早，亦非禮也。」此皆天子喪事見於古文者也。稱高宗不云服喪三年，而云諒闇三年，此釋服心喪之文也。譏景王不譏其除喪，而譏其宴樂已早，明既葬應除，而違諒闇之節也。堯崩，舜諒闇三年，故稱遏密八音。由此言之，天子居喪，齊斬之制，菲杖絰帶，當遂其服。既葬而除，諒闇以終之，三年無改父之道，故百官總己聽於冢宰。喪服已除，故稱不言之美，明不復寢苫枕塊，以荒大政也。禮記：「三年之喪，自天子達。」又云：「父母之喪，無貴賤一也。」又云：「端衰喪車皆無等。」此通謂天子居喪，衣服之節同於凡人，心喪之禮終於三年，亦無服喪三年之文。然繼體之君，猶多荒寧。自從廢諒闇之制，至令高宗擅名於往代，子張致疑於當時，此乃賢聖所以爲譏，非譏天子不以服終喪也。

秦燔書籍，率意而行，亢上抑下。漢祖草創，因而不革。乃至率天下皆終重服，旦夕哀臨，經罹寒暑，禁塞嫁娶飲酒食肉，制不稱情。是以孝文遺詔，斂畢便葬，葬畢制紅禫之除。雖不合高宗諒闇之義，近於古典，故傳之後嗣。于時預修陵廟，故斂葬得在浹辰之內，因以定制。近至明帝，存無陵寢，五旬乃葬，安在三十六日。此當時經學疏略，不師前聖之病也。魏氏革命，以既葬爲節，合於古典，然不垂心諒闇，同譏前代。自泰始開元，陛下追尊諒闇之禮，慎終居篤，允臻古制，超絕於殷宗，天下歌德，誠非靖等所能原本也。

天子諸侯之禮，當以具矣。諸侯惡其害己而削其籍，今其存者唯士喪一篇，戴聖之記雜錯其間，亦難以取正。天子之位至尊，萬機之政至大，羣臣之衆至廣，不同之於凡人。故大行既葬，祔祭于廟，則因疏而除之。己不除則羣臣莫敢除，故屈己以除之。而諒闇以終制，天下之人皆曰我王之仁也。屈己以從宜，皆曰我王之孝也。既除而心喪，我王猶若此之篤也。凡等臣子，亦焉得不自勉以崇禮。此乃聖制移風易俗之本，高宗所以致雍熙，豈惟衰裳而已哉！

若如難者，更以權制自居，疑於屈伸厭降，欲以職事爲斷，則父在爲母朞，父卒三年，此以至親屈於至尊之義也。出母之喪，以至親爲屬，而長子不得有制，體尊之義，升降皆從，不敢獨也。禮：諸子之職，掌國子之倅。國有事則帥國子而致之太子，唯所用之。傳曰，「君行則守，有守則從，從曰撫軍，守曰監國」，不無事矣。喪服母爲長子，妻爲夫，妾爲主，皆三年。內宮之主，可謂無事？揆度漢制，孝文之喪，紅禫既畢，孝景即吉於未央，薄后、竇后必不得齊斬於別宮，此可知也。況皇太子配貳至尊，與國爲體，固宜遠遵古禮，近同時制，屈除以寬諸下，協一代之成典。

君子之於禮，有直而行，曲而殺；有經而等，有順而去之，存諸內而已。禮云非玉帛之謂，喪云唯衰麻之謂乎？此既臣等所謂經制大義，且即實近言，亦有不安。今皇太子至孝蒸蒸，發於自然，號咷之慕，匍匐殯宮，大行既奠，往而不反，必想像平故，彷徨寢殿。若不變從諒闇，則東宮臣僕，義不釋服。此爲永福官屬，當獨衰麻從事，出入殿省，亦難以繼。今將吏雖蒙同二十五月之寧，至於大臣，亦奪其制。昔翟方進自以身爲漢相，居喪三十六日，不敢踰國典，而況於皇太子？臣等以爲皇太子宜如前奏，除服諒闇制。〔二〕

于是太子遂以厭降之議，從國制除衰麻，諒闇終制。

于時外內卒聞預異議，多怪之。或者乃謂其違禮以合時。時預亦不自解說，退使博士段暢博採典籍，爲之證據，令大義著明，足以垂示將來。暢承預旨，遂撰集書傳舊文，條諸實事成言，以爲定證，以弘指趣。其傳記有與今議同者，亦具列之，博舉二隅，明其會歸，以證斯事。文多不載。

武帝楊悼皇后既母養懷帝，后遇難時，懷帝尚幼，及即位，中詔述后恩愛。及后祖載，羣官議帝應爲追制服，或以庶母慈己，依禮制小功五月，或以謂慈母服如母服齊衰者，〔三〕衆議不同。閭丘沖議云：「楊后母養聖上，蓋以曲情。今以恩禮追崇，不配世祖廟。王者無慈養之服，謂宜祖載之日，可三朝素服發哀而已。」於是從之。

康帝建元元年正月晦，成恭杜皇后周忌，有司奏，至尊朞年應改服。詔曰：「君親，名教之重也，權制出於近代耳。」於是素服如舊，固非漢魏之典也。

興寧元年，哀帝章皇太妃薨，帝欲服重。江虨啓：「先王制禮，應在緦服。」詔欲降朞，虨又啓：「厭屈私情，所以上嚴祖考。」於是制緦麻三月。

孝武寧康中，崇德太后褚氏崩。后於帝爲從嫂，或疑其服。博士徐藻議，以爲：「資父事君而敬同。又，禮，其夫屬父道者，其妻皆母道也。則夫屬君道，妻亦后道矣。服后宜以資母之義。魯譏逆祀，以明尊尊。今上躬奉康、穆、哀皇及靖后之祀，致敬同於所天。豈可敬之以君道，而服廢於本親。謂應服齊衰朞。」於是帝制朞服。

隆安四年，孝武太皇太后李氏崩，疑所服。尚書左僕射何澄、右僕射王雅、尚書車胤、孔安國、祠部郎徐廣議：「太皇太后名位允正，體同皇極，理制備盡，情禮彌申。陽秋之義，母以子貴，既稱夫人，禮服從正。故成風顯夫人之號，文公服三年之喪。〔四〕子於父之所生，體尊義重。且禮，祖不厭孫，固宜遂服無屈，而緣情立制。若嫌明文不存，則疑斯從重，謂應同於爲祖母後齊衰朞。〔五〕永安皇后無服，但一舉哀，百官亦一朞。」詔可。

孝武帝太元十五年，淑媛陳氏卒，皇太子所生也。有司參詳母以子貴，贈淑媛爲夫人，置家令典喪事。太子前衞率徐邈議：「喪服傳稱與尊者爲體，則不服其私親。又，君父所不服，子亦不敢服。故王公妾子服其所生母練冠麻衣，既葬而除，非五服之常，則謂之無服。」從之。

太元二十一年，孝武帝崩，孝武太后制三年之服。

惠帝太安元年三月，皇太孫尚薨。有司奏，御服齊衰朞。詔下通議。散騎常侍謝衡以爲：「諸侯之太子，誓與未誓，尊卑體殊。喪服云爲嫡子長殤，謂未誓也，已誓則不殤也。」中書令卞粹曰：「太子始生，故已尊重，不待命誓。若衡議已誓不殤，則無服之子當斬衰三年；未誓而殤，則雖十九當大功九月。誓與未誓，其爲升降也微；斬衰與大功，其爲輕重也遠。而今注云『諸侯不降嫡殤重』。〔六〕嫌於無服，以大功爲重嫡之服，則雖誓，無復有三年之理明矣。男能衞社稷，女能奉婦道，以可成之年而有已成之事，故可無殤，非孩齔之謂也。爲殤後者尊之如父，猶無所加而止殤服，況以天子之尊，而爲無服之殤行成人之制邪！凡諸宜重之殤，皆士大夫不加服，而令至尊獨居其重，未之前聞也。」博士蔡克同粹。祕書監摯虞云：「太子初生，舉以成人之禮，則殤理除矣。太孫亦體君傳重，由位成而服，全非以年也。天子無服殤之義，絕朞故也。」於是從之。

魏氏故事，國有大喪，羣臣凶服，以帛爲綬囊，以布爲劍衣。新禮，以傳稱「去喪無所不佩」，明在喪則無佩也，更制齊斬之喪不佩劍綬。摯虞以爲「周禮武賁氏，士大夫之職也，皆以兵守王宮，國有喪故，則衰葛執戈楯守門，葬則從車而哭。又，成王崩，太保命諸大夫以干戈內外警設。明喪故之際，蓋重宿衞之防。去喪無所不佩，謂服飾之事，不謂防禦之用。宜定新禮布衣劍如舊，其餘如新制。」詔從之。

漢魏故事，將葬，設吉凶鹵簿，皆以鼓吹。新禮以禮無吉駕導從之文，臣子不宜釋其衰麻以服玄黃，除吉駕鹵簿。又，凶事無樂，遏密八音，除凶服之鼓吹。摯虞以爲：「葬有祥車曠左，則今之容車也。既葬，日中反虞，逆神而還。春秋傳，鄭大夫公孫蠆卒，天子追賜大路，使以行。士喪禮，葬有槀車乘車，以載生之服。此皆不唯載柩，兼有吉駕之明文也。既設吉駕，則宜有導從，以象平生之容，明不致死之義。臣子衰麻不得爲身而釋，以爲君父則無不可。顧命之篇足以明之。宜定新禮設吉服導從如舊，其凶服鼓吹宜除。」詔從之。

漢魏故事，大喪及大臣之喪，執紼者輓歌。新禮以爲輓歌出於漢武帝役人之勞歌，聲哀切，遂以爲送終之禮。雖音曲摧愴，非經典所制，違禮設衔枚之義。方在號慕，不宜以歌爲名，除不輓歌。〔七〕摯虞以爲：「輓歌因倡和而爲摧愴之聲，衔枚所以全哀，此亦以感衆。

雖非經典所載，是歷代故事。詩稱『君子作歌，惟以告哀』，以歌爲名，亦無所嫌。宜定新禮如舊。」詔從之。

咸寧二年，安平穆王薨，無嗣，以母弟敦上繼獻王後，移太常問應何服。博士張靖答，宜依魯僖服閔三年例。尚書符詰靖：「穆王不臣敦，敦不繼穆，與閔僖不同。」孫毓、宋昌議，以穆王不之國，敦不仕諸侯，不應三年。以義處之，敦宜服本服，一朞而除，主穆王喪祭三年畢，乃吉祭獻王。毓云：「禮，君之子孫所以臣諸兄者，以臨國故也。禮又與諸侯爲兄弟服斬者，謂鄰國之臣於鄰國之君，有猶君之義故也。今穆王既不之國，不臣兄弟，敦不仕諸侯，無鄰臣之義，異於閔僖，如符旨也。但喪無主，敦既奉詔紹國，受重主喪，典其祭祀。『大功者主人之喪，有三年者則必爲之再祭』。鄭氏注云，『謂死者之從父昆弟來爲喪主也。有三年者，謂妻若子幼少也』。『再祭，謂大小祥也』。穆妃及國臣於禮皆當三年，此爲有三年者，敦當爲之主大小兩祥祭也。且哀樂不相雜，吉凶不相干。凶服在宮，哭泣未絕。敦遽主穆王之喪，而國制未除，則不得以己本親服除而吉祭獻王也。」

咸寧四年，陳留國上，燕公是王之父，王出奉明帝祀，今於王爲從父，有司奏應服朞，不以親疏尊卑爲降。詔曰：「王奉魏氏，所承者重，不得服其私親。」穆帝時，東海國言，哀王薨踰年，嗣王乃來繼，不復追服，羣臣皆已反吉，國妃亦宜同除。詔曰：「朝廷所以從權制者，以王事奪之，非爲變禮也。婦人傳重義大，若從權制，義將安託！」於是國妃終三年之禮。孫盛以爲：「廢三年之禮，開偷薄之源，漢魏失之大者也。今若以大夫宜奪以王事，〔八〕婦人可終本服，是吉凶之儀雜陳於宮寢，縩素之制乖異於內外，無乃情禮俱違，哀樂失所乎！」

太元十七年，太常車胤上言：「謹案喪服禮經，『庶子爲母緦麻三月』。〔九〕傳曰，『何以緦麻？以尊者爲體，不敢服其私親也。』此經傳之明文，聖賢之格言。而自頃開國公侯，至于卿士，庶子爲後，各肆私情，服其庶母，同之於嫡。此末俗之弊，溺情傷教，縱而不革，則流遁忘返矣。且夫尊尊親親，雖禮之大本，然厭親於尊，由來尚矣。禮記曰，『爲父後，出母無服也者，不祭故也』。又，禮，天子父母之喪，未葬，越紼而祭天地社稷。斯皆崇嚴至敬，不敢以私廢尊也。今身承祖宗之重，而以庶母之私，廢烝嘗之事。五廟闕祀，由一妾之終，求之情禮，失莫大焉。舉世皆然，莫之裁貶。就心不同，而事不敢異。故正禮遂頹，而習非成俗。此國風所以思古，小雅所以悲歎。當今九服漸寧，王化惟新，誠宜崇明禮訓，以一風俗。請臺省考修經典，式明王度。」不答。

十八年，胤又上言：「去年上，自頃開國公侯，至于卿士，庶子爲後者，服其庶母，同之於嫡，違禮犯制，宜加裁抑。事上經年，未被告報，未審朝議以何爲疑。若以所陳或謬，則經有文；若以古今不同，則晉有成典。升平四年，故太宰武陵王所生母喪，表求齊衰三年，詔聽依昔樂安王故事，制大功九月。興寧三年，故梁王㺹又所生母喪，亦求三年。庚子詔書依太宰故事，同服大功。若謹案周禮，則緦麻三月；若奉晉制，則大功九月。古禮今制，並無居廬三年之文，而頃年已來，各申私情，更相擬襲，漸以成俗。縱而不禁，則聖典滅矣。夫尊尊親親，立人之本，王化所由，二端而已。故先王設教，務弘其極，尊郊社之敬，制越紼之禮，嚴宗廟之祀，厭庶子之服，所以經緯人文，化成天下。夫屈家事於王道，厭私恩於祖宗，豈非上行乎下，父行乎子！若尊尊之心有時而替，宜厭之情觸事而申，祖宗之敬微，而君臣之禮虧矣。嚴恪微於祖宗，致敬虧於事上，而欲俗安化隆，不亦難乎！區區所惜，實在於斯。職之所司，不敢不言。請臺參詳。」尚書奏：「案如辭輒下主者詳尋。依禮，庶子與尊者爲體，不敢服其私親，此尊祖敬宗之義。自頃陵遲，斯禮遂廢。封國之君廢五廟之重，士庶匹夫闕烝嘗之禮，習成穨俗，宜被革正。輒內外參詳，謂宜聽胤所上，可依樂安王大功爲正。請爲告書如左，班下內外，以定永制，普令依承，事可奉行。」詔可。

禮，王爲三公六卿錫衰，爲大夫士疑衰，首服弁絰。天子諸侯皆爲貴臣貴妾服三月。

漢爲大臣制服無聞焉。漢明帝時，東海恭王薨，帝出幸津門亭發哀。

及武帝咸寧二年十一月，詔「諸王公大臣薨，應三朝發哀者，踰月舉樂，其一朝發哀者，三日不舉樂也」。

元帝姨廣昌鄉君喪，未葬，中丞熊遠表云：「案禮『君於卿大夫，比葬不食肉，比卒哭不舉樂』，惻隱之心未忍行吉事故也。被尚書符，冬至後二日小會。臣以爲廣昌鄉君喪殯日，聖恩垂悼。禮，大夫死，廢一時之祭。祭猶可廢，而況餘事。冬至唯可羣下奉賀而已，未便小會。」詔以遠表示賀循，又曰：「咸寧二年武皇帝故事云『王公大臣薨，三朝發哀，踰月舉樂，其一朝發哀，三日不舉樂』，此舊事明文。」賀循答曰：「案禮雜記『君於卿大夫之喪，比葬不食肉，比卒哭不舉樂』。古者君臣義重，雖以至尊之義，降而無服，三月之內，猶錫衰以居，不接吉事。故春秋晉大夫智悼子未葬，平公作樂，爲屠蒯所譏。如遠所啓，合於古義。咸寧詔書雖不會經典，然隨時立宜，以爲定制，誠非羣下所得稱論。」

升平元年，帝姑廬陵公主未葬，符問太常，冬至小會應作樂不。博士胡訥議云：「君於卿大夫，比卒哭不舉樂。公主有骨肉之親，宜闕樂。」太常王彪之云：「案武帝詔，三朝舉哀，三旬乃舉樂；其一朝舉哀者，三日則舉樂。泰始十年春，長樂長公主薨，太康七年秋，扶風王駿薨，〔一〇〕武帝並舉哀三日而已。中興已後，更參論不改此制。今小會宜作樂。」二議竟不知所取。

喪服記，公爲所寓，〔二〕齊衰三月。新禮以今無此事，除此一章。摯虞以爲：「周禮作於刑厝之時，而著荒政十二。禮備制待物，不以時衰而除盛典，世隆而闕衰教也。曩者王司徒失守播越，自稱寄公。是時天下又多此比，皆禮之所及。宜定新禮自如舊經。」詔從之。

漢魏故事無五等諸侯之制，公卿朝士服喪，親疏各如其親。新禮王公五等諸侯成國置卿者，及朝廷公孤之爵，皆傍親絕朞，而傍親爲之服斬衰，卿校位從大夫者皆絕緦。摯虞以爲：「古者諸侯君臨其國，臣諸父兄，今之諸侯未同于古。未同于古，則其尊未全，不宜便從絕朞之制，而令傍親服斬衰之重也。諸侯既然，則公孤之爵亦宜如舊。昔魏武帝建安中已曾表上，漢朝依古爲制，事與古異，皆不施行，施行者著在魏科。大晉采以著令，宜定新禮皆如舊。」詔從之。

喪服無弟子爲師服之制，新禮弟子爲師齊衰三月。摯虞以爲：「自古無師服之制，故仲尼之喪，門人疑於所服。子貢曰：『昔夫子之喪顏回，若喪子而無服，請喪夫子若喪父而無服。』遂心喪三年。此則懷三年之哀，而無齊衰之制也。羣居則絰，出則否，所謂弔服加麻也。先聖爲禮，必易從而可傳。師徒義誠重，而服制不著，歷代相襲，不以爲缺。且尋師者以彌高爲得，故屢遷而不嫌；修業者以日新爲益，故舍舊而不疑。仲尼稱『三人行，必有我師焉』。子貢云，『夫何常師之有』。淺學之師，暫學之師，不可皆爲之服。義有輕重，服有廢興，則臧否由之而起，是非因之而爭，愛惡相攻，悔吝生焉。宜定新禮無服如舊。」詔從之。

古者天子諸侯葬禮粗備，漢世又多變革。魏晉以下世有改變，大體同漢之制。而魏武以禮送終之制，襲稱之數，繁而無益，俗又過之，豫自制送終衣服四篋，題識其上，春秋冬夏，日有不諱，隨時以斂，金珥珠玉銅鐵之物，一不得送。文帝遵奉，無所增加。及受禪，刻金璽，追加尊號，不敢開埏，乃爲石室，藏璽埏首，以示陵中無金銀諸物也。漢禮明器甚多，自是皆省矣。魏文帝黄初三年，又自作終制曰：「禮，國君卽位爲椑，存不忘亡也。壽陵因山爲體，無封樹，無立寢殿，造園邑，通神道。夫葬者藏也，欲人之不得見也。禮不墓祭，欲存亡不黷也。皇后及貴人以下不隨王之國者，有終沒，皆葬澗西，前又已表其處矣。」此詔藏之宗廟，副在尚書、祕書、三府。明帝亦遵奉之。明帝性雖崇奢，然未遽營陵墓之制也。

宣帝豫自於首陽山爲土藏，不墳不樹，作顧命終制，斂以時服，不設明器。景、文皆謹奉成命，無所加焉。景帝崩，喪事制度又依宣帝故事。武帝泰始四年，文明王皇后崩，將合葬，開崇陽陵，使太尉司馬望奉祭，進皇帝密璽綬於便房神坐。〔一〕魏氏金璽，此又儉矣。江左初，元、明崇儉，且百度草創，山陵奉終，省約備矣。成帝咸康七年，皇后杜氏崩。詔外官五日一入臨，內官旦一入而已，過葬虞祭禮畢止。有司奏，大行皇后陵所作凶門柏歷門，號顯陽端門。詔曰：「門如所處。凶門柏歷，大爲煩費，停之。」案蔡謨說，以二瓦器盛始死之祭，繫於木，裹以葦席，置庭中，近南，名爲重，今之凶門是其象也。禮，既虞而作主，今未葬，未有主，故以重當之。禮稱爲主道，此其義也。范堅又曰：「凶門非禮，禮有懸重，形似凶門。後人出之門外以表喪，俗遂行之。薄帳，即古弔幕之類也。」是時，又詔曰：「重壤之下，豈宜崇飾無用，陵中唯潔掃而已。」有司又奏，依舊選公卿以下六品子弟六十人爲挽郎，詔又停之。孝武帝太元四年九月，皇后王氏崩。詔曰：「終事唯從儉速。」又詔：「遠近不得遣山陵使。」有司奏選挽郎二十四人，詔停之。

古無墓祭之禮。漢承秦，皆有園寢。正月上丁，祠南郊禮畢，次北郊、明堂、高廟、世祖廟，謂之五供。

魏武葬高陵，有司依漢立陵上祭殿。至文帝黄初三年，乃詔曰：「先帝躬履節儉，遺詔省約。子以述父爲孝，臣以繫事爲忠。古不墓祭，皆設於廟。高陵上殿皆毁壞，車馬還廄，衣服藏府，以從先帝儉德之志。」文帝自作終制，又曰「壽陵無立寢殿，造園邑」，自後園邑寢殿遂絶。齊王在位九年，始一謁高平陵而曹爽誅，其後遂廢，終於魏世。

及宣帝，遺詔「子弟羣官皆不得謁陵」，於是景、文遵旨。至武帝，猶再謁崇陽陵，一謁峻平陵，然遂不敢謁高原陵，至惠帝復止也。

逮于江左，元帝崩後，諸公始有謁陵辭告之事。蓋由眷同友執，率情而舉，非洛京之舊也。成帝時，中宫亦年年拜陵，議者以爲非禮，於是遂止，以爲永制。至穆帝時，褚太后臨朝，又拜陵，帝幼故也。至孝武崩，驃騎將軍司馬道子曰：「今雖權制釋服，至於朔望諸節，自應展情陵所，以一周爲斷。」於是至陵，變服單衣，煩黷無準，非禮意也。及安帝元興元年，尚書左僕射桓謙奏：「百僚拜陵，起於中興，非晉舊典，積習生常，遂爲近法。尋武皇帝詔，乃不使人主諸王拜陵，豈唯百僚！謂宜遵奉。」於是施行。及義熙初，又復江左之舊。

太康七年，大鴻臚鄭默母喪，既葬，當依舊攝職，固陳不起，於是始制大臣得終喪三年。然元康中，陳準、傅咸之徒，猶以權奪，不得終禮，自茲已往，以爲成比也。

太康元年，東平王楙上言，相王昌父毖，本居長沙，有妻息，漢末使入中國，值吳叛，仕魏爲黃門郎，與前妻息死生隔絕，更娶昌母。今江表一統，昌聞前母久喪，言疾求平議。

守博士謝衡議曰：「雖有二妻，蓋有故而然，不爲害於道，議宜更相爲服。」守博士許猛以爲「地絕，又無前母之制，正以在前非沒則絕故也。前母雖在，猶不應服。」段暢、秦秀、騶沖從猛。散騎常侍劉智安議：〔一三〕「禮爲常事制，不爲非常設也。亡父母不知其死生者，不著於禮。平生不相見，去其加隆，以朞爲斷。」都令史虞溥議曰：「臣以爲禮不二嫡，所以重正，非徒如前議者防妬忌而已。故曰『一與之齊，終身不改』，未有遭變而二嫡。苟不二，則昌父更娶之辰，是前妻義絕之日也。使昌父尚存，二妻俱在，必不使二嫡專堂，兩婦執祭，同爲之齊也。」秦秀議：「二妾之子，父命令相慈養，而便有三年之恩，便同所生。昌父何義不命二嫡依此禮乎！父之執友有如子之禮，況事兄之母乎！」許猛又議：「夫少婦稚，則不可許以改娶更適矣。今妻在許以更聘，夫存而妻得改醮者，非絕而何。」侍中領博士張惲議：「昔舜不告而娶，婚禮蓋闕，故堯典以釐降二女爲文，不殊嫡媵。傳記以妃夫人稱之，明不立正后也。夫以聖人之弘，帝者嫡子，猶權事而變，以定典禮。黃昌之告新妻使避正室，時論許之。推姬氏之讓，執黃卿之決，宜使各自服其母。」黃門侍郎崔諒、荀悝、中書監荀勖、領中書令和嶠、侍郎夏侯湛皆如溥議。侍郎山雄、兼侍郎著作陳壽以爲：「溥駁一與之齊，非大夫也，〔一四〕禮無二嫡，不可以並耳。若昌父及二母於今各存者，則前母不廢，已有明徵也。設令昌父將前母之子來入中國尚在者，當從出母之服。苟昌父無棄前妻之命，昌兄有服母之理，則昌無疑於不服。」賊曹屬卞粹議：「昌父當莫審之時而娶後妻，則前妻同之於死而義不絕。若生相及而後妻不去，則妾列於前志矣。死而會乎，則同祔於葬，無並嫡之實。必欲使子孫於沒世之後，追計二母隔絕之時，以爲並嫡，則背違死父，追出亡母。議者以爲禮無前母之服者，可謂以文害意。愚以爲母之不親，而服三年非一，無異於前母也。」倉曹屬衞恒議：「或云，嫡不可二，前妻宜絕。此爲奪舊與新，違母從子，禮律所不許，人情所未安也。或云，絕與死同，無嫌二嫡，據其相及，欲令有服。此爲論嫡則死，議服則生，還自相伐，理又不通。愚以爲地絕死絕，誠無異也，宜一如前母，不復追服。」主薄劉卞議：「毖在南爲邦族，於北爲羈旅，以此名分言之，前妻爲元妃，後婦爲繼室。何至王路既通，更當逐其今妻，〔一五〕廢其嫡子！不書姜氏，絕不爲親，以其犯至惡也。趙姬雖貴，必推叔隗；原同雖寵，必嫡宣孟。若違禮苟讓，何則春秋所當善也！論者謂地絕，其情終已不得往來。今地既通，何爲故當追而絕之邪！黄昌見美，斯又近世之明比。」司空齊王攸議：「禮記『生不及祖父母、諸父昆弟，而父稅喪，己則否』，諸儒皆以爲父以他故子生異域，不及此親存時歸見之，父雖追服，子不從稅，不責非時之恩也。但不相見，尚不服其先終，而況前母非親所生，義不踰祖，莫往莫來，恩絕殊隔，而令追服，殆非稱情立文之謂也。以爲昌不宜追服。」司徒李胤議：「崧爲黃門侍郎，江南已叛。石厚與焉，大義滅親，況於崧之義，可得以爲妻乎！」大司馬騫不議，太尉充、撫軍大將軍汝南王亮皆從主者。溥又駁粹曰：「喪從寧戚，謂喪事尚哀耳，不使服非其親也。夫死者終也，終事已故無絕道。分居兩存，則離否由人。夫婦以判合爲義，今土隔人殊，則配合理絕。彼已更娶代己，安得自同於死婦哉！伯夷讓孤竹，不可以爲後王法也。且既已爲嫡後服，復云爲妾，生則或貶或離，死則同祔於葬，妻專一以事夫，夫懷貳以接己，開僞薄之風，傷貞信之教，於以純化篤俗，不亦難乎！今昌二母雖土地殊隔，據同時並存，何得爲前母後母乎！設使昌母先亡，以嫡合葬，而前母不絕，遠聞喪問，當復相爲制何服邪！夫制不應禮，動而愈失。夫孝子不納親於不義，貞婦不昧進而苟容。今同前嫡於死婦，使後妻居正而或廢，於二子之心，曾無恧乎！而云誣父棄母，恐此文致之言，難以定臧否也。禮，違諸侯適天子，不服舊君，然則昌父絕前君矣，更納後室，廢舊妻矣，又何取於宜誅宜撫乎！且婦人之有惡疾，乃慈夫之所愍也，而在七出，誠以人理應絕故也。今夫婦殊域，與無妻同，方之惡疾，理無以異。據已更娶，有絕前之證，而云應服，於義何居！」

尚書八座以爲「設令有人於此，父爲敦煌太守，而子後任於洛，若父娶妻，非徒不見，乃可不知，及其死亡，不得不服。但鞠養己者情哀，而不相見名制，〔二六〕雖戚念之心殊，而爲之服一也。又，兩后匹嫡，自謂違禮，不謂非常之事而以常禮處之也。昔子思哭出母於廟，其門人曰：『庶氏之女死，何爲哭於孔氏之廟！』子思懼，改哭於他室。若昌不制服，不得不告其父祖，掘其前母之尸，徙之他地。若其不徙，昌爲罪人。何則？異族之女不得祔于先姑，藏其墓次故也。且夫婦人牽夫，猶有所尊，趙姬之舉，禮得權通，故先史詳之，不譏其事耳。今昌之二母，各已終亡，尚無並主輕重之事也。昌之前母，宜依叔隗爲比。若亡在昌未生之前者，則昌不應復服。生及母存，自應如禮以名服三年。輒正定爲文，章下太常報楙奉行」。

制曰：「凡事有非常，當依準舊典，爲之立斷。今議此事，稱引趙姬、叔隗者粗是也。然後狄與晉和，故姬氏得迎叔隗而下之。吳寇隔塞，毖與前妻，終始永絕。必義無兩嫡，則趙衰可以專制隗氏。昌爲人子，豈得擅替其母。且毖二妻並以絕亡，其子猶後母之子耳，昌故不應制服也。」

太興初，著作郎干寶論之曰：「禮有經有變有權，王毖之事，有爲爲之也。有不可責以始終之義，不可求以循常之文，何羣議之紛錯！同產者無嫡側之別，而先生爲兄；諸侯同爵無等級之差，而先封爲長。今二妻之入，無貴賤之禮，則宜以先後爲秩，順序義也。今生而同室者寡，死而同廟者衆，及其神位，固有上下也。故春秋賢趙姬遭禮之變而得禮情也。且夫吉凶哀樂，動乎情者也，五禮之制，所以敍情而卽事也。今二母者，本他人也，以名來親，而恩否於時，敬不及生，愛不及喪，夫何追服之道哉！張惲、劉卞，得其先後之節，齊王、衞恒，通于服絕之制，可以斷矣。朝廷於此，宜導之以趙姬，齊之以詔命，使先妻恢含容之德，後妻崇卑讓之道，室人達長少之序，百姓見變禮之中。若此，可以居生，又況於死乎！古之王者，有以師友之禮待其臣，而臣不敢自尊。今令先妻以一體接後，而後妻不敢抗，及其子孫交相爲服，禮之善物也。然則王昌兄弟相得之日，蓋宜祫祭二母，等其禮饋，序其先後，配以左右，兄弟肅雍，交酬奏獻，上以恕先父之志，中以高二母之德，下以齊兄弟之好，使義風弘于王教，慈讓洽乎急難，不亦得禮之本乎！」

是時，沛國劉仲武先娶毋丘氏，生子正舒、正則二人。毋丘儉反敗，仲武出其妻，娶王氏，生陶，仲武爲毋丘氏別舍而不告絕。及毋丘氏卒，正舒求祔葬焉，而陶不許。舒不釋服，訟于上下，泣血露骨，縗裳綴絡，數十年弗得從，以至死亡。

時吳國朱某娶妻陳氏，生子東伯。入晉，晉賜妻某氏，生子綏伯。太康之中，某已亡，綏伯將母以歸邦族，兄弟交愛敬之道，二母篤先後之序，雍雍人無間焉。及其終也，二子交相爲服，君子以爲賢。

安豐太守程諒先已有妻，後又娶，遂立二嫡。前妻亡，後妻子勳疑所服。中書令張華造甲乙之問曰：「甲娶乙爲妻，後又娶丙，匿不說有乙，居家如二嫡，無有貴賤之差。乙亡，丙之子當何服？本實並列，嫡庶不殊，雖二嫡非正，此失在先人，人子何得專制析其親也。若爲庶母服，又不成爲庶。進退不知所從。」太傅鄭沖議曰：「甲失禮於家，二嫡並在，誠非人子所得正。則乙丙之子並當三年，禮疑從重。」車騎賈充、侍中少傅任愷議略與鄭同。太尉荀顗議曰：「春秋並后匹嫡，古之明典也。今不可以犯禮並立二妻，不別尊卑而遂其失也。故當斷之以禮，先至爲嫡，後至爲庶。丙子宜以嫡母服乙，乙子宜以庶母事丙。昔屈建去芰，古人以爲違禮而得禮。丙子非爲抑其親，斯自奉禮先後貴賤順敍之義也。」中書監荀勖議曰：「昔鄉里鄭子羣娶陳司空從妹，後隔呂布之亂，不復相知存亡，更娶鄉里蔡氏女。徐州平定，陳氏得還，遂二妃並存。蔡氏之子字元釁，爲陳氏服嫡母之服，事陳公以從舅之禮。族兄宗伯曾責元釁，謂抑其親，鄉里先達以元釁爲合宜。不審此事粗相似否。」

建武元年，以溫嶠爲散騎侍郎，嶠以母亡值寇，不臨殯葬，欲營改葬，固讓不拜。元帝詔曰：「溫嶠不拜，以未得改卜葬送，朝議又頗有異同。爲審由此邪？天下有闕塞，行禮制物者當使理可經通。古人之制三年，非情之所盡，蓋存亡有斷，不以死傷生耳。要經而服金革之役者，豈營官邪？隨王事之緩急也。今桀逆未梟，平陽道斷，奉迎諸軍猶未得徑進，嶠特一身，於何濟其私艱，而以理閡自疑，不服王命邪！其令三司八座、門下三省、外內羣臣，詳共通議如嶠比，吾將親裁其中。」於是太宰、西陽王羕，司徒臨潁公組，驃騎將軍、卽丘子導，侍中紀瞻，尚書周顗，散騎常侍荀邃等議，以「昔伍員挾弓去楚，爲吳行人以謀楚，誠志在報讎，不苟滅身也。溫嶠遭難，昔在河朔，日尋干戈，志刷讎惡，萬里投身，歸赴朝廷，將欲因時竭力，憑賴王威，以展其情，此乃嶠之志也。無緣道路未通，師旅未進，而更中辭王事，留志家巷也。以爲誠宜如明詔。」於是有司奏曰：「案如衆議，去建武元年九月下辛未令書，依禮文，父喪未葬，〔一七〕唯喪主不除。以他故未葬，人子之情，不可居殯而除，故期於畢葬，無遠近之斷也。若亡遇賊難，喪靈無處，求索理絕，固應三年而除，不得故從未葬之例也。若骨肉殲於寇害，死亡漫於中原，而繼以遺賊未滅，亡者無收殯之實，存者又闕於奔赴之禮，而人子之情，哀痛無斷，輒依未葬之義，久而不除，若遂其情，則人居無限之喪，非有禮無時不得之義也。諸如此，皆依東關故事，限行三年之禮畢而除也。唯二親生離，吉凶未分，服喪則凶事未據，從吉則疑於不存，心憂居素，出自人情，有如此者，非官制之所裁。今嶠以未得改卜奔赴，累設疾辭。案辛未之制，已有成斷，皆不得復遂其私情，不服王命，以虧法憲。參議可如前詔嶠受拜，重告以中丞司徒，諸如嶠比者，依東關故事辛未令書之制。」嶠不得已，乃拜。

是時中原喪亂，室家離析，朝廷議二親陷沒寇難，應制服不。太常賀循曰：「二親生離，吉凶未分，服喪則凶事未據，從吉則疑於不存，心憂居素，允當人情。」元帝令以循議爲然。太興二年，司徒荀組云：「二親陷沒寇難，萬無一冀者，宜使依王法，隨例行喪。」庾蔚之云：「二親爲戎狄所破，存亡未可知者，宜盡尋求之理。尋求之理絕，三年之外，便宜婚宦，胤嗣不可絕，王政不可廢故也。猶宜以哀素自居，不豫吉慶之事，待中壽而服之也。若境內賊亂清平，肆眚之後，尋覓無蹤跡者，便宜制服。」

咸康二年，零陵李繁姊先適南平郡陳詵爲妻，產四子而遭賊。姊投身於賊，請活姑命，賊略將姊去。詵更娶嚴氏，生三子。繁後得姊消息，往迎還詵，詵籍注領二妻。及李亡，詵疑制服，〔一八〕以事言征西大將軍庾亮府平議，時議亦往往異同。司馬王愆期議曰：「案禮不二嫡，故惠公元妃孟子，孟子卒，繼室以聲子。諸侯猶爾，況庶人乎！士喪禮曰，繼母本實繼室，故稱繼母，事之如嫡，故曰如母也。詵不能遠慮避難，以亡其妻，非犯七出見絕於詵。始不見絕，終又見迎，養姑於堂，子爲首嫡，列名黃籍，則詵之妻也。爲詵也妻，則爲暉也母，暉之制服無所疑矣。禮爲繼母服而不爲前母服者，如李比類，曠世所希。前母既終，乃有繼母，後子不及前母，故無制服之文。然禴祠蒸嘗，未有不以前母爲母者，亡猶母之，況其存乎！詵有老母，不可以莫之養，妻無歸期，納妾可也。李雖没賊，尚有生冀，詵尋求之理不盡，而便娶妻，誠詵之短也。然隴畝之夫，不達禮義，考之傳記不勝。〔一九〕施孝叔之妻失身於郤犨而不棄者，以非其罪也。詵有兩妻，非故犯法。李鄙野人，而能臨危請活姑命，險不忘順，可謂孝婦矣。議者欲令在没略之中，必全苦操，有隕無二，是望凡人皆爲宋伯姬也。詵雖不應娶妻，要以嚴爲妻，妻則繼室，本非嫡也。雖云非嫡，義在始終，寧可以詵不應二妻而已涉二庭乎！若能下之，則趙姬之義。若云不能，官當有制。先嫡後繼，有自來矣。衆議貶譏太峻，故略序異懷。」亮從惌期議定。

五經通義以爲有德則謚善，無德則謚惡，故雖君臣可同。魏朝初謚宣帝爲文侯，景王爲武侯，文王表不宜與二祖同，於是改謚宣文、忠武。至文王受晉王之號，魏帝又追命宣文爲宣王，忠武爲景王。太康八年十月，太常上謚故太常平陵男郭奕爲景侯。有司奏云：「晉受命以來，祖宗號謚羣下未有同者，故郭奕爲景，與景皇同，不可聽，宜謚曰穆。」王濟、羊璞等並云：「夫無窮之祚，名謚不一，若皆相避，於制難全。如悉不避，復非推崇事尊之禮。宜依諱名之義，但及七廟祖宗而已，不及遷毁之廟。」成粲、武茂、劉訥並云：「同謚非嫌。號謚者，國之大典，所以厲時作教，經天人之遠旨也。固雖君父，義有所不隆，及在臣子，或以行顯。故能使上下邁德，罔有怠荒。臣願聖世同符堯舜，行周同謚之禮，舍漢魏近制相避之議。」又引周公父子同謚曰文。武帝詔曰：「非言君臣不可同，正以奕謚景不相當耳，宜謚曰簡。」及太元四年，侍中王欣之表君臣不嫌同謚，尚書奏以欣之言爲然。詔可。

驃騎將軍溫嶠前妻李氏，在嶠微時便卒。又娶王氏、何氏，並在嶠前死。及嶠薨，朝廷以問陳舒：「三人並得爲夫人不？」舒云：「禮記『其妻爲夫人而卒，〔三〇〕而後其夫不爲大夫，而祔於其妻，則不易牲。妻卒，而後夫爲大夫，而祔於其妻，則以大夫牲』。然則夫榮於朝，妻貴於室，雖先夫沒，榮辱常隨於夫也。禮記曰『妻祔於祖姑，祖姑有三人，則祔其親者』。如禮，則三人皆爲夫人也。自秦漢已來，廢一娶九女之制，近世無復繼室之禮，先妻卒則更娶。苟生加禮，則亡不應貶。」庾蔚之云：「賤時之妻不得並爲夫人，若有追贈之命則不論耳。」嶠傳，贈王、何二人夫人印綬，不及李氏。

永和十一年，彭城國爲李太妃求謚。博士曹耽之議：「夫婦行不必同，不得以夫謚謚婦。春秋婦人有謚甚多，經無譏文，知禮得謚也。」胡訥云：「禮，婦人生以夫爵，死以夫謚。春秋夫人有謚，不復依禮耳。安平獻王李妃、琅邪武王諸葛妃、太傅東海王裴妃並無謚，今宜率舊典。」王彪之云：「婦人有謚，禮壞故耳。聲子爲謚，服虔諸儒以爲非。杜預亦云『禮，婦人無謚』。春秋無譏之文，所謂不待貶絕自明者也。近世惟后乃有謚耳。」

太尉荀顗上謚法云：「若賜謚而道遠不及葬者，皆封策下屬，遣所承長吏奉策即家祭賜謚。」

太元十三年，召孔安國爲侍中。安國表以黄門郎王愉名犯私諱，不得連署，求解。有司議云：「名終諱之，有心所同，聞名心瞿，亦明前誥。而禮復云『君所無私諱，大夫之所有公諱』，無私諱。又云『詩書不諱，臨文不諱』。豈非公義奪私情，王制屈家禮哉！尚書安衆男臣先表中兵曹郎王祐名犯父諱，求解職，明詔爰發，聽許換曹，蓋是恩出制外耳。而頃者互相瞻式，源流既啓，莫知其極。夫皇朝禮大，百僚備職，編官列署，動相經涉。若以私諱，人遂其心，則移官易職，遷流莫已，既違典法，有虧政體。請一斷之。」從之。

校勘記

〔一〕天下之達禮者也　拾補：「者」字衍。按：禮記檀弓及下文並無「者」字。

〔二〕除服諒闇制　周校：「制」上脱「終」字。按：通典八三有「終」字。下文「諒闇終制」亦可證。

〔三〕慈母服如母　李校：「服」字衍。此用喪服文。

〔四〕文公 各本作「昭公」，局本改作「文公」，與后妃傳及通考一二一合，今從局本。

〔五〕爲祖母後齊衰朞 考異：后妃傳作「齊衰三年」。斠注：宋書徐廣傳亦作「三年」。按：據喪服小記，作「三年」是。

〔六〕諸侯不降嫡殤重 儀禮喪服鄭注作「不降適殤者，重適也」。此「重」字下當有「適也」二字。

〔七〕除不輓歌 「不」字疑衍。

〔八〕今若以大夫宜奪以王事 李校：「大夫」當作「丈夫」。

〔九〕庶子爲母緦麻三月 喪服原文「庶子」下有「爲父後者」四字。下文所言亦指庶子之爲父後者。

〔一〇〕扶風王駿薨 「駿」原作「亮」。考異：本紀是年九月扶風王駿薨，非亮也。今據改。

〔一一〕公爲所寓 喪服經傳「寄公爲所寓」，此脫「寄」字。

〔一二〕密璽 「密」當作「蜜」，山濤傳云「贈司徒蜜印」，陶侃傳云「追贈大司馬，假蜜章」，蓋以蠟爲之，故曰「蜜」。

〔一三〕劉智安 斠注：劉智爲劉寔弟，誤衍「安」字，否則「安」上有脫文，或別有一人。按：劉寔傳作「劉智」。

〔一四〕非大夫也 拾補：「大」疑誤。

〔一五〕更當逐其今妻 李校：「今」當作「前」。

〔一六〕而不相見名制　拾補：「見」下當有「者」字。

〔一七〕父喪未葬　此用喪服小記，「父」當作「久」。

〔一八〕誂疑制服　拾補：通典四八「制」作「暉」，蓋誂子也，與下文「爲暉也母」相應。

〔一九〕考之傳記不勝　拾補：「不勝」二字衍。

〔二〇〕其妻爲夫人而卒　此出禮記喪服小記，「夫人」當作「大夫」。

晉書卷二十一

志第十一

禮下

五禮之別，三曰賓，蓋朝宗、覲遇、會同之制是也。自周以下，其禮彌繁。自秦滅學之後，舊典殘缺。漢興，始使叔孫通制禮，參用先代之儀，然亦往往改異焉。漢儀有正會禮，正旦，夜漏未盡七刻，鍾鳴受賀，公侯以下執贄夾庭，二千石以上升殿稱萬歲，然後作樂宴饗。魏武帝都鄴，正會文昌殿，用漢儀，又設百華燈。晉氏受命，武帝更定元會儀，咸寧注是也。傅玄元會賦曰：「考夏后之遺訓，綜殷周之典藝，採秦漢之舊儀，定元正之嘉會。」此則兼採衆代可知矣。

咸寧注：「先正一日，有司各宿設。夜漏未盡十刻，羣臣集到，庭燎起火。上賀，起，謁報，又賀皇后。還，從雲龍東中華門入，詣東閤下，便坐。漏未盡七刻，百官及受贄郎官以下至計吏皆入立其次，其陛衞者如臨軒儀。漏未盡五刻，謁者、僕射、大鴻臚各奏羣臣就位定。漏盡，侍中奏外辦。皇帝出，鐘鼓作，百官皆拜伏。太常導皇帝升御坐，鐘鼓止，百官起。大鴻臚跪奏『請朝賀』。掌禮郎讚『皇帝延王登』。大鴻臚跪讚『藩王臣某等奉白璧各一，再拜賀』。太常報『王悉登』。謁者引上殿，當御坐。皇帝興，王再拜。皇帝坐，復再拜。跪置璧御坐前，復再拜。成禮訖，謁者引下殿，還故位。掌禮郎讚『皇帝延太尉等』。於是公、特進、匈奴南單于、金紫將軍當大鴻臚西，中二千石、二千石、千石、六百石當大行令西，皆北面伏。鴻臚跪讚『太尉、中二千石等奉璧、皮、帛、羔、雁、雉，再拜賀』。太常讚『皇帝延公等登』。掌禮引公至金紫將軍上殿。〔一〕皇帝興，皆再拜。皇帝坐，又再拜。跪置璧皮帛御坐前，復再拜。成禮訖，謁者引下殿，還故位。公置璧成禮時，〔二〕大行令並讚殿下，中二千石以下同。成禮訖，以贄授贄郎，郎以璧帛付謁者，羔、雁、雉付太官。太樂令跪請奏雅樂，樂以次作。乘黃令乃出車，皇帝罷入，百官皆坐。晝漏上水六刻，諸蠻夷胡客以次入，皆再拜訖，坐。御入後三刻又出，鐘鼓作。謁者、僕射跪奏『請羣臣上』。謁者引王公二千石上殿，千石、六百石停本位。謁者引王詣樽酌壽酒，跪授侍中。侍中跪置御坐前，王還。王自酌置位前，謁者跪奏『藩王臣某等奉觴，再拜上千萬歲壽』。四廂樂作，百官再拜。已飲，又再拜。謁者引王等還本位。陛下者傳就席，羣臣皆跪諾。侍中、中書令、尚書令各於殿上上壽酒。登歌樂升，太官又行御酒。〔三〕御酒升階，太官令跪授侍郎，侍郎跪進御坐前。乃行百官酒。太樂令跪奏『奏登歌』，三終乃降。太官令跪請具御飯，到階，羣臣皆起。太官令持羹跪授司徒，持飯跪授大司農，尚食持案並授持節，持節跪進御坐前。〔四〕羣臣就席。太樂令跪奏『奏食舉樂』。太官行百官飯案遍。食畢，太樂令跪奏『請進樂』。樂以次作。鼓吹令又前跪奏『請以次進衆伎』。乃召諸郡計吏前，受敕戒於階下。宴樂畢，謁者一人跪奏『請罷退』。鐘鼓作，羣臣北面再拜，出。」然則夜漏未盡七刻謂之晨賀，晝漏上三刻更出，百官奉壽酒，謂之晝會。別置女樂三十人於黃帳外，奏房中之歌。

江左多虞，不復晨賀。夜漏未盡十刻，開宣陽門，至平旦始開殿門，晝漏上五刻，皇帝乃出受賀。皇太子出會者，則在三恪下王公上。正旦元會，設白獸樽於殿庭，樽蓋上施白獸，若有能獻直言者，則發此樽飲酒。案禮，白獸樽乃杜舉之遺式也，爲白獸蓋，是後代所爲，示忌憚也。〔五〕

魏制，藩王不得朝覲。魏明帝時，有朝者皆由特恩，不得以爲常。及泰始中，有司奏：「諸侯之國，其王公以下入朝者，四方各爲二番，三歲而周，周則更始。若臨時有故，却在明年。明年來朝之後，更滿三歲乃復朝，不得違本數。〔六〕朝禮皆親執璧，如舊朝之制。不朝之歲，各遣卿奉聘。」奏可。江左王侯不之國，其有受任居外，則同方伯刺史二千石之禮，亦無朝聘之制，故此禮遂廢。

漢以高帝十月定秦，且爲歲首。至武帝，雖改用夏正，然每月朔朝，至於十月朔，猶常饗會。其儀，夜漏未盡七刻，受賀及贄，公侯璧，中二千石、二千石羔，千石、六百石雁，四百石以下雉。三公奉璧上殿御坐前，北面。太常讚曰『皇帝爲君興』。三公伏。皇帝坐，乃前進璧。百官皆賀，二千石以上上殿稱萬歲，舉觴。御食，司徒奉羹，大司農奉飯，奏食舉之樂。百官受賜，宴饗，大作樂，如元正之儀。魏晉則冬至日受方國及百僚稱賀，因小會。其儀亞於獻歲之旦。

古者帝王莫不巡狩。魏文帝值天下三分，方隅多事，皇輿亟動，役無寧歲，蓋應時之務，非舊章也。明帝凡三東巡狩，所過存問高年，恤疾苦，或賜穀帛，有古巡幸之風焉。齊王正始元年，巡洛陽縣，賜高年力田各有差。

及武帝泰始四年，詔刺史二千石長吏曰：「古之王者，以歲時巡狩方岳，其次則二伯述職，不然則行人順省。〔七〕故雖幽遐側微，心無壅隔，下情上通，上指遠諭，至于鰥寡，罔不得所，用垂風遺烈，休聲猶存。朕在位累載，如臨深川，夙興夕惕，明發不寢，坐而待旦，思四方水旱災眚，爲之怛然。勤躬約己，欲令事事當宜。常恐衆吏用情，誠心未著，萬機兼猥，慮有不周，政刑失謬，而弗獲備覽。百姓有過，在予一人。惟歲之不易，未遑卜征巡省之事，下之未乂，其何以恤之。今使使持節侍中副給事黃門侍郎銜命四出，周行天下，親見刺史二千石長吏，申諭朕心，訪求得失損益諸宜，觀省政教，問人間患苦。周典有之曰：『其萬姓之利害爲一書，其禮俗政事刑禁之逆順爲一書，其暴亂作慝犯令爲一書，其札喪凶荒厄貧爲一書，其康樂和親安平爲一書，每國辨異之，以返命于王。』舊章前訓，令率由之。還具條奏，俾朕昭然鑒于幽遠，若親行焉。大夫君子，其各悉乃心，敬乃事，嘉謀令圖，苦言至戒，與使者盡之，無所隱諱。方將虛心以俟，其勉哉勖之，稱朕意焉。」

新禮，巡狩方嶽，柴望告設壝宮如禮。諸侯之覲者，賓及執贄皆如朝儀，而不建旗。摯虞以爲：「覲禮，諸侯覲天子，各建其旗。旗章所以殊爵命，示等威。詩稱『君子至止，言觀其旂』。宜定新禮，建旗如舊禮。」詔可其議。然終晉代，其禮不行。

封禪之說，經典無聞。禮有因天事天，因地事地，因名山升中于天，而鳳皇降，龜龍格。天子所以巡狩，至于方嶽，燔柴祭天，以告其成功，事似而非也。讖緯諸說皆云，王者封泰山，禪梁甫，易姓紀號。秦漢行其典，前史各陳其制矣。

魏明帝黃初中，〔八〕護軍蔣濟奏曰：「夫帝王大禮，巡狩爲先；昭祖揚禰，封禪爲首。是以自古革命受符，未有不蹈梁父，登泰山，刊無竟之名，紀天人之際者也。故司馬相如謂有文以來，七十二君，或順所繇於前，謹遺敎於後。太史公曰，主上有聖明而不宣布，有司之過也。然則元功懿德，不刊梁山之石，無以顯帝王之功，示兆庶不朽之觀也。語曰，『當君而歎堯舜之美，譬猶人子對厥所生而譽他人之父』。今大魏承百王之弊亂，拯流遁之艱厄，接千載之衰緒，繼百代之廢業。始自武文，至于聖躬，所以參成天地之道，綱維人神之化。上天報應，嘉瑞顯祥，以比往古，無所取喻。至於歷世迄今，未發大禮。雖志在掃盡殘盜，蕩滌餘穢，未遑斯事。若爾，三苗屈強於江海，大舜當廢東巡之儀；徐夷跳梁於淮泗，周成當止岱嶽之禮。且去歲破吳虜於江漢，今茲屠蜀賊於隴右，其震蕩內潰，在不復淹，無累於封禪之事也。此儀久廢，非倉卒所定。宜下公卿，廣撰其禮，卜年考時，昭告上帝，以副天下之望。臣待罪軍旅，不勝大願，冒死以聞。」詔曰：「聞蔣濟斯言，使吾汗出流足。自開闢以來，封禪者七十餘君耳。故太史公曰，雖有受命之君，而功有不洽，是以中間曠遠者千有餘年，近者數百載，其儀闕不可得記。吾何德之修，敢庶茲乎！濟豈謂世無管仲，以吾有桓公登泰山之志乎！吾不欺天也。濟之所言，華則華矣，非助我者也。公卿侍中尚書常侍省之而已，勿復有所議，亦不須答詔也。」天子雖距濟議，而實使高堂隆草封禪之儀，以天下未一，不欲便行大禮。會隆卒，不復行之。

及武帝平吳，混一區宇，太康元年九月庚寅，尚書令衞瓘、尚書左僕射山濤、右僕射魏舒、尚書劉寔、司空張華等奏曰：「臣聞肇自生靈，則有后辟，年載之數，莫之能紀。立德濟世，揮揚仁風，以登封泰山者七十有四家，其謚號可知者十有四焉。沈淪寂寞，曾無遺聲者，不可勝記。大晉之德，始自重黎，實佐顓頊，至于夏商，世序天地。其在于周，不失其緒。金德將升，世濟明聖，外平蜀漢，海內歸心，武功之盛，實由文德。至于陛下，受命踐阼，弘建大業，羣生仰流。惟獨江湖沅湘之表，凶桀負固，歷代不賓。神謀獨斷，命將出討，兵威暫加，數旬蕩定。羇其鯨鯢，赦其罪逆，雲覆雨施，八方來同，聲教所被，達于四極。雖黃軒之征，大禹遠略，周之奕世，何以尚今！若夫玄石素文，底號前載，象以數表，言以事告，雖古河圖洛書之徵，不是過也。宜宣大典，禮中嶽，封泰山，禪梁父，發德號，明至尊，享天休，篤黎庶，勒千載之表，播流後之聲，俾百世之下，莫不興起。斯帝王之盛業，天人之至望也。」詔曰：「今逋寇雖殄，外則障塞有警，內則百姓未寧，此盛德之事，所未議也。」

瓘等又奏曰：「今東漸于海，西被流沙，大漠之陰，日南北戶，莫不通屬，芒芒禹跡，今實過之。天人之道已周，巍巍之功已著，宜修禮地祇，登封泰山，致誠上帝，以答人神之願也。

乞如前奏。」詔曰：「今陰陽未和，刑政未當，百姓未得其所，豈可以勒功告成邪！」詔不許。

瓘等又奏曰：「臣聞處帝王之位者，必有曆運之期，天命之應；濟兆庶之功者，必有盛德之容，告成之典。無不可誣，有不敢讓，自古道也。而明詔謙沖，屢辭其禮，雖盛德攸在，推而未居。夫三公職典天地，實掌人物，國之大事，取議於此。故漢氏封禪，非是官也，不在其事。臣等前奏，蓋陳祖考之功，天命又應，陛下之德，合同四海，述古考今，宜修此禮。至於克定歲月，須五府上議，然後奏聞。」詔曰：「雖蕩清江表，皆臨事者之勞，何足以告成。方望羣后思隆大化，以寧區夏，百姓獲乂，與之休息。斯朕日夜之望，無所復下諸府矣。」

瓘等又奏：「臣聞唐虞三代濟世弘功之君，莫不仰承天休，俯協人志，登介丘，履梁父，未有辭焉者，蓋不可讓也。今陛下勳高百王，德無與二，茂績宏規，巍巍之業，固非臣等所能究論。而聖旨勞謙，屢自抑損，時至弗應，推美不居，闕皇代之上儀，塞靈祇之款望，使大晉之典謨，不同風於三五。臣等誠不敢奉詔，請如前奏施行。」詔曰：「方當共思弘道，以康庶績。且俟他年，無所復紛紜也。」

王公有司又奏：「自古聖明，光宅四海，封禪名山，著於史籍，作者七十四君矣。舜禹之有天下也，巡狩四嶽，躬行其道。易著觀俗省方，禮有升中于天，詩頌陟其高山，皆載在方策。文王爲西伯以服事殷，周公以魯藩列于諸侯，或享于岐山，或有事泰山，徒以聖德，猶得爲其事。自是以來，功薄而僭其義者，不可勝數，號謚不泯，以至于今。況高祖宣皇帝肇開王業，海外有截；世宗景皇帝濟以大功，輯寧區夏；太祖文皇帝受命造晉，盪定蜀漢；陛下應期龍興，混一六合，澤被羣生，威震無外。昔漢氏失統，吳蜀鼎峙，兵興以來，近將百年，地險俗殊，人望絕塞。今不羈之寇，二代而平，非聰明神武，先天弗違，孰能巍巍其有成功若茲者歟！臣等幸以千載得遭運會，親服大化，目覩太平，至公至美，誰與爲讓。宜祖述先朝，憲章古昔，勒功岱嶽，登封告成，弘禮樂之制，正三雍之典，揚名萬世，以顯祖宗。是以不勝大願，敢昧死以聞。請告太常，具禮儀。」上復詔曰：「所議誠列代之盛事也，然方今未可以爾。」便報絕之。

哀帝即位，欲尊崇章皇太妃。桓溫議宜稱太夫人。尚書僕射江虨議曰：「虞舜體仁孝之性，盡事親之禮，貴爲天王，富有四海，而瞽叟無立錐之地，一級之爵。蒸蒸之心，昊天罔極，寧當忍父卑賤，不以徽號顯之，豈不以子無爵父之道，理窮義屈，靡所厝情者哉！春秋經曰『紀季姜歸于京師』，傳曰『父母之於子，雖爲天王后，猶曰吾季姜』，言子尊不加父母也。或以爲子尊不加父母，則武王何以追王太王、王季、文王乎？周之三王，德配天地，王迹之興，自此始也。是以武王仰尋前緒，遂奉天命，追崇祖考，明不以子尊加父母也。案禮

『幼不誄長，賤不誄貴』，幼賤猶不得表彰長貴，況敢錫之以榮命邪！漢祖感家令之言而尊太公，荀悅以爲孝莫大于嚴父，而以子貴加之父母，家令之言過矣。爰逮孝章，不上賈貴人以尊號，而厚其金寶幣帛，非子道之不至也，蓋聖典不可踰也。當春秋時，庶子承國，其母得爲夫人。不審直子命母邪，故當告於宗祧以先君之命命之邪？竊見詔書，當臨軒拜授貴人爲皇太妃。今稱皇帝策命命貴人，斯則子爵母也。貴人北面拜受，斯則母臣子也。天尊地卑，名位定矣，母貴子賤，人倫序矣。雖欲加崇貴人，而實卑之；雖顯明國典，而實廢之。且人主舉動，史必書之。如當載之方策，以示後世，無乃不順乎！竊謂應告顯宗之廟，稱貴人仁淑之至，宜加殊禮，以酬鞠育之惠。奉先靈之命，事不在己。妃后雖是配君之名，然自后以下有夫人九嬪，無稱妃焉。桓公謂宜進號太夫人，非不允也。如以夫人爲少，可言皇太夫人。皇，君也，君太夫人於名禮順矣。」帝特下詔拜皇太妃。三月丙辰，使兼太保王恬授璽綬儀服，一如太后。又詔曰：「朝臣不爲太妃敬，爲合禮不？」太常江逌議：「位號不極，不應盡敬。」

孝武追崇會稽鄭太妃爲簡文太后，詔問「當開墓不」。王珣答：「據三祖追贈及中宗敬后，並不開墓位，更爲塋域制度耳。」

褚太后臨朝時，議褚裒進見之典。蔡謨、王彪之並以：「虞舜、漢高祖猶執子道，況后乎！王者父無拜禮。」尚書八座議以爲：「純子則王道缺，純臣則孝道虧。謂公庭如臣，私覿則嚴父爲允。」

漢魏故事，皇太子稱臣。新禮以太子既以子爲名，而又稱臣，臣子兼稱，於義不通，除太子稱臣之制。摯虞以爲：「孝經『資於事父以事君』，義兼臣子，則不嫌稱臣，宜定新禮皇太子稱臣如舊。」詔從之。

太寧三年三月戊辰，明帝立皇子衍爲皇太子。癸巳，詔曰：「禮無生而貴者，故帝元子方之於士。而漢魏以來，尊崇儲貳，使官屬稱臣，朝臣咸拜，此甚無謂。吾昔在東宮，未及啓革。今衍幼沖之年，便臣先達，將令日習所見，謂之自然，此豈可以教之邪！主者其下公卿內外通議，使必允禮中。」尚書令卞壼議以爲：「周禮王后太子不會，明禮同於君，皆所以重儲貳，異正嫡。苟奉之如君，不得不拜矣。太子若存謙沖，故宜答拜。臣以爲皇太子之立，郊告天地，正位儲宮，豈得同之皇子揖讓而已。謂宜稽則漢魏，闔朝同拜。」從之。

太元中，尚書符問王公已下見皇太子儀及所衣服。侍中領國子博士車胤議：「朝臣宜朱衣構幘，拜敬，太子答拜。案經傳不見其文，故太傅羊祜牋慶太子，稱叩頭死罪，此則拜之證也。又太寧三年詔議其典，尚書卞壼謂宜稽則漢魏，〔九〕闔朝同拜。其朱衣冠冕，惟施之天朝，宜構幘而已。」朝議多同。

太元十二年，議二王後與太子先後。博士庾弘之及尚書參議，並以爲：「陳留，國之上賓。皇太子雖國之儲貳，猶在臣位，陳留王坐應在太子上。」陳留王勱表稱疾病積年，求放罷，詔禮官博士議之。博士曹耽云：「勱爲祭主而無執祭之期，宜與穆子、孟縶事同。」王彪之云：「二王之後，不宜輕致廢立。記傳未見有已爲君而疾病退罷者，當知古無此禮。孟縶、穆子是方應爲君，非陳留之比。」

咸康四年，成帝臨軒，遣使拜太傅、太尉、司空。儀注，太樂宿縣於殿庭。門下奏，非祭祀宴饗，則無設樂之制。太常蔡謨議曰：「凡敬其事則備其禮，禮備則制有樂。樂者，所以敬事而明義，非爲耳目之娛，故冠亦用之，不惟宴饗。宴饗之有樂，亦所以敬賓也。故郤至使楚，楚子饗之，郤至辭曰：『不忘先君之好，貺之以大禮，重之以備樂。』尋斯辭也，則宴樂之意可知矣。公侯大臣，人君所重，故御坐爲起，在輿爲下，言稱伯舅。傳曰『國卿，君之貳也』，是以命使之日，御親臨軒，百僚陪列，此即敬事之意也。古者，天王饗下國之使，及命將帥，遣使臣，皆有樂。故詩序曰：『皇皇者華，君遣使臣也。』又曰：『采薇以遣之，出車以勞還，杕杜以勤歸。』皆作樂而歌之。今命大使，拜輔相，比於下國之臣，輕重殊矣。輕誠有之，重亦宜然。故謂臨軒遣使，宜有金石之樂。」議奏從焉。

漢魏故事，王公羣妾見於夫人，夫人不答拜。新禮以爲禮無不答，更制妃公侯夫人答妾拜。摯虞以爲：「禮，妾事女君如婦之事姑，妾服女君朞，女君不報，則敬與婦同而又加賤也。名位不同，本無酬報。禮無不答，義不謂此。先聖殊嫡庶之別，以絕陵替之漸。峻明其防，猶有僭違。宜定新禮，自如其舊。」詔可其議。

五禮之別，其四曰軍，所以和外寧內，保大定功者也。但兵者凶事，故因蒐狩而習之。漢儀，立秋之日，自郊禮畢，始揚威武，斬牲於東門，以薦陵廟。其儀，乘輿御戎路，白馬朱鬣，躬執弩射牲，牲以鹿麛。太宰令、謁者各一人載以獲車，馳送陵廟。還宮，遣使者齎束帛以賜武官。武官肄兵，習戰陣之儀。斬牲之禮，名曰貙劉。兵官皆肄孫吳兵法六十四陣。既還，公卿已下陳雒陽前街，乘輿到，公卿已下拜，天子下車，公卿親識顏色，然後還宮。古語曰在車下車，則惟此時施行。漢世率以爲常。至獻帝建安二十一年，魏國有司奏：「古四時講武，皆於農隙。漢西京承秦制，三時不講，惟十月都試。今金革未偃，士衆素習，可無四時講武。但以立秋擇吉日大朝車騎，號曰閱兵，〔一〇〕上合禮名，下承漢制。」奏可。

是冬，閱兵，魏王親執金鼓以令進退。延康元年，魏文帝爲魏王。是年六月立秋，閱兵于東郊，公卿相儀，王御華蓋，親令金鼓之節。魏明帝太和元年十月，又閱兵。

武帝泰始四年九月，咸寧元年，太康四年，六年冬，皆自臨宣武觀，大閱衆軍，然不自令進退也。自惠帝以後，其禮遂廢。元帝太興四年，詔左右衞及諸營教習，依大習儀作雁羽仗。成帝咸和中，詔內外諸軍戲兵於南郊之場，故其地因名鬭場。自後藩鎮桓、庾諸方伯往往閱習，然朝廷無事焉。

漢魏故事，遣將出征，符節郎授節鉞於朝堂。其後荀顗等所定新禮，遣將，御臨軒，尚書受節鉞，依古兵書跪而推轂之義也。

五禮之別，其五曰嘉，宴饗冠婚之道於是乎備。周末崩離，賓射宴饗之則罕復能行，冠婚飲食之法又多遷變。

周禮雖有服冕之數，而無天子冠文。又儀禮云，公侯之有冠禮，夏之末造也。王、鄭皆以爲夏末上下相亂，篡弒由生，故作公侯冠禮，則明無天子冠禮之審也。大夫又無冠禮，古者五十而後爵，何大夫冠禮之有。周人年五十而有賢才，則試以大夫之事，猶行士禮也。故筮日筮賓，冠於阼以著代，醮於客位，三加彌尊，皆士禮耳。

然漢代以來，天子諸侯頗採其儀。正月甲子若丙子爲吉日，可加元服，儀從冠禮是也。漢順帝冠，又兼用曹褒新禮，乘輿初加緇布進賢，次爵弁、武弁，次通天，皆於高廟，以禮謁見世祖廟。王公已下，初加進賢而已。案此文，始冠緇布，從古制也，冠於宗廟是也。魏天子冠一加。其說曰，士禮三加，加有成也。至於天子諸侯無加數之文者，將以踐阼臨下，尊極德備，豈得與士同也。魏氏太子再加，皇子王公世子乃三加。孫毓以爲一加再加，皆非也。

禮醮辭曰：「令月吉日，以歲之正，以月之令。」案魯襄公冠以冬，漢惠帝冠以三月，明無定月。而後漢以來，帝加元服咸以正月。及咸寧二年秋閏九月，遣使冠汝南王柬，此則非必歲首。

禮冠於廟，然武、惠冠太子，太子皆即廟見，斯亦擬在廟之儀也。穆帝、孝武將冠，皆先以幣告廟，訖又廟見也。

惠帝之爲太子，將冠，武帝臨軒，使兼司徒高陽王珪加冠，兼光祿大夫屯騎校尉華廙贊冠。

江左諸帝將冠，金石宿設，百僚陪位。又豫於殿上鋪大牀，御府令奉冕、幘、簪導、衮服以授侍中常侍，太尉加幘，太保加冕。將加冕，太尉跪讀祝文曰：「令月吉日，始加元服。皇帝穆穆，思弘袞職。欽若昊天，六合是式。率遵祖考，永永無極。眉壽惟祺，介茲景福。」加冕訖，侍中繫玄紞，侍中脫帝絳紗服，加袞服冕冠。事畢，太保率羣臣奉觴上壽，王公以下三稱萬歲乃退。案儀注，一加幘冕而已。

泰始十年，南宮王承年十五，依舊應冠。有司議奏：「禮，十五成童，國君十五而生子，以明可冠之宜。又漢魏遣使冠諸王，非古典。」於是制諸王十五而冠，不復加使命。王彪之云，禮、傳冠皆在廟。案成帝既加元服，車駕出拜于太廟，以告成也。蓋亦猶擬在廟之儀。

魏齊王正始四年，立皇后甄氏，其儀不存。

武帝咸寧二年，臨軒，遣太尉賈充策立皇后楊氏，納悼后也。因大赦，賜王公以下各有差，百僚上禮。

太康八年，有司奏：「婚禮納徵，大婚用玄纁束帛，加珪，馬二駟。王侯玄纁束帛，加璧，乘馬。大夫用玄纁束帛，加羊。古者以皮馬爲庭實，天子加以穀珪，諸侯加大璋，可依周禮改璧用璋，其羊雁酒米玄纁如故。諸侯婚禮，加納采、告期、親迎各帛五匹，及納徵馬四匹，皆令夫家自備。惟璋，官爲具致之。」尙書朱整議：「案魏氏故事，王娶妃、公主嫁之禮，天子諸侯以皮馬爲庭實，天子加以穀珪，諸侯加以大璋。漢高后制聘，后黃金二百斤，馬十二匹。夫人金五十斤，馬四匹。魏氏王娶妃、公主嫁之禮，用絹百九十匹。晉興，故事用絹三百匹。」詔曰：「公主嫁由夫氏，不宜皆爲備物，賜錢使足而已。惟給璋，餘如故事。」成帝咸康二年，臨軒，遣使持節、兼太保、領軍將軍諸葛恢，兼太尉、護軍將軍孔愉，六禮備物，拜皇后杜氏。即日入宮，帝御太極殿，羣臣畢賀。賀，非禮也。王者婚禮，禮無其制。春秋「祭公逆王后于紀」，穀梁、左氏傳說與公羊又不同。而自漢魏遺事，並皆闕略。武、惠納后，江左又無復儀注。故成帝將納杜后，太常華恒始與博士參定其儀。據杜預左氏傳說，主婚是供其婚禮之幣而已。又，周靈王求婚於齊，齊侯問於晏桓子，桓子對曰：「夫婦所生若如人，姑姊妹則稱先守某公之遺女若如人。」此則天子之命自得下達，臣下之答逕自上通。先儒以爲丘明詳錄其事，蓋爲王者婚娶之禮也。故成帝臨軒，遣使稱制拜后，然其儀注又不具存。

康帝建元元年，納皇后褚氏，而儀注陛者不設旄頭。殿中御史奏：「今迎皇后，依成恭皇后入宮御物，而儀注至尊袞冕升殿，旄頭不設，求量處。又案，昔迎恭皇后，惟作青龍旂，其餘皆即御物。今當臨軒遣使，而立五牛旗，旄頭畢罕並出即用，故致今闕。」詔曰：「所以正法服、升太極者，以敬其始，故備其禮也。今云何更闕所重而徹法物邪！又恭后神主入廟，先帝詔后禮宜降，不宜建五牛旗，而今猶復設之邪！既不設五牛旗，則旄頭罼罕之物易具也。」又詔曰：「舊制既難準，且於今而備，亦非宜。府庫之儲，惟當以供軍國之費耳。法服儀飾粗令舉，其餘兼副雜器停之。」

穆帝升平元年，將納皇后何氏。太常王彪之大引經傳及諸故事以定其禮，深非公羊婚禮不稱主人之義。又曰：「王者之於四海，無不臣妾，雖復父兄之親，師友之賢，皆純臣也。夫崇三綱之始，以定乾坤之儀，安有天父之尊，而稱臣下之命以納伉儷。安有臣下之卑，而稱天父之名以行大禮。遠尋古禮，無王者此制；近求史籍，無王者此比。於情不安，於義不通。案咸寧二年，納悼皇后時，弘訓太后母臨天下，而無命戚屬之臣爲武皇父兄主婚之文。又考大晉已行之事，咸寧故事不稱父兄師友，則咸康華恒所上禮合於舊。臣愚謂今納后儀制，宜一依咸康故事。」於是從之。華恒所定之禮，〔二〕依漢舊及晉已行之制，故彪之多從咸康，由此也。惟以娶婦之家三日不舉樂，而咸康羣臣賀，爲失禮。故但依咸寧上禮，不復賀。其告廟六禮版文等儀，皆彪之所定也。其納采版文璽書曰：「皇帝咨前太尉參軍何琦。渾元資始，肇經人倫，爰及夫婦，以奉天地宗廟社稷。謀于公卿，咸以宜率由舊典。今使使持節太常彪之、宗正綜以禮納采。」主人曰：「皇帝嘉命，訪婚陋族，備數采擇。臣從祖弟故散騎侍郎準之遺女，未閑教訓，衣履若如人。欽承舊章，肅奉典制。前太尉參軍、都鄉侯糞土臣何琦稽首頓首，再拜承詔。」次問名版文曰：「皇帝曰：咨某官某姓。兩儀配合，承天統物，正位乎內，必俟令族，重申舊典。今使使持節、太常某，宗正某，以禮問名。」主人曰：「皇帝嘉命，使者某到，重宣中詔，問臣名族。臣族女父母所生，先臣故光祿大夫、雩婁侯禎之遺玄孫，〔三〕先臣故豫州刺史、關中侯惲之曾孫，先臣故安豐太守、關中侯叡之孫，先臣故散騎侍郎準之遺女。外出自先臣故尙書左丞孔胄之外曾孫，先臣故侍中、關內侯夷之外孫女，年十七。欽承舊章，肅奉典制。」次納吉版文曰：「皇帝曰：咨某官某姓。人謀龜從，僉曰貞吉，敬從典禮。今使使持節、太常某，宗正某以禮納吉。」主人曰：「皇帝嘉命，使者某重宣中詔，太卜元吉。臣陋族卑鄙，憂懼不堪。欽承舊章，肅奉典制。」次納徵版文曰：「皇帝曰：咨某官某姓之女，有母儀之德，窈窕之姿，如山如河，宜奉宗廟，永承天祚。以玄纁皮帛，馬羊錢璧，以章典禮。今使使持節、司徒某，太常某，以禮納徵。」主人曰：「皇帝嘉命，降婚卑陋，崇以上公，寵以典禮，備物典策。欽承舊章，肅奉典制。」次請期版文曰：「皇帝曰：咨某官某姓。謀于公卿，泰筮元龜，罔有不臧，率遵典禮。今使使持節、太常某，宗正某，以禮請期。」主人曰：「皇帝嘉命，使者某重宣中詔，吉日惟某可迎。臣欽承舊章，肅奉典制。」次親迎版文曰：「皇帝曰：咨某官某姓。歲吉月令，吉日惟某，率禮以迎。今使使持節、太保某，太尉某，以禮迎。」主人曰：「皇帝嘉命，使者某重宣中詔，令月吉辰，備禮以迎。上公宗卿兼至，副介近臣百兩。臣螻蟻之族，猥承大禮，憂懼戰悸。欽承舊章，肅奉典制。」某稽首承詔，皆如初答。

孝武納王皇后，其禮亦如之。其納采、問名、納吉、請期、親迎，皆用白雁、白羊各一頭，酒米各十二斛。惟納徵羊一頭，玄纁用帛三匹，絳二匹，絹二百匹，獸皮二枚，錢二百萬，玉璧一枚，馬六匹，酒米各十二斛。鄭玄所謂五雁六禮也。其珪馬之制，備物之數，校太康所奏又有不同云。

古者婚冠皆有醮，鄭氏醮文三首具存。

升平八年，〔一三〕臺符問「迎皇后大駕應作鼓吹不」。博士胡訥議：「臨軒儀注闕，無施安鼓吹處所，又無舉麾鳴鐘之條。」太常王彪之以爲：「婚禮不樂。鼓吹亦樂之總名。儀注所以無者，依婚禮。今宜備設而不作。」時用此議。

永和二年納后，〔一四〕議賀不。王述云：「婚是嘉禮。春秋傳曰：『娶者大吉，非常吉。』又傳曰：『鄭子罕如晉，賀夫人。』鄰國猶相賀，況臣下邪！如此，便應賀，但不在三日內耳。今因廟見成禮而賀，亦是一節也。」王彪之議云：「婚禮不樂不賀，禮之明文。傳稱子罕如晉賀夫人，既無經文，又傳不云禮也。禮，取婦三日不舉樂，明三日之後自當樂。至於不賀，無三日之斷，恐三日之後故無應賀之禮。」又云：「禮記所以言賀取妻者，是因就酒食而有慶語也。愚謂無直相賀之禮，〔一三〕而有禮貺共慶會之義，今世所共行。」于時竟不賀。

穆帝納后欲用九月，九月是忌月。范汪問王彪之，答云：「禮無忌月，不敢以所不見，便謂無之。」博士曹耽、荀訥等並謂無忌月之文，不應有妨。王洽曰：「若有忌月，當復有忌歲。」

太元十二年，臺符問「皇太子既拜廟，朝臣奉賀，應上禮與不？」國子博士車胤云：「百辟卿士，咸預盛禮，展敬拜伏，不須復上禮。惟方伯牧守，不覩大禮，自非酒牢貢羞，無以表其乃誠，故宜有上禮。猶如元正大慶，方伯莫不上禮，朝臣奉璧而已。」太學博士庾弘之議：「案咸寧三年始平、濮陽諸王新拜，有司奏依故事，聽京城近臣諸王公主應朝賀者復上禮。今皇太子國之儲副，既已崇建，普天同慶。謂應上禮奉賀。」徐邈同。又引一有元良，慶在於此。封諸王及新宮上禮，既有前事，亦皆已瞻仰致敬，而又奉觴上壽，應亦無疑也。

江左以來，太子婚，納徵禮用玉璧一，獸皮二，未詳何所準況。或者獸取其威猛有班彩，玉以象德而有溫潤。尋珪璋亦玉之美者，豹皮采蔚以譬君子。王肅納徵辭云：「玄纁束帛，儷皮雁羊。」前漢聘后，黃金二百斤，馬十二匹，亦無用羊之旨。鄭氏婚物贊曰「羊者祥也」，然則婚之有羊，自漢末始也。王者六禮，尚未用焉。是故太康中有司奏：「太子婚，納徵用玄纁束帛，加羊馬二駟。」

武帝泰始十年，將聘拜三夫人、九嬪。有司奏：「禮，皇后聘以穀珪，無妾媵禮贄之制。」詔曰：「拜授可依魏氏故事。」於是臨軒，使使持節兼太常拜三夫人，兼御史中丞拜九嬪。漢魏之禮云，公主居第，尚公主者來第成婚。司空王朗以爲不可，其後乃革。太元中，公主納徵以獸豹皮各一具禮，豈謂婚禮不辨王公之序，故取獸豹以尊革其事乎！〔一六〕

禮有三王養老膠庠之文，饗射飲酒之制，周末淪廢。漢明帝永平二年三月，帝始率羣臣躬養三老五更于辟雍，行大射之禮。郡國縣道行鄉飲酒于學校，皆祠先聖先師周公孔子，牲以太牢。〔一七〕孟冬亦如之。及魏高貴鄉公甘露二年，天子親帥羣司行養老之禮。於是王祥爲三老，鄭小同爲五更。其儀注不存，然漢禮猶在。武帝泰始六年十二月，帝臨辟雍，行鄉飲酒之禮。詔曰：「禮儀之廢久矣，乃今復講肄舊典。」賜太常絹百匹，丞、博士及學生牛酒。咸寧三年，惠帝元康九年，復行其禮。

魏正始中，齊王每講經遍，輒使太常釋奠先聖先師於辟雍，弗躬親。及惠帝明帝之爲太子，及愍懷太子講經竟，並親釋奠於太學，太子進爵於先師，中庶子進爵於顏回。成、穆、孝武三帝，亦皆親釋奠。孝武時，以太學在水南懸遠，有司議依升平元年，於中堂權立行太學。于時無復國子生，有司奏：「應須復二學生百二十人。太學生取見人六十，國子生權銓大臣子孫六十人，事訖罷。」奏可。釋奠禮畢，會百官六品以上。

漢儀，季春上巳，官及百姓皆禊於東流水上，洗濯祓除去宿垢。而自魏以後，但用三日，不以上巳也。晉中朝公卿以下至于庶人，皆禊洛水之側。趙王倫篡位，三日會天泉池，誅張林。懷帝亦會天泉池，賦詩。陸機云：「天泉池南石溝引御溝水，池西積石爲禊堂。」本水流杯飲酒，亦不言曲水。元帝又詔罷三日弄具。海西於鍾山立流杯曲水，延百僚，皆其事也。九月九日，馬射。或說云「秋，金之節，講武習射，象立秋之禮也」。

校勘記

〔一〕掌禮引公至金紫將軍上殿　拾補：「禮」下脫「郎」字。「上殿」下脫「當御坐」三字。按：宋志一、通典七〇皆有「當御坐」三字。

〔二〕公置璧成禮時　宋志一、通典七〇「公」上有「王」字，拾補以爲當據補。

〔三〕太官又行御酒　宋志一「太官」下有「令」字，據下文，此亦當作「太官令」。

〔四〕並授持節持節跪進御坐前　宋志一、通典七〇兩「持節」並作「侍郎」。拾補以爲「持節」乃諱字。

〔五〕示忌憚也　「忌憚」上當有「無」字或「不」字。宋志一作「無所忌憚也」，御覽二九引臧榮緒晉書作「示不忌憚也」，皆可證。

〔六〕不得違本數　斠注：通典七四作「不得依恒數」。按：宋志一作「不得從本數」。「恒數」「本數」皆指「二番三歲而周」之數。今既有故推遲，故不得依原定朝覲之歲來也。此作「違」，意義相反，疑當改作「從」或「依」。

〔七〕行人順省　拾補：「順」疑「頫」，見周禮。按：周禮大行人「三歲徧覜，五歲徧省」，「覜省」本此。「覜」「頫」同。盧說是。

〔八〕魏明帝黄初中　黄初爲文帝年號，非明帝。盧弼三國志集解據高堂隆傳謂「黄初」當作「太和」。

〔九〕尙書卞壼　「尙書」當同上文作「尙書令」。

〔一〇〕號曰閱兵　「閱」本作「治」，此唐人避李治諱改。下「閱兵」同。魏志武帝紀皆作「治兵」。

〔一一〕華恒所定之禮　「之」，宋志一及通典五八皆作「六」。

〔一二〕零婁侯禎　武紀、文紀、魏志管寧傳注引文士傳「禎」並作「楨」。楨字元幹，當作「楨」。

〔一三〕升平八年　諸史考異：穆帝立皇后何氏在升平元年八月。升平止五年，無八年。

〔一四〕永和二年納后　諸史考異：永和二年，穆帝四歲，無納后之文。

〔一五〕無直相賀之體　斠注：通典五八「體」作「禮」。

〔一六〕故取獸豹以尊革其事乎　周校：「革」當在「獸豹」下，文乃順。

〔一七〕牲以太牢　拾補：續漢志「太牢」作「犬」，劉昭引儀禮鄭注云「狗取擇人」，「太牢」誤。

晉書卷二十二

志第十二

樂上

夫性靈之表，不知所以發於詠歌；感動之端，不知所以關於手足。生於心者謂之道，成於形者謂之用。譬諸天地，其猶影響，百獸率舞，而況於人乎！美其和平而哀其喪亂，以茲援律，乃播其聲焉。

農瑟羲琴，倕鍾和磬，達靈成性，象物昭功，由此言之，其來自遠。殷氏不綱，遺風餘孽，淫奏既興，雅章奔散，英莖之制，蓋已微矣。孔子曰：「人能弘道，非道弘人。」周始二南，風兼六代。昔黃帝作雲門，堯作咸池，舜作大韶，禹作大夏，殷作大濩，周作大武，所謂因前王之禮，設俯仰之容，和順積中，英華發外。書稱命夔典樂，教胄子，則周官所謂奏大呂，歌黃鍾。天眖來下，人祇動色，抑揚周監，以弘雅音。及褒豔興災，平王逢亂，禮廢親疏，樂沈河海。是以延陵季子聞歌小雅曰：「其周德之衰乎！猶有先王之遺風焉。」而列壤稱孤，各興吟詠。魏文侯聆古樂而恐臥，晉平公聽新聲而忘食，先王之道，漸以陵夷。八方殊風，九州異則。秦氏幷吞，遂專刑憲，至於紘歌詩頌，干戚旄羽，投諸煙火，掃地無遺。

漢祖提劍寰中，削平天下，文匪躬於德化，武有心於制作。太后擯儒家之道，大臣排賈氏之言，搢紳先生所以長歎，而子政、仲舒猶不能已也。炎漢中興，明皇帝即位，表圭景而陳清廟，樹槐陰而疏璧流；祀光武於明堂，以配上帝；召桓榮於太學，祖而割牲；濟濟焉，皇皇焉，有足觀者。自斯厥後，禮樂彌殷。永平三年，官之司樂，改名大予，式揚典禮，旁求圖讖，道鄰雅頌，事邇中和。其有五方之樂者，則所謂「大樂九變，天神可得而禮」也。其有宗廟之樂者，則所謂「肅雍和鳴，先祖是聽」者也。其有社稷之樂者，則所謂「琴瑟擊鼓，以迓田祖」者也。其有辟雍之樂者，則所謂「移風易俗，莫善於樂」者也。其有黃門之樂者，則所謂「宴樂羣臣，蹲蹲舞我」者也。其有短簫之樂者，則所謂「王師大捷，令軍中凱歌」者也。

魏武挾天子而令諸侯，思一戎而匡九服，時逢吞滅，憲章咸盪。及削平劉表，始獲杜夔，揚鞞總干，式遵前記。三祖紛綸，咸工篇什，聲歌雖有損益，愛翫在乎雕章。是以王粲等各造新詩，抽其藻思，吟詠神靈，贊揚來饗。

武皇帝採漢魏之遺範，覽景文之垂則，鼎鼐唯新，前音不改。泰始九年，光祿大夫荀勖始作古尺，以調聲韵，仍以張華等所制高文，陳諸下管。永嘉之亂，伶官旣滅，曲臺宣榭，咸變汚萊。雖復象舞歌工，自胡歸晉，至於孤竹之管，雲和之瑟，空桑之琴，泗濱之磬，其能備者，百不一焉。夫人受天地之靈，藴菁華之氣，剛柔遞用，哀樂分情。經春陽而自喜，遇秋彫而不悦。遊乎金石之端，出乎管絃之外，因物遷逝，乘流不反。是以楚王升輕軒於彭蠡，漢順聽鳴鳥於樊衢。聖人功成作樂，化平裁曲，乃揚節奏，以暢中和，飾其歡欣，止於哀思者也。

凡樂之道，五聲、八音、六律、十二管，爲之綱紀云。

五聲：宫爲君，宫之爲言中也。中和之道，無往而不理焉。商爲臣，商之爲言强也，謂金性之堅强也。角爲民，角之爲言觸也，謂象諸陽氣觸物而生也。徵爲事，徵之爲言止也，言物盛則止也。羽爲物，羽之爲言舒也，言陽氣將復，萬物孳育而舒生也。古人有言曰：「禮樂不可斯須去身。」化上遷善，有如不及。是以聞其宫聲，使人溫良而寬大；聞其商聲，使人方廉而好義；聞其角聲，使人惻隱而仁愛；聞其徵聲，使人樂養而好施；聞其羽聲，使人恭儉而好禮。

八音，八方之風也。乾之音石，其風不周。坎之音革，其風廣莫。艮之音匏，其風融。

震之音竹，其風明庶。巽之音木，其風淸明。離之音絲，其風景。坤之音土，其風涼。兌之音金，其風閶闔。

陽六爲律，謂黃鍾、太蔟、姑洗、蕤賓、夷則、無射；陰六爲呂，謂大呂、應鍾、南呂、林鍾、仲呂、夾鍾：凡有十二，以配十二辰焉。律之爲言法也，言陽氣施生各有法也；呂之爲言助也，所以助成陽功也。

正月之辰謂之寅，寅者津也，謂生物之津塗也。二月之辰名爲卯，卯者茂也，言陽氣生而孳茂也。三月之辰名爲辰，辰者震也，謂時物盡震動而長也。四月之辰謂爲巳，巳者起也，物至此時畢盡而起也。五月之辰謂爲午，午者長也，大也，言物皆長大也。六月之辰謂之未，未者味也，言時萬物向成，有滋味也。七月之辰謂爲申，申者身也，言時萬物身體皆成就也。八月之辰謂爲酉，酉者緧也，謂時物皆緧縮也。九月之辰謂爲戌，戌者滅也，謂時物皆衰滅也。十月之辰謂爲亥，亥者劾也，言時陰氣劾殺萬物也。十一月之辰謂爲子，子者孳也，謂陽氣至此更孳生也。十二月之辰謂爲丑，丑者紐也，言終始之際，以紐結爲名也。

十一月之管謂之黃鍾，黃者，陰陽之中色也。天有六氣，地有五才，而天地數畢焉。或曰，冬至德氣爲土，土色黃，故曰黃鍾。正月之管謂爲太蔟，蔟者蔟也，謂萬物隨於陽氣太蔟而生也。三月之管名爲姑洗，姑洗者：姑，枯也；洗，濯也，謂物生新潔，洗除其枯，改柯易葉也。五月之管名爲蕤賓，蕤蕤，垂下貌也；賓，敬也，謂時陽氣下降，陰氣始起，相賓敬也。七月之管名爲夷則，夷，平也；則，法也，謂萬物將成，平均皆有法則也。九月之管名爲無射，射者出也，言時陽氣上升，萬物收藏無復出也。十二月之管名爲大呂，呂者助也，謂陽氣方之，陰氣助也。十月之管名爲應鍾，應者和也，謂歲功皆成，應和陽功，收而聚之也。八月之管名爲南呂，南者任也，〔一〕謂時物皆秀，有懷任之象也。六月之管名爲林鍾，林者茂也，謂時物茂盛於野也。四月之管名爲仲呂者，呂，助也，謂陽氣盛長，陰助成功也。二月之管名爲夾鍾者，夾，佐也，謂時物尚未盡出，陰德佐陽而出物也。

漢自東京大亂，絕無金石之樂，樂章亡缺，不可復知。及魏武平荆州，獲漢雅樂郎河南杜夔，能識舊法，以爲軍謀祭酒，使創定雅樂。時又有散騎侍郎鄧靜、尹商善訓雅樂，〔二〕歌師尹胡能歌宗廟郊祀之曲，舞師馮肅、服養曉知先代諸舞，夔悉總領之。遠詳經籍，近採故事，考會古樂，始設軒懸鍾磬。而黃初中柴玉、左延年之徒，復以新聲被寵，改其聲韵。

及武帝受命之初，百度草創。泰始二年，詔郊祀明堂禮樂權用魏儀，遵周室肇稱殷禮之義，但改樂章而已，使傅玄爲之詞云。

祀天地五郊夕牲歌

天命有晉，穆穆明明。我其夙夜，祗事上靈。常于時假，迄用其成。於薦玄牡，進夕其牲。崇德作樂，神祇是聽。

祀天地五郊迎送神歌

宣文蒸哉，日靖四方。永言保之，夙夜匪康。光天之命，上帝是皇。嘉樂殷薦，靈祚景祥。神祇降假，享福無疆。

饗天地五郊歌

天祚有晉，其命惟新。受終于魏，奄有黎民。燕及皇天，懷和百神。丕顯遺烈，之德之純。享其玄牡，式用肇禋。神祇來格，福祿是臻。

時邁其猶，昊天子之。祐享有晉，肇庶戴之。畏天之威，敬授人時。丕顯丕承，於猶繹思。皇極斯建，庶績咸熙。庶幾夙夜，惟晉之祺。

宣文惟后，克配彼天。撫寧四海，保有康年。於乎緝熙，肆用靖民。爰立典制，爰修禮紀。作民之極，莫匪資始。克昌厥後，永言保之。

天地郊明堂夕牲歌

皇矣有晉，時邁其德。受終于天，光濟萬國。萬國既光，神定厥祥。虔于郊祀，祗事上皇。祗事上皇，百福是臻。巍巍祖考，克配彼天。嘉牲匪歆，德馨惟饗。受天之祜，神化四方。

天地郊明堂降神歌

於赫大晉，應天景祥。二帝邁德，宣此重光。我皇受命，奄有萬方。郊祀配享，禮樂孔章。神祇嘉享，祖考是皇。克昌厥後，保祚無疆。

天郊饗神歌

整泰壇，禮皇神。精氣感，百靈賓。蘊朱火，燎芳薪。紫煙遊，冠青雲。神之體，靡象形。曠無方，幽以清。神之來，光景昭。聽無聞，視無兆。神之至，舉歆歆。靈爽協，動余心。神之坐，同歡娛。澤雲翔，化風舒。嘉樂奏，文中聲。八音諧，神是聽。咸絜齊，並芬芳。亨牷牲，享玉觴。神悅饗，歆禋祀。祐大晉，降繁祉。作京邑，廣四海。保天年，窮地紀。

地郊饗神歌

整泰折，〔三〕竢皇祇。衆神感，羣靈儀。陰祀設，吉禮施。夜將極，時未移。祇之體，無形象。潛泰幽，洞忽荒。祇之出，薆若有。靈無遠，天下母。祇之來，遺光景。昭若存，終冥冥。祇之至，舉欣欣。舞象德，歌成文。祇既坐，同歡豫。澤雨施，化雲布。樂八變，聲教敷。物咸亨，祇是娛。齊既絜，侍者肅。玉觴進，咸穆穆。饗嘉豢，歆德馨。祚有晉，暨羣生。溢九壤，格天庭。保萬壽，延億齡。

明堂饗神歌

經始明堂，享祀匪懈。於皇烈考，光配上帝。赫赫上帝，既高既崇。聖考是配，明德顯融。率土敬職，萬方來祭。常于時假，保祚永世。

祠廟夕牲歌

我夕我牲，猗歟敬止。嘉豢孔時，供茲享祀。神鑒厥誠，博碩斯歆。祖考降饗，以虞孝孫之心。

祠廟迎送神歌

嗚呼悠哉，日監在茲。以時享祀，神明降之。神明斯降，既祐饗之。祚我無疆，受天之祜。赫赫太上，巍巍聖祖。明明烈考，丕承繼序。

祠征西將軍登歌

經始宗廟，神明戾止。申錫無疆，祗承享祀。假哉皇祖，綏予孫子。燕及後昆，錫茲繁祉。

祠豫章府君登歌

嘉樂肆筵，薦祀在堂。皇皇宗廟，乃祖乃皇。濟濟辟公，相予蒸嘗。享祀不忒，降福穰穰。

祠潁川府君登歌

於邈先后，實司于天。顯矣皇祖，帝祉肇臻。本枝克昌，資始開元。惠我無疆，享祚永年。

祠京兆府君登歌

於惟曾皇，顯顯令德。高明清亮，匪競柔克，保乂命祜，基命惟則。篤生聖祖，光濟四國。

祠宣皇帝登歌

於鑠皇祖，聖德欽明。勤施四方，夙夜敬止。載敷文教，載揚武烈。匡定社稷，龔行天罰。經始大業，造創帝基。畏天之命，于時保之。

祠景皇帝登歌

執競景皇，克明克哲。旁作穆穆，惟祗惟畏。纂宣之緒，耆定厥功。登此雋乂，糾彼羣凶。業業在位，帝既勤止。惟天之命，於穆不已。

祠文皇帝登歌

於皇時晉，允文文皇。聰明叡智，聖敬神武。萬機莫綜，皇斯清之。蛇豕放命，〔四〕皇斯平之。柔遠能邇，簡授英賢。創業垂統，勳格皇天。

祠廟饗神歌二篇

曰晉是常，享祀時序。宗廟致敬，禮樂具舉。惟其來祭，普天率土。犧樽既奠，清酤既載。亦有和羹，薦羞斯備。蒸蒸永慕，感時興思。登歌奏舞，神樂其和。祖考來格，祐我邦家。溥天之下，罔不休嘉。

肅肅在位，濟濟臣工。四海來格，禮儀有容。鍾鼓振，管絃理，舞開元，歌永始，神胥樂兮！肅肅在位，臣工濟濟。小大咸敬，上下有禮。理管絃，振鼓鍾，舞象德，歌詠功，神胥樂兮！肅肅在位，有來雍雍。穆穆天子，相維辟公。禮有儀，樂有則，舞象功，歌詠德，神胥樂兮！

杜夔傳舊雅樂四曲，一曰鹿鳴，二曰騶虞，三曰伐檀，四曰文王，皆古聲辭。及太和中，左延年改夔騶虞、伐檀、文王三曲，更自作聲節，其名雖存，而聲實異。唯因夔鹿鳴，全不改易。每正旦大會，太尉奉璧，羣后行禮，東廂雅樂常作者是也。〔五〕後又改三篇之行禮詩。第一曰於赫篇，詠武帝，聲節與古鹿鳴同。第二曰巍巍篇，詠文帝，用延年所改騶虞聲。第三曰洋洋篇，詠明帝，用延年所改文王聲。第四曰復用鹿鳴。鹿鳴之聲重用，而除古伐檀。及晉初，食舉亦用鹿鳴。至泰始五年，尚書奏，使太僕傅玄、中書監荀勖、黄門侍郎張華各造正旦行禮及王公上壽酒、食舉樂歌詩。荀勖云：「魏氏行禮、食舉，再取周詩鹿鳴以爲樂章。又鹿鳴以宴嘉賓，無取於朝，考之舊聞，未知所應。」勖乃除鹿鳴舊歌，更作行禮詩四篇，先陳三朝朝宗之義。又爲正旦大會、王公上壽歌詩幷食舉樂歌詩，合十三篇。又以魏氏歌詩或二言，或三言，或四言，或五言，與古詩不類，以問司律中郎將陳頎。頎曰：「被之金石，未必皆當。」故勖造晉歌，皆爲四言，唯王公上壽酒一篇爲三言五言焉。張華以爲「魏上壽、食舉詩及漢氏所施用，其文句長短不齊，未皆合古。蓋以依詠弦節，本有因循，而識樂知音，足以制聲度曲，法用率非凡近之所能改。二代三京，襲而不變，雖詩章辭異，興廢隨時，至其韵逗留曲折，〔六〕皆繫於舊，有由然也。是以一皆因就，不敢有所改易。」此則華、勖所明異旨也。時詔又使中書侍郎成公綏亦作焉，今並採列之云。

四廂樂歌

正旦大會行禮歌 成公綏

穆穆天子，光臨萬國。多士盈朝，莫匪俊德。流化罔極，王猷允塞。嘉會置酒，嘉賓充庭。羽旄曜宸極，鐘鼓振泰淸。百辟朝三朝，彧彧明儀形。〔七〕濟濟鏘鏘，金聲玉振。禮樂具，宴嘉賓。眉壽祚聖皇，〔八〕景福惟日新。羣后戾止，有來雍雍。獻酬納贄，崇此禮容。豐羞萬俎，旨酒千鍾。嘉樂盡宴樂，福祿咸攸同。樂哉！天下安寧。道化行，風俗淸。簫韶作，詠九成。年豐穰，世泰平。至治哉，樂無窮。元首聰明，股肱忠。樹豐澤，揚淸風。嘉瑞出，靈應彰。麒麟見，鳳皇翔。醴泉湧，流中唐。嘉禾生，穗盈箱。降繁祉，祚聖皇。承天位，統萬國。受命應期，授聖德，四世重光。宣開洪業，景克昌，文欽明，德彌彰。肇啓晉邦，流祚無疆。

泰始建元，鳳皇龍興。龍興伊何，享祚萬乘。奄有八荒，化育黎蒸。圖書旣煥，金石有徵。德光大，道熙隆。被四表，格皇穹。奕奕萬嗣，明明顯融，高朗令終。保茲永祚，與天比崇。

聖皇君四海，順人應天期。三葉合重光，泰始開洪基。明曜參日月，功化侔四時。宇宙淸且泰，黎庶咸雍熙，善哉雍熙！

惟天降命，翼仁祐聖。於穆三皇，載德彌盛。總齊琁璣，光統七政。百揆時序，化若神聖。

四海同風，興至仁。濟民育物，擬陶均。擬陶均，垂惠潤。皇皇羣賢，峨峨英儁。德化宣，芬芳播來胤。播來胤，垂後昆。淸廟何穆穆，皇極闢四門。皇極闢四門，萬機無不綜。

亹亹翼翼，樂不及荒，饑不遑食。大禮既行，樂無極。

登崑崙，上層城。乘飛龍，升泰清。冠日月，佩五星。揚虹蜺，建篲旌。披慶雲，蔭繁榮。覽八極，遊天庭。

順天地，和陰陽。序四時，曜三光。張帝網，正皇綱。播仁風，流惠康。邁洪化，振靈威。懷萬方，納九夷。朝閶闔，宴紫微。

建五旗，羅鍾虡。列四懸，奏韶武。鏗金石，揚旌羽。縱八佾，巴渝舞。詠雅頌，和律呂。于胥樂，樂聖主。

化蕩蕩，清風泄。總英雄，御俊傑。開宇宙，掃四裔。光緝熙，美聖哲。超百代，揚休烈。流景祚，顯萬世。

皇皇顯祖，翼世佐時。寧濟六合，受命應期。神武鷹揚，大化咸熙。廓開皇衢，用成帝基。

光光景皇，無競惟烈。匡時拯俗，休功蓋世。宇宙既康，九域有截。天命降監，啓祚明哲。

穆穆烈考，克明克儁。實天生德，誕應靈運。肇建帝業，開國有晉。載德奕世，垂慶洪胤。

明明聖帝，龍飛在天。與靈合契，通德幽玄。仰化青雲，俯育重川。受靈之祐，於萬斯年。

正旦大會王公上壽酒歌　荀勖

踐元辰，延顯融。獻羽觴，祈令終。我皇壽而隆，我皇茂而嵩。本枝奮百世，休祚鍾聖躬。

食舉樂東西廂歌　荀勖

煌煌七曜，重明交暢。我有嘉賓，是應是貺。邦政既圖，接以大饗。人之好我，式遵德讓。

賓之初筵，藹藹濟濟。既朝乃宴，以洽百禮。頒以位敍，或庭或陛。登儐台叟，亦有兄弟。胥子陪寮，憲茲度楷。觀頤養正，降福孔偕。

昔我三后，大業是維。今我聖皇，焜燿前暉。奕世重規，明照九畿。思輯用光，時罔有違。陟禹之跡，莫不來威。天被顯祿，福履是綏。

赫矣太祖，克廣明德。廓開宇宙，正世立則。變化不經，民無瑕慝。創業垂統，兆我晉國。

烈文伯考，時維帝景。夷險平亂，威而不猛。御衡不迷，皇塗煥景。七德咸宣，其寧惟永。

猗歟盛歟！先皇聖文。則天作孚，大哉爲君。愼徽五典，帝載是勤。文武發揮，茂建嘉勳。修己濟治，民用寧殷。懷遠燭幽，玄教氤氳。善世不伐，服事三分。德博化隆，道昌無垠。

隆化洋洋，帝命溥將。登我晉道，越惟聖王。龍飛革運，臨肅八荒。叡喆欽明，配蹤虞唐。封建厥福，駿發其祥。三朝習吉，終然允臧。其臧維何，總彼萬方。元侯列辟，四嶽藩王。時見世享，率茲有常。旅揖在庭，嘉客在堂。宋衞既臻，陳留山陽。有賓有使，觀國之光。貢賢納計，獻璧奉璋。保祐命之，申錫無疆。

振鷺于飛，鴻漸其翼。京邑穆穆，四方是式。無競維人，王綱允敕。君子來朝，言觀其極。

廙廙大君，民之攸曁。信理天工，惠康不匱。將遠不仁，訓以醇粹。幽明有倫，俊乂在位。九族既睦，庶邦順比。開元布憲，四海鱗萃。協時正統，殊塗同致。厚德載物，靈心隆貴。敷奏讜言，納以無諱。樹之典象，誨之義類。上教如風，下應如卉。一人有慶，羣萌以遂。我后宴喜，令問不墜。

既宴既喜，翕是萬邦。禮儀卒度，物有其容。晢晢庭燎，喤喤鼓鐘。笙磬詠德，萬舞象功。八音克諧，俗易化從。其和如樂，庶品時邕。時邕斌斌，六合同塵。往我祖宣，威靜殊鄰。首定荆楚，遂平燕秦。亹亹文皇，邁德流仁。爰造草昧，應乾順民。靈瑞告符，休徵響震。天地弗違，以和神人。既禽庸蜀，吳會是賓。肅慎率職，楛矢來陳。韓濊進樂，宮徵清鈞。西旅獻獒，扶南效珍。蠻裔重譯，玄齒文身。我皇撫之，景命惟新。

愔愔嘉會，有聞無聲。清酤既奠，籩豆既升。禮充樂備，簫韶九成。愷樂飲酒，酣而不盈。率土歡豫，邦國以寧。王猷允塞，萬載無傾。

冬至初歲小會歌　張華

日月不留，四氣回周。節慶代序，萬國同休。庶尹羣后，〔九〕奉壽升朝。我有壽禮，式宴百僚。繁肴綺錯，旨酒泉渟。笙鏞和奏，磬管流聲。上隆其愛，下盡其心。宣其壅滯，訓之德音。乃宣乃訓，配享交泰。永載仁風，長撫無外。

宴會歌　張華

亹亹我皇，配天垂光。留精日昃，經覽無方。聽朝有暇，延命衆臣。冠蓋雲集，罇俎星陳。肴蒸多品，八珍代變。羽爵無算，究樂極宴。歌者流聲，舞者投袂。動容有節，絲竹並設。宣揚四體，繁手趣摯。歡足發和，酣不忘禮。好樂無荒，翼翼濟濟。

命將出征歌 張華

重華隆帝道，戎蠻或不賓。徐夷興有周，鬼方亦違殷。今在盛明世，寇虐動四垠。豺狼染牙爪，羣生號穹旻。元帥統方夏，出車撫涼秦。衆貞必以律，臧否實在人。威信加殊類，疏狄思自親。單醪豈有味，挾纊感至仁。武功尚止戈，七德美安民。遠跡由斯舉，永世無風塵。

勞還師歌 張華

玁狁背天德，構亂擾邦畿。戎車震朔野，羣帥贊皇威。將士齊心旅，感義忘其私。積勢如鞹弩，赴節如發機。囂聲動山谷，金光曜素暉。揮戈陵勁敵，武步蹈橫屍。鯨鯢皆授首，北土永清夷。昔往冒隆暑，今來白雪霏。征夫信勤瘁，自古詠采薇。收榮於舍爵，燕喜在凱歸。

中宮所歌 張華

先王統大業，玄化漸八維。儀刑孚萬邦，內訓隆壼闈。皇英垂帝典，大雅詠三妃。執德宣隆教，正位理厥機。含章體柔順，帥禮蹈謙祗。螽斯弘慈惠，樛木逮幽微。徽音穆清風，高義邈不追。遺榮參日月，百世仰餘暉。

宗親會歌 張華

族燕明禮順，餟食序親親。骨肉散不殊，昆弟豈他人。本枝篤同慶，棠棣著先民。於皇聖明后，天覆弘且仁。降禮崇親戚，旁施協族姻。式宴盡酣娛，飲御備羞珍。和樂既宣洽，上下同歡欣。德教加四海，敦睦被無垠。

泰始九年，光祿大夫荀勖以杜夔所制律呂，校太樂、總章、鼓吹八音，與律呂乖錯，乃制古尺，作新律呂，以調聲韵。事具律曆志。律成，遂班下太常，使太樂、總章、鼓吹、清商施用。勖遂典知樂事，啓朝士解音律者共掌之。使郭夏、宋識等造正德、大豫二舞，其樂章亦張華之所作云。

正德舞歌 張華

曰皇上天，玄鑒惟光。神器周回，五德代章。祚命于晉，世有哲王。弘濟區夏，陶甄萬方。大明垂曜，旁燭無疆。蚩蚩庶類，風德永康。皇道惟清，禮樂斯經。金石在懸，萬舞在庭。象容表慶，協律被聲。軼武超濩，取節六英。同進退讓，化漸無形。大和宣洽，通於幽冥。

大豫舞歌 張華

惟天之命，符運有歸。赫赫大晉，三后重暉。繼明紹世，光撫九圍。我皇紹期，遂在琁璣。羣生屬命，奄有庶邦。愼徽五典，玄敎遐通。萬方同軌，率土咸雍。爰制大豫，宣德舞功。醇化既穆，王道協隆。仁及草木，惠加昆蟲。億兆夷人，悦仰皇風。丕顯大業，永世彌崇。

荀勖又作新律笛十二枚，以調律呂，正雅樂，正會殿庭作之，自謂宮商克諧，然論者猶謂勖暗解。時阮咸妙達八音，論者謂之神解。咸常心譏勖新律聲高，以爲高近哀思，不合中和。每公會樂作，勖意咸謂之不調，以爲異己，乃出咸爲始平相。後有田父耕於野，得周時玉尺，勖以校己所治鐘鼓金石絲竹，皆短校一米，於此伏咸之妙，復徵咸歸。勖既以新律造二舞，次更修正鐘磬。〔一〇〕會勖薨，未竟其業。元康三年，詔其子藩修定金石，以施郊廟。尋值喪亂，莫有記之者。

漢高祖自蜀漢將定三秦，閬中范因率賨人以從帝，〔一一〕爲前鋒。及定秦中，封因爲閬中侯，復賨人七姓。其俗喜舞，高祖樂其猛鋭，數觀其舞，後使樂人習之。閬中有渝水，因其所居，故名曰巴渝舞。舞曲有矛渝本歌曲、安弩渝本歌曲、〔一二〕安臺本歌曲、行辭本歌曲，總四篇。其辭既古，莫能曉其句度。魏初，乃使軍謀祭酒王粲改創其詞。粲問巴渝帥李管、秭玉歌曲意，試使歌，聽之，以考校歌曲，而爲之改爲矛渝新福歌曲、弩渝新福歌曲、安臺新福歌曲、行辭新福歌曲，行辭以述魏德。黃初三年，又改巴渝舞曰昭武舞。至景初元年，尚書奏，考覽三代禮樂遺曲，據功象德，奏作武始、咸熙、章斌三舞，皆執羽籥。及晉又改昭武舞曰宣武舞，羽籥舞曰宣文舞。咸寧元年，詔定祖宗之號，而廟樂乃停宣武、宣文二舞，而同用荀勖所使郭夏、〔二〕宋識等所造正德、大豫二舞云。

校勘記

〔一〕南者任也　「南者」，各本誤作「南呂」，宋本不誤，今從之。

〔二〕善訓雅樂　魏志杜夔傳作「善詠雅樂」，隋書樂志下亦作「詠」，「詠」字義長。

〔三〕整泰折　「折」，各本誤作「圻」，宋本不誤，樂府詩集一亦作「折」，今從宋本。「泰折」見禮記祭法。

〔四〕蛇冢放命　「蛇冢」，宋書樂志（在本志校記中以後簡稱宋志）二作「虎兕」，蓋晉代原文。唐人諱虎，因改爲「蛇冢」。

〔五〕東廂雅樂常作者是也　宋志一、樂府詩集一三「常」作「郎」。「雅樂郎」見魏志杜夔傳。

〔六〕至其韵逗留曲折　李校：「留」字衍。按：宋志一無。

〔七〕或或明儀形　「或或」，各本作「式式」，殿本作「或或」，今從殿本，與宋志二、樂府詩集一三合。

〔八〕眉壽祚聖皇　「祚」，各本作「作」，殿本作「祚」，今從殿本，與宋志二、樂府詩集一三合。

〔九〕庶尹羣后　「尹」，各本作「允」，今從宋本作「尹」，與樂府詩集一三合。

〔一〇〕次更修正鐘磬　宋志一、通典一四一及御覽五六六「磬」並作「磬」。

〔一一〕范因　斠注：蜀典「因」作「目」。按：文選蜀都賦注引風俗通亦作「目」。

〔一二〕安弩渝本歌曲　「安」字疑衍。樂府詩集五三、通典一四五、陳暘樂書引並無「安」字。

〔一三〕郭夏　「郭夏」原作「郭瓊」。上文既有「郭夏宋識」，而宋志一、魏書樂志、通典一四一、通志四九亦皆作「郭夏」，因據改。

晉書卷二十三

志第十三

樂下

永嘉之亂，海內分崩，伶官樂器，皆沒於劉、石。江左初立宗廟，尚書下太常祭祀所用樂名。太常賀循答云：「魏氏增損漢樂，以爲一代之禮，未審大晉樂名所以爲異。遭離喪亂，舊典不存。然此諸樂皆和之以鍾律，文之以五聲，詠之於歌辭，陳之於舞列。宮懸在庭，琴瑟在堂，八音迭奏，雅樂並作，登歌下管，各有常詠，周人之舊也。自漢氏以來，依倣此禮，自造新詩而已。舊京荒廢，今既散亡，音韻曲折，又無識者，則於今難以意言。」于時以無雅樂器及伶人，省太樂并鼓吹令。是後頗得登歌，食舉之樂，猶有未備。太寧末，明帝又訪阮孚等增益之。〔一〕咸和中，成帝乃復置太樂官，鳩集遺逸，而尚未有金石也。庾亮爲荆州，與謝尚修復雅樂，未具而亮薨。庾翼、桓溫專事軍旅，樂器在庫，遂至朽壞焉。及慕容儁平冉閔，兵戈之際，而鄴下樂人亦頗有來者。永和十一年，謝尚鎮壽陽，於是採拾樂人，以備太樂，并制石磬，雅樂始頗具。而王猛平鄴，慕容氏所得樂聲又入關右。太元中，破苻堅，又獲其樂工楊蜀等，閑習舊樂，於是四廂金石始備焉。乃使曹毗、王珣等增造宗廟歌詩，然郊祀遂不設樂。今列其詞於後云。

歌宣帝 曹毗

於赫高祖，德協靈符。應運撥亂，釐整天衢。勳格宇宙，化動八區。肅以典刑，陶以玄珠。神石吐瑞，靈芝自敷。肇基天命，道均唐虞。

歌景帝 曹毗

景皇承運，纂隆洪緒。皇羅重抗，〔三〕天暉再舉。蠢矣二寇，擾我揚楚。乃整元戎，以膏齊斧。亹亹神算，赫赫王旅。鯨鯢既平，功冠帝宇。

歌文帝 曹毗

太祖齊聖，王猷誕融。仁敎四塞，天基累崇。皇室多難，嚴清紫宮。威厲秋霜，惠過春風。平蜀夷楚，以文以戎。奄有參墟，聲流無窮。

歌武帝 曹毗

於穆武皇，允龔欽明。應期登禪，龍飛紫庭。百揆時序，聽斷以情。殊域既賓，僞吳亦平。晨流甘露，宵映朗星。〔三〕野有擊壤，路垂頌聲。

歌元帝 曹毗

運屯百六，天羅解貫。元皇勃興，網籠江漢。仰齊七政，俯平禍亂。化若風行，澤猶雨散。淪光更曜，金輝復煥。德冠千載，蔚有餘粲。

歌明帝 曹毗

明明肅祖，闡弘帝祚。英風夙發，清暉載路。姦逆縱忒，罔式皇度。躬振朱旗，遂豁天步。宏猷允塞，高羅雲布。品物咸寧，洪基永固。

歌成帝 曹毗

於休顯宗，道澤玄播。式宣德音，暢物以和。邁德蹈仁，匪禮不過。敷以純風，濯以清波。連理映阜，鳴鳳棲柯。同規放勛，義蓋山河。

歌康帝 曹毗

康皇穆穆，仰嗣洪德。爲而不宰，雅音四塞。閑邪以誠，鎮物以默。威靜區宇，道宜邦國。

歌穆帝〔四〕 曹毗

孝宗夙哲，休音允臧。〔五〕如彼晨離，燿景扶桑。垂訓華幄，流潤八荒。幽贊玄妙，爰該典章。西平僭蜀，北靜舊疆。高猷遠暢，朝有遺芳。

歌哀帝 曹毗

於穆哀皇，聖心虛遠。雅好玄古，大庭是踐。道尚無爲，治存易簡。化若風行，時猶草偃。〔六〕雖曰登遐，徽音彌闡。愔愔雲韶，盡美盡善。

歌簡文帝 王珣

皇矣簡文，於昭于天。靈明若神，周淡如川。〔七〕沖應其來，實與其遷。亹亹心化，日用不言。易而有親，簡而可傳。觀流彌遠，求本逾玄。

歌孝武帝 王珣

天監有晉，欽哉烈宗。同規文考，玄默允恭。威而不猛，約而能通。神鉦一震，九域來同。道積淮海，雅頌自東。氣陶醇露，化協時雍。

四時祠祀 曹毗

肅肅清廟，巍巍聖功。萬國來賓，禮儀有容。鐘鼓振，金石熙。宣兆祚，武開基。神斯樂兮！理管絃，有來斯和。說功德，吐清歌。神斯樂兮！洋洋玄化，潤被九壤。民無不悅，道無不往。禮有儀，樂有式。詠九功，永無極。神斯樂兮！

漢時有短簫鐃歌之樂，其曲有朱鷺、思悲翁、艾如張、上之回、雍離、戰城南、巫山高、上陵、將進酒、君馬黃、芳樹、〔八〕有所思、雉子班、聖人出、上邪、臨高臺、遠如期、石留、務成、玄雲、黃爵行、釣竿等曲，列於鼓吹，多序戰陣之事。

及魏受命，改其十二曲，使繆襲爲詞，述以功德代漢。改朱鷺爲楚之平，言魏也。改思悲翁爲戰榮陽，言曹公也。改艾如張爲獲呂布，言曹公東圍臨淮，擒呂布也。改上之回爲克官渡，言曹公與袁紹戰，破之於官渡也。改雍離爲舊邦，言曹公勝袁紹於官渡，還譙收藏死亡士卒也。改戰城南爲定武功，言曹公初破鄴，武功之定始乎此也。改巫山高爲屠柳城，言曹公越北塞，歷白檀，破三郡烏桓於柳城也。改上陵爲平南荆，言曹公平荆州也。改將進酒爲平關中，言曹公征馬超，定關中也。改有所思爲應帝期，言文帝以聖德受命，應運期也。改芳樹爲邕熙，言魏氏臨其國，君臣邕穆，庶績咸熙也。改上邪爲太和，言明帝繼體承統，太和改元，德澤流布也。其餘並同舊名。

是時吳亦使韋昭制十二曲名，以述功德受命。改朱鷺爲炎精缺，言漢室衰，孫堅奮迅猛志，念在匡救，王迹始乎此也。改思悲翁爲漢之季，言堅悼漢之微，痛董卓之亂，興兵奮擊，功蓋海內也。改艾如張爲攄武師，言權卒父之業而征伐也。改上之回爲烏林，言魏武既破荆州，順流東下，欲來爭鋒，權命將周瑜逆擊之於烏林而破走也。改雍離爲秋風，言權悅以使人，人忘其死也。改戰城南爲克皖城，言魏武志圖幷兼，而權親征，破之於皖也。改巫山高爲關背德，言蜀將關羽背棄吳德，權引師浮江而擒之也。改上陵曲爲通荆州，〔九〕言權與蜀交好齊盟，中有關羽自失之愆，終復初好也。改將進酒爲章洪德，言權章其大德，而遠方來附也。改有所思爲順曆數，言權順籙圖之符，而建大號也。改芳樹爲承天命，言其時主聖德踐位，道化至盛也。改上邪曲爲玄化，言其時主修文武，則天而行，仁澤流洽，天下喜樂也。其餘亦用舊名不改。

及武帝受禪，乃令傅玄製爲二十二篇，亦述以功德代魏。改朱鷺爲靈之祥，言宣帝之佐魏，猶虞舜之事堯，既有石瑞之徵，又能用武以誅孟達之逆命也。改思悲翁爲宣受命，言宣帝禦諸葛亮，養威重，運神兵，亮震怖而死也。改艾如張爲征遼東，言宣帝陵大海之表，討滅公孫氏而梟其首也。改上之回爲宣輔政，言宣帝聖道深遠，撥亂反正，網羅文武之才，以定二儀之序也。改雍離爲時運多難，言宣帝致討吳方，有征無戰也。改戰城南爲景龍飛，言景帝克明威教，賞順夷逆，隆無疆，崇洪基也。改巫山高爲平玉衡，言景帝一萬國之殊風，齊四海之乖心，禮賢養士，而纂洪業也。改上陵爲文皇統百揆，言文帝始統百揆，用人有序，以敷太平之化也。改將進酒爲因時運，言因時運變，聖謀潛施，解長蛇之交，離羣桀之黨，以武濟文，以邁其德也。改有所思爲惟庸蜀，言文帝既平萬乘之蜀，封建萬國，復五等之爵也。改芳樹爲天序，言聖皇應曆受禪，弘濟大化，用人各盡其才也。改上邪爲大晉承運期，言聖皇應籙受圖，化象神明也。改君馬黃爲金靈運，言聖皇踐阼，致敬宗廟，而孝道行於天下也。改雉子班爲於穆我皇，言聖皇受禪，德合神明也。改聖人出爲仲春振旅，言大晉申文武之教，畋獵以時也。改臨高臺爲夏苗田，言大晉畋狩順時，爲苗除害也。改遠如期爲仲秋獮田，言大晉雖有文德，不廢武事，順時以殺伐也。改石留爲順天道，言仲冬大閱，用武修文，大晉之德配天也。改務成爲唐堯，言聖皇陟帝位，德化光四表也。玄雲依舊名，言聖皇用人，各盡其材也。改黃爵行爲伯益，言赤烏銜書，有周以興，今聖皇受命，神雀來也。釣竿依舊名，言聖皇德配堯舜，又有呂望之佐，濟大功，致太平也。其辭並列之於後云。

靈之祥

靈之祥，石瑞章。旌金德，出西方。天降命，授宣皇。應期運，時龍驤。繼大舜，佐陶唐。讚武文，〔一〇〕建帝綱。孟氏叛，據南疆。追有扈，亂五常。吳寇叛，蜀虜強。交誓盟，連遐荒。宣赫怒，奮鷹揚。震乾威，曜電光。陵九天，陷石城。梟逆命，拯有生。萬國安，四海寧。

宣受命

宣受命，應天機。風雲時動，神龍飛。禦葛亮，鎮雍梁。邊境安，夷夏康。務節事，勤定傾。攬英雄，保持盈。深穆穆，赫明明。沖而泰，天之經。養威重，運神兵。亮乃震斃，天下安寧。

征遼東

征遼東，敵失據。威靈邁日域，公孫既授首，羣逆破膽，咸震怖。朔北響應，海表景附。武功赫赫，德雲布。

宣輔政

宣皇輔政，聖烈深。撥亂反正，順天心。網羅文武才，愼厥所生。所生賢，遺教施。安上治民，化風移。肇創帝基，洪業垂。於鑠明明，時赫戲。功濟萬世，定二儀。定二儀，雲行雨施，海外風馳。

時運多難

時運多難，道教痛。天地變化，有盈虛。蠢爾吳蠻，武視江湖。〔二〕我皇赫斯，致天誅。有征無戰，弭其圖。天威横被，廓東隅。

景龍飛

景龍飛，御天威。聰鑒玄察，動與神明協機。從之者顯，逆之者滅夷。文敎敷，武功巍。普被四海，萬邦望風，莫不來綏。聖德潛斷，先天弗違。〔一三〕弗違祥，享世永長。猛以致寬，道化光。赫明明，祚隆無疆。帝績惟期，有命既集，崇此洪基。

平玉衡

平玉衡，糾姦回。萬國殊風，四海乖。禮賢養士，羈御英雄，思心齊。纂戎洪業，崇皇階。品物咸亨，聖敬日躋。聰鑒盡下情，明明綜天機。

文皇統百揆

文皇統百揆，繼天理萬方。武將鎮四隅，英佐盈朝堂。謀言協秋蘭，清風發其芳。洪澤所漸潤，礫石爲珪璋。大道侔五帝，盛德踰三王。咸光大，上參天與地，至化無內外。無內外，六合並康乂。並康乂，遘茲嘉會。在昔羲與農，大晉德斯邁。鎮征及諸州，爲藩衞。功濟四海，洪烈流萬世。

因時運

因時運，聖策施。長蛇交解，羣桀離。勢窮奔吴，獸騎厲。惟武進，審大計。時邁其德，清一世。

惟庸蜀

惟庸蜀，僭號天一隅。劉備逆帝命，禪亮承其餘。擁衆數十萬，闚隙乘我虛。驛騎進羽檄，天下不遑居。姜維屢寇邊，隴上爲荒蕪。文皇愍斯民，歷世受罪辜。外謨藩屏臣，內謨衆士夫。爪牙應指受，腹心獻良圖。良圖協成文，大興百萬軍。雷鼓震地起，猛勢陵浮雲。逋虜畏天誅，面縛造壘門。萬里同風教，逆命稱妾臣。光建五等，紀綱天人。

天序

天序，應曆受禪，承靈祜。御羣龍，勒螭武。弘濟大化，英雋作輔。明明統萬機，赫赫鎮四方。咎繇稷契之疇，協蘭芳。禮王臣，覆兆民。化之如天與地，誰敢愛其身？

大晉承運期

大晉承運期，德隆聖皇。時淸晏，白日垂光。應籙圖，陟帝位，繼天正玉衡。化行象神明，至哉道隆虞與唐，元首敷洪化，百僚股肱並忠良。時太康，隆隆赫赫，福祚盈無疆。

金靈運

金靈運，天符發。聖徵見，參日月。惟我皇，體神聖。受魏禪，應天命。皇之興，靈有徵。登大麓，御萬乘。皇之輔，若闞武。爪牙奮，莫之禦。皇之佐，贊淸化。百事理，萬邦賀。神祇應，嘉瑞章。恭享禮，薦先皇。樂時奏，磬管鏘。鼓殷殷，鐘鍠鍠。奠樽俎，實玉觴。神歆饗，咸悅康。宴孫子，祐無疆。大孝烝烝，德教被萬方。

於穆我皇

於穆我皇，盛德聖且明。受禪君世，光濟羣生。普天率土，莫不來庭。顒顒六合內，望風仰泰清。萬國雍雍，興頌聲。大化洽，地平而天成。七政齊，玉衡惟平。峨峨佐命，濟濟羣英。夙夜乾乾，萬機是經。雖治興，匪荒寧。謙道光，沖不盈。天地合德，日月同榮。赫赫煌煌，曜幽冥。三光克從，於顯天，垂景星。龍鳳臻，甘露宵零。肅神祇，祗上靈。萬物欣戴，自天效其成。

仲春振旅

仲春振旅，大致人，武教於時日新。師執提，工執鼓。坐作從，〔三〕節有序。盛矣允文允武！蒐田表禡，申法誓。遂圍禁，獻社祭。允以時，明國制。文武並用，禮之經。列車如戰，大教明，古今誰能去兵？大晉繼天，濟羣生。

夏苗田

夏苗田，運將徂。軍國異容，文武殊。乃命羣吏，撰車徒，辯其號名，讚契書。王軍啓八門，行同上帝居。時路建大麾，雲旗翳紫虛。百官象其事，疾則疾，徐則徐。回衡旋軫，罷陣弊車。獻禽享祀，烝烝配有虞。惟大晉，德參兩儀，化雲敷。

仲秋獮田

仲秋獮田，金德常綱。涼風清且厲，凝露結爲霜。白藏司辰，倉隼時鷹揚。鷹揚猶尙父，順天以殺伐，春秋時序。雷霆震威曜，進退由鉦鼓。致禽祀祊，羽毛之用充軍府。赫赫大晉德，芬烈陵三五。敷化以文，雖安不廢武。光宅四海，永享天之祜。

順天道

順天道，握神契，三時示，講武事。冬大閱，鳴鐲振鼓鐸，旌旗象虹霓。文制其中，武不窮武。動軍誓衆，禮成而義舉。三驅以崇仁，進止不失其序。兵卒練，將如闞武。惟闞武，氣陵青雲。解圍三面，殺不殄羣。偃旌麾，班六軍。獻享烝，修典文。嘉大晉，德配天。祿報功，爵俟賢。饗燕樂，受茲百祿，壽萬年。

唐堯

唐堯諮務成，謙謙德所興。積漸終光大，履霜致堅冰。神明道自然，河海猶可凝。舜禹統百揆，元凱以次升。禪讓應大曆，睿聖世相承。我皇陟帝位，平衡正準繩。德化飛四表，祥氣見其徵。興王坐俟旦，亡主恬自矜。致遠由近始，覆簣成山陵。披圖案先籍，有其證靈液。

玄雲

玄雲起丘山，祥氣萬里會。龍飛何蜿蜿，鳳翔何翽翽。昔在唐虞朝，時見青雲際。今親遊萬國，流光溢天外。鶴鳴在後園，清音隨風邁。成湯隆顯命，伊摯來如飛。周文獵渭濱，遂載呂望歸。符合如影響，〔一四〕先天天不違。輟耕綜地綱，解褐衿天維。元功配二王，芬馨世所稀。我皇敍羣才，洪烈何巍巍。桓桓征四表，濟濟理萬機。神化感無方，髦才盈帝畿。丕顯惟昧旦，日新孔所諮。茂哉明聖德，日月同光輝。

伯益

伯益佐舜禹，職掌山與川。德侔十六相，思心入無間。智理周萬物，下知衆鳥言。黄雀應清化，翔習何翩翩。和鳴棲庭樹，徘徊雲日間。夏桀爲無道，密網施山河。〔一五〕酷祝振纖網，當柰黄雀何。殷湯崇天德，去其三面羅。逍遥羣飛來，鳴聲乃復和。朱雀作南宿，鳳皇統羽羣。赤烏銜書至，天命瑞周文。神雀今來遊，爲我受命君。嘉祥致天和，膏澤隆青雲。〔一六〕蘭風發芳氣，蓋世同其芬。

釣竿

釣竿何冉冉，甘餌芳且鮮。臨川運思心，微綸沈九泉。太公寶此術，乃在靈祕篇。機變隨物移，精妙貫未然。遊魚驚著釣，潛龍飛戾天。戾天安所至？撫翼翔太清。太清一何異，兩儀出渾成。玉衡正三辰，造化賦羣形。退願輔聖君，與神合其靈。我君弘遠略，天人不足幷。天人初幷時，昧昧何芒芒。日月有徵兆，文象興二皇。蚩尤亂生靈，黄帝用兵征萬方。逮夏禹而德衰，三代不及虞與唐。我皇盛德配堯舜，受禪即阼享天祥。率土蒙祜，靡不肅，庶事康。庶事康，穆穆明明。荷百祿，保無極，永太平。

鞞舞，未詳所起，然漢代已施於燕享矣。傅毅、張衡所賦，皆其事也。舊曲有五篇，一、關東有賢女，二、章和二年中，三、樂久長，四、四方皇，五、殿前生桂樹，其辭並亡。曹植鞞舞詩序云：「故漢靈帝西園鼓吹有李堅者，能鞞舞，遭世荒亂，堅播越關西，隨將軍段煨。先帝聞其舊伎，下書召堅。堅年踰七十，中間廢而不爲，又古曲甚多謬誤，異代之文，未必相襲，故依前曲作新歌五篇。」及泰始中，又製其辭焉。其舞故常二八，桓玄將僭位，尚書殿中郎袁明子啓增滿八佾。泰始中歌辭今列之後云。

鞞舞歌詩五篇

洪業篇 當魏曲明明魏皇帝，古曲關東有賢女。〔一七〕

宣文創洪業，盛德在泰始。聖皇應靈符，受命君四海。萬國何所樂？上有明天子。唐堯禪帝位，虞舜惟恭己。恭己正南面，道化與時移。大赦盪萌漸，文敎被黃支。象天則地，體無爲。聰明配日月，神聖參兩儀。雖有三凶類，靜言無所施。象天則地，體無爲。稷契並佐命，伊呂升王臣。蘭芷登朝肆，下無失宿人。聲發響自應，表立景來附。哮闞順羈制，潛龍升天路。備物立成器，變通極其數。百事以時敍，萬機有常度。訓之以克讓，納之以忠恕。羣下仰清風，海外同歡慕。象天則地，化雲布。昔日貴彫飾，今尙儉與素。昔日多纖介，今去情與故。象天則地，化雲布。濟濟大朝士，夙夜綜萬機。萬機無廢理，明明降訓諮。臣譬列星景，君配朝日輝。事業並通濟，功烈何巍巍。五帝繼三皇，三皇世所歸。聖德應期運，天地不能違。仰之彌已高，猶天不可階。將復御龍氏，鳳皇在庭棲。

天命篇 當魏曲太和有聖帝，古曲章和二年中。

聖祖受天命，應期輔魏皇。入則綜萬機，出則征四方。朝廷無遺理，方表寧且康。道隆舜臣堯，積德踰太王。孟度阻窮險，造亂天一隅。神兵出不意，奉命致天誅。赦善罰有罪，元惡宗爲虛。威風震勁蜀，武烈懾强吳。諸葛不知命，肆逆亂天常。擁徒十餘萬，數來寇邊疆。我皇邁神武，執鉞鎭雍涼。亮乃畏天威，未戰先仆僵。盈虛自然運，時變故多艱。東征陵海表，萬里克朝鮮。〔一八〕受遺齊七政，曹爽又滔天。羣凶受誅殛，百祿咸來臻。黃華應福始，王淩爲禍先。

景皇篇 當魏曲魏曆長，古曲樂久長。

景皇帝，聰明命世生，盛德參天地。帝王道大，創基旣已難，繼世亦未易。外則夏侯玄，內則張與李，三凶構逆，亂帝紀。順天行誅，窮其姦宄。邊將禦其漸，潛謀不得起。罪人咸伏辜，威風振萬里。平衡綜萬機，萬機無不理。召陵桓不君，〔一九〕內外何紛紛。衆小便成羣，蒙昧恣心，治亂不分。叡聖獨斷，濟武常以文。順天惟廢立，掃霓披浮雲。雲霓既已闢，清和未幾間，羽檄首尾至，變起東南藩。儉欽爲長蛇，外則憑吳蠻。萬國紛騷擾，戚戚天下懼不安。神武御六軍，我皇執鉞征。儉欽起壽春，前鋒據項城。出其不意，並縱奇兵。奇兵誠難御，廟勝實難支。兩軍不期遇，敵退計無施。豹騎惟武進，大戰沙陽陂。欽乃亡魂走，奔虜若雲披。天因赦有罪，〔二〇〕東土效鯨鯢。

大晉篇　當魏曲天生蒸民，古曲四方皇。

赫赫大晉，於穆文王。蕩蕩巍巍，道邁陶唐。世稱三皇五帝，及今重其光。九德克明，文既顯，武又彰。思弘六合，〔二一〕兼濟萬方。內舉元凱，朝政以綱。外簡武臣，時惟鷹揚。靡順不懷，逆命斯亡。仁配春日，威踰秋霜。濟濟多士，同茲蘭芳。唐虞至治，四凶滔天。致討儉欽，罔不肅虔。化感海內，海外來賓。獻其聲樂，並稱妾臣。西蜀猾夏，僭號方域。命將致討，委國稽服。吳人放命，馮海阻江。飛書告喻，響應來同。先王建萬國，九服爲藩衞。亡秦壞諸侯，序祚不二世。歷代不能復，忽踰五百歲。我皇邁聖德，應期創典制。分土五等，藩國正封界。莘莘文武佐，千秋遘嘉會。洪澤溢區內，仁風翔海外。

明君篇　當魏曲爲君既不易，古曲殿前生桂樹。

明君御四海，聽鑒盡物情。顧望有譴罰，竭忠身必榮。蘭芷出荒野，萬里升紫庭。茨草穢堂階，掃截不得生。能否莫相蒙，百官正其名。恭己愼有爲，有爲無不成。闇君不自信，羣下執異端。正直羅浸潤，姦臣奪其權。雖欲盡忠誠，結舌不敢言。結舌亦何憚，盡忠爲身患。清流豈不潔，飛塵濁其源。岐路令人迷，未遠勝不還。忠臣立君朝，正色不顧身。邪正不並存，譬若胡與秦。胡秦有合時，邪正各異津。忠臣遇明君，乾乾惟日新。羣目統在綱，衆星共北辰。設令遭闇主，斥退爲凡人。雖薄供時用，白茅猶爲珍。冰霜晝夜結，蘭桂摧爲薪。邪臣多端變，用心何委曲。便辟順情指，動隨君所欲。偷安樂目前，不問清與濁。積僞罔時主，養交以持祿。言行恒相違，難蹙甚谿谷。昧死則乾沒，覺露則滅族。

拂舞，出自江左。舊云吳舞，檢其歌，非吳辭也。亦陳於殿庭。楊泓序云：「自到江南見白符舞，或言白鳧鳩舞，云有此來數十年矣。察其辭旨，乃是吳人患孫皓虐政，思屬晉也。」今列之於後云。

拂舞歌詩五篇

白鳩篇

翩翩白鳩，再飛再鳴。懷我君德，來集君庭。白雀呈瑞，素羽明鮮。翔庭舞翼，以應仁乾。皎皎鳴鳩，或丹或黃。樂我君惠，振羽來翔。東壁餘光，魚在江湖。惠而不費，敬我微軀。策我良駟，習我驅馳。與君周旋，樂道忘饑。我心虛靜，我志霑濡。彈琴鼓瑟，聊以自娛。陵雲登臺，浮遊太清。攀龍附鳳，自望身輕。

濟濟篇

暢暢飛舞氣流芳，〔二二〕追念三五大綺黃。去失有，時可行，去來時同此未央。時冉冉，近桑榆，但當飲酒爲歡娛。衰老逝，有何期，〔二三〕多憂耿耿內懷思。深池曠，魚獨希，願得黃浦衆所依。恩感人，世無比，悲歌且舞無極已。

獨祿篇

獨獨祿祿，〔二四〕水深泥濁。泥濁尙可，水深殺我。雍雍雙雁，遊戲田畔。我欲射雁，念子孤散。翩翩浮萍，得風搖輕。我心何合，與之同幷。空牀低幃，誰知無人。夜衣錦繡，誰別僞眞。刀鳴削中，倚牀無施。父冤不報，欲活何爲。猛獸班班，遊戲山閒。獸欲齧人，不避豪賢。

碣石篇

東臨碣石，以觀滄海。水何淡淡，山島竦峙。樹木叢生，百草豐茂。秋風蕭瑟，洪波涌起。日月之行，若出其中。星漢燦爛，若出其裏。幸甚至哉，歌以詠志。觀滄海

孟冬十月，北風徘徊。天氣肅淸，繁霜霏霏。鵾鷄晨鳴，雁過南飛。鷙鳥潛藏，熊羆窟棲。耨鎛停置，農收積場。逆旅整設，以通賈商。幸甚至哉，歌以詠志。冬十月

鄉土不同，河朔隆寒。流澌浮漂，舟船行難。錐不入地，豐籟深奧。水竭不流，冰堅可蹈。士隱者貧，勇俠輕非。心常歎怨，戚戚多悲。幸甚至哉，歌以詠志。土不同

神龜雖壽，猶有竟時。騰蛇乘霧，終爲土灰。驥老伏櫪，〔二五〕志在千里。烈士暮年，壯心不已。盈縮之期，不但在天。養怡之福，可得永年。幸甚至哉，歌以詠志。龜雖壽

淮南王篇

淮南王，自言尊，百尺高樓與天連。後園鑿井銀作牀，金瓶素綆汲寒漿。汲寒漿，飲少年，少年窈窕何能賢。揚聲悲歌音絕天。我欲渡河河無梁，願作雙黃鵠，還故鄉。還故鄉，入故里，徘徊故鄉，苦身不已。〔二六〕繁舞奇歌無不泰，徘徊桑梓遊天外。

鼓角橫吹曲。鼓，案周禮「以鼖鼓鼓軍事」。角，說者云，蚩尤氏帥魑魅與黃帝戰於涿鹿，帝乃始命吹角爲龍鳴以禦之。〔二七〕其後魏武北征烏丸，越沙漠而軍士思歸，於是減爲中鳴，而尤更悲矣。

胡角者，本以應胡笳之聲，後漸用之橫吹，有雙角，即胡樂也。張博望入西域，傳其法於西京，惟得摩訶兜勒一曲。李延年因胡曲更造新聲二十八解，乘輿以爲武樂。後漢以給邊將，〔二八〕和帝時，萬人將軍得用之。〔二九〕魏晉以來，二十八解不復具存，用者有黃鵠、隴

頭、〔三〇〕出關、入關、出塞、入塞、折楊柳、黄覃子、赤之楊、〔三一〕望行人十曲。

案魏晉之世，有孫氏善弘舊曲，〔三二〕宋識善擊節唱和，陳左善清歌，列和善吹笛，郝索善彈箏，〔三三〕朱生善琵琶，尤發新聲。故傅玄著書曰：「人若欽所聞而忽所見，不亦惑乎！設此六人生於上世，越今古而無儷，何但夔牙同契哉！」案此說，則自茲以後，皆孫朱等之遺則也。

相和，漢舊歌也，絲竹更相和，執節者歌。本一部，魏明帝分爲二，更遞夜宿。本十七曲，朱生、宋識、列和等復合之爲十三曲。

但歌，四曲，出自漢世。〔三四〕無絃節，作伎最先唱，一人唱，三人和。魏武帝尤好之。時有宋容華者，清徹好聲，善唱此曲，當時之特妙。自晉以來不復傳，遂絕。

凡樂章古辭，今之存者，並漢世街陌謠謳，江南可採蓮、烏生十五子、白頭吟之屬也。吳歌雜曲並出江南，東晉以來，稍有增廣。

子夜歌者，女子名子夜，造此聲。孝武太元中，琅邪王軻之家有鬼歌子夜，則子夜是此時以前人也。〔三五〕

鳳將雛歌者，舊曲也。應璩百一詩云「言是鳳將雛」，然則其來久矣。前溪歌者，車騎將軍沈充所制。〔三六〕

阿子及懽聞歌者，穆帝升平初，歌畢輒呼「阿子，汝聞不？」語在五行志。後人衍其聲，以爲此二曲。

團扇歌者，中書令王珉與嫂婢有情，愛好甚篤，嫂捶撻婢過苦，婢素善歌，而珉好捉白團扇，故制此歌。

懊憹歌者，隆安初俗間訛謠之曲，語在五行志。

長史變者，司徒左長史王廞臨敗所制。

凡此諸曲，始皆徒歌，既而被之管絃。又有因絲竹金石，造歌以被之，魏世三調歌辭之類是也。

杯柈舞，案太康中天下爲晉世寧舞，務手以接杯柈反覆之。〔三七〕此則漢世惟有柈舞，而晉加之以杯，反覆之也。

公莫舞，今之巾舞也。相傳云項莊劍舞，項伯以袖隔之，使不得害漢高祖，且語項莊云「公莫」！古人相呼曰公，言公莫害漢王也。今之用巾蓋像項伯衣袖之遺式。然案琴操有公莫渡河曲，然則其聲所從來已久，俗云項伯，非也。

白紵舞，案舞辭有巾袍之言。紵本吳地所出，宜是吳舞也。晉俳歌又云：「皎皎白緒，節節爲雙。」吳音呼緒爲紵，疑白紵即白緒也。

鐸舞歌一篇，幡舞歌一篇，鼓舞伎六曲，並陳於元會。

後漢正旦，天子臨德陽殿受朝賀，舍利從西方來，戲於殿前，激水化成比目魚，跳躍嗽水，作霧翳日。畢，又化成龍，長八九丈，出水遊戲，炫燿日光。以兩大絲繩繫兩柱頭，相去數丈，兩倡女對舞，行於繩上，相逢切肩而不傾。魏晉訖江左，猶有夏育扛鼎、巨象行乳、神龜抃舞、背負靈嶽、桂樹白雪、畫地成川之樂。

成帝咸康七年，尚書蔡謨奏：「八年正會儀注，惟作鼓吹鐘鼓，其餘伎樂盡不作。」侍中張澄、給事黃門侍郎陳逵駁，以爲「王者觀時設教，至於吉凶殊斷，不易之道也。今四方觀禮，陵有殯弔之位，庭奏宮懸之樂，二禮兼用，哀樂不分，體國經制，莫大於此」。詔曰：「今既以天下體大，禮從權宜，三正之饗，宜盡用吉禮也。至娛耳目之樂，所不忍聞，故闕之耳。事之大者，不過上壽酒，稱萬歲，已許其大，不足復闕鐘鼓鼓吹也。」澄、逵又啓：「今大禮雖降，事吉於朝。然殯弔顯於園陵，則未滅有哀；禮服定於典文，義無盡吉。是以咸寧之會，有徹樂之典，實先朝稽古憲章，垂式萬世者也。」詔曰：「若元日大饗，萬國朝宗，庭廢鐘鼓之奏，遂闕起居之節，朝無磬制之音，賓無蹈履之度，其於事義，不亦闕乎！惟可量輕重，以制事中。」

散騎侍郎顧臻表曰：「臣聞聖王制樂，讚揚政道，養以仁義，防其淫佚，上享宗廟，下訓黎元，體五行之正音，協八風以陶物。宮聲正方而好義，角聲堅齊而率禮，絃歌鐘鼓金石之作備矣。故通神至化，有率舞之感，移風易俗，致和樂之極。末世之伎，設禮外之觀，逆行連倒，頭足入筥之屬，〔三〕皮膚外剝，肝心內摧，敦彼行葦，猶謂勿踐，矧伊生靈，而不惻愴。加四海朝覲，言觀帝庭，耳聆雅頌之聲，目覩威儀之序，足以蹋天，頭以履地，反天地之至順，傷彝倫之大方。今夷狄對岸，外禦爲急，兵食七升，忘身赴難，過泰之戲，日廩五斗。方掃神州，經略中甸，若此之事，不可示遠。宜下太常，纂備雅樂，簫韶九成，惟新於盛運，功德頌聲，永著于來葉，此乃所以『燕及皇天，克昌厥後』者也。諸伎而傷人者，皆宜除之。流簡儉之德，邁康哉之詠，清風既行，下應如草，此之謂也。愚管之誠，惟垂採察！」於是除高絙、紫鹿、跂行、鼈食及齊王捲衣、笮兒等樂，又減其廩。其後復高絙、紫鹿焉。

校勘記

〔一〕明帝又訪阮孚等增益之　「訪」，宋志一作「詔」。

〔二〕皇羅重抗　「羅」，宋志二、樂府詩集八作「維」。

〔三〕宵映朗星　「映」，各本作「應」，今從宋本，與宋志二、樂府詩集八合。

〔四〕歌穆帝　「歌哀帝」之前，應有「歌穆帝」一首，宋、明各本均缺，殿本有，今從之。

〔五〕休音允臧　「允」，殿本作「久」，今據宋志二、樂府詩集八改。

〔六〕時猶草偃　「時」，宋志二、樂府詩集八均作「民」，此乃曹毗本文。晉志則唐人避諱改。

〔七〕周淡如川　「川」，宋志二、樂府詩集八均作「淵」，乃王珣本文。晉志作「川」，則唐人避諱改。

〔八〕上陵至芳樹　諸曲次序，各本「上陵」在「君馬黄」下，今從宋本在「巫山高」下，與宋志四、樂府詩集一六及所引古今樂錄、御覽五六七、通志四九、通考一四一合。「芳樹」各本在「聖人出」下，今亦從宋本在「君馬黄」下，與宋志四、樂府詩集一六及所引古今樂錄、御覽五六七合。

〔九〕通荆州　宋志四、樂府詩集一八及所引古今樂錄皆作「通荆門」，與歌詞首句合。

〔一〇〕讚武文　原作「文武」，宋志四、樂府詩集一九作「武文」，指魏武帝、魏文帝，今據乙轉。

〔一一〕武視江湖　宋志四、樂府詩集一九「武」作「虎」，是原文。作「武」者乃唐人避諱改。下天序「勒螭武」同。歌詞中「虎」改「獸」，改「武」，改「藏」者不一而足。其他「淵」字、「世」字、「民」字、「治」字被改者亦多，不一一出校。

〔一二〕普被四海至先天弗違　各本無此五語，殿本有，今從之。宋志四、樂府詩集一九均有。

〔一三〕坐作從　「從」，各本作「起」，今從宋本，與宋志四、樂府詩集一九合。

〔一四〕周文獵渭濱至影響　此三句宋、明本皆無，殿本依宋志四、樂府詩集一九補，今從之。

〔一五〕山河　「山河」當依宋志四作「山阿」。

〔一六〕膏澤隆青雲　「隆」當依宋志四、樂府詩集一九作「降」。

〔一七〕關東有賢女　「關東」，各本作「關中」。上文既作「關東」，此不應異。宋志四、樂府詩集五三引古今樂錄均作「關東」，今據改。

〔一八〕萬里克朝鮮　原作「萬里梟賊淵」。唐人諱「淵」而竄改，宋志四、樂府詩集五三可證。

〔一九〕召陵桓不君　「桓」，各本作「恒」，今據宋志四改。

〔二〇〕天因赦有罪　宋志四、樂府詩集五三「天因」作「天恩」。

〔二一〕思弘六合　宋志四、樂府詩集五三「思」作「恩」。

〔二二〕暢暢飛舞　宋志四、南齊書樂志、樂府詩集五四俱作「暢飛暢舞」。

〔二三〕有何期　各本作「何有期」，今從宋本，與宋志四、樂府詩集五四合。

〔二四〕獨獨祿祿　宋志四、南齊書樂志作「獨祿獨祿」，當從之。李校云：古人凡重句者，于每字下作「〓〓」，後人遂誤讀也。

〔二五〕驥老伏櫪　樂府詩集五四「驥老」作「老驥」。

〔二六〕徘徊故鄉苦身不已　宋志四無「苦」字，疑是。此七字句，與下文「徘徊桑梓遊天外」同。

〔二七〕帝乃始命吹角　「始命」原作「命始」，樂府詩集二一引本志作「始命」，是，今乙正。

〔二八〕後漢以給邊將　原無「將」字。斠注：後漢書班超傳注引古今樂錄「邊」下有「將」字。按：樂府詩集二一引本志、通典一四一、通志四九皆有。今據補。

〔二九〕萬人將軍得用之　原無「用」字，樂府詩集二一、古今注引皆有「用」字，今據補。

〔三〇〕隴頭　各本作「壟頭」，今從殿本，與古今注、御覽五六七、通典一四一、通志四九、樂府詩集二一合。

〔三一〕赤之揚　疑當從御覽五六七作「赤枝楊」。

〔三二〕善弘舊曲　李校：「弘」當作「引」。按：册府八五六作「哥」。

〔三三〕郝索　斠注：通典一四五「索」作「素」。按：御覽五七六引傅子亦作「素」。

〔三四〕出自漢世　原無「出」字，據宋志三補。

〔三五〕則子夜是此時以前人也　原無「以前」二字，據宋志一補。按文義及事實（子夜歌自漢有）「以前」二字不可少。

〔三六〕沈充　宋志一、御覽五七三引古今樂錄作「沈玩」，舊唐書音樂志二又作「沈琉」。

〔三七〕務手以接杯柈　「接」，各本作「按」，今從宋本作「接」，與五行志上「手接杯盤而反復之」合。

〔三八〕頭足入筥之屬　「筥」，各本作「筈」，殿本從宋志一作「筥」，今從殿本。

晉書卷二十四

志第十四

職官

書曰：「唐虞稽古，建官惟百。」所以獎導民萌，裁成庶政。易曰：「天垂象，聖人則之。」執法在南宮之右，上相處端門之外，而鳥龍居位，雲火垂名，前史詳之，其以尚矣。黃帝置三公之秩，以親黎元，少昊配九扈之名，以爲農正，命重黎於天地，詔融冥於水火，則可得而言焉。伊尹曰：「三公調陰陽，九卿通寒暑，大夫知人事，列士去其私。」而成湯居亳，初置二相，以伊尹、仲虺爲之，凡厥樞會，仰承君命。總及周武下車，成康垂則，六卿分職，二公弘化，咸樹司存，各題標準，苟非其道，人弗虛榮。貽厥孫謀，其固本也如此。及秦變周官，漢遵嬴舊，或隨時適用，或因務遷革，霸王之典，義在於斯，既獲厥安，所謂得其時制者也。四征興於漢代，四安起於魏初，四鎮通於柔遠，四平止於喪亂，其渡遼、淩江，輕車、强弩，式揚遐外，用表攻伐，興而復毁，厥號彌繁。及當塗得志，克平諸夏，初有軍師祭酒，參掌戎律。建安十三年，罷漢台司，更置丞相，而以曹公居之，用兼端揆。孫吳、劉蜀，多依漢制，雖復臨時命氏，而無忝舊章。世祖武皇帝卽位之初，以安平王孚爲太宰，鄭沖爲太傅，王祥爲太保，司馬望爲太尉，何曾爲司徒，荀顗爲司空，石苞爲大司馬，陳騫爲大將軍，世所謂八公同辰，攀雲附翼者也。若乃成乎棟宇，非一枝之勢；處乎經綸，稱萬夫之敵。或牽羊以叶於夢，或垂釣以申其道，或空桑以獻其術，或操版以啓其心。臥龍飛鴻，方金擬璧，秦奚、鄭產，楚材晉用，斯亦曩時之良具，其又昭彰者焉。宣王旣誅曹爽，政由己出，網羅英俊，以備天官。及蘭卿受羈，貴公顯戮，雖復策名魏氏，而乃心皇晉。及文王纂業，初啓晉臺，始置二衞，有前驅養由之弩；及設三部，有熊渠佽飛之衆。是以武帝龍飛，乘茲奮翼，猶武王以周之十亂而理殷民者也。是以泰始盡於太康，喬柯茂葉，來居斯位；自太興訖于建元，南金北銑，用處茲秩。雖未擬乎夔拊龍言，天工人代，亦庶幾乎任官惟賢，莅事惟能者也。

丞相、相國，並秦官也。晉受魏禪，並不置，自惠帝之後，省置無恒。爲之者，趙王倫、梁王肜、成都王穎、南陽王保、王敦、王導之徒，皆非復尋常人臣之職。

太宰、太傅、太保，周之三公官也。魏初唯置太傅，以鍾繇爲之，末年又置太保，以鄭沖爲之。晉初以景帝諱故，又採周官官名，置太宰以代太師之任，秩增三司，與太傅太保皆爲上公，論道經邦，燮理陰陽，無其人則闕。以安平獻王孚居之。自渡江以後，其名不替，而居之者甚寡。

太尉、司徒、司空，並古官也。自漢歷魏，置以爲三公。及晉受命，迄江左，其官相承不替。

大司馬，古官也。漢制以冠大將軍、驃騎、車騎之上，以代太尉之職，故恒與太尉迭置，不並列。及魏有太尉，而大司馬、大將軍各自爲官，位在三司上。晉受魏禪，因其制，以安平王孚爲太宰，鄭沖爲太傅，王祥爲太保，義陽王望爲太尉，何曾爲司徒，荀顗爲司空，石苞爲大司馬，陳騫爲大將軍，凡八公同時並置，唯無丞相焉。自義陽王望爲大司馬之後，定令如舊，在三司上。

大將軍，古官也。漢武帝置，冠以大司馬名，爲崇重之職。及漢東京，大將軍不常置，爲之者皆擅朝權。至景帝爲大將軍，亦受非常之任。後以叔父孚爲太尉，奏改大將軍在太尉下。及晉受命，猶依其制，位次三司下，後復舊，在三司上。太康元年，琅邪王伷遷大將軍，復制在三司下，伷薨後如舊。

開府儀同三司，漢官也。殤帝延平元年，鄧騭爲車騎將軍，儀同三司；儀同之名，始自此也。及魏黄權以車騎將軍開府儀同三司，開府之名，起於此也。

驃騎、車騎、衞將軍、伏波、撫軍、都護、鎮軍、中軍、四征、四鎮、龍驤、典軍、上軍、輔國等大將軍，左右光祿、光祿三大夫，開府者皆爲位從公。

太宰、太傅、太保、司徒、司空、左右光祿大夫、光祿大夫，開府位從公者爲文官公，冠進賢三梁，黑介幘。

大司馬、大將軍、太尉、驃騎、車騎、衞將軍、諸大將軍，開府位從公者爲武官公，皆著武冠，平上黑幘。

文武官公，皆假金章紫綬，著五時服。其相國、丞相，皆衮冕，綠盭綬，所以殊於常公也。

諸公及開府位從公者，品秩第一，食奉日五斛。太康二年，又給絹，春百匹，秋絹二百匹，緜二百斤。元康元年，給菜田十頃，田騶十人，〔一〕立夏後不及田者，食奉一年。置長史一人，秩一千石；西東閤祭酒、西東曹掾、戶倉賊曹令史屬各一人；御屬閤下令史、西東曹倉戶賊曹令史、門令史、記室省事令史、閤下記室書令史、西東曹學事各一人。給武賁二十人，持班劍。給朝車駕駟、安車黑耳駕三各一乘，祭酒掾屬白蓋小車七乘，軺車施耳後戶、皁輪犢車各一乘。自祭酒已下，令史已上，皆皁零辟朝服。太尉雖不加兵者，吏屬皆絳服。

司徒加置左右長史各一人，秩千石；主簿、左西曹掾屬各一人，西曹稱右西曹，其左西曹令史已下人數如舊令。司空加置導橋掾一人。

諸公及開府位從公加兵者，增置司馬一人，秩千石；從事中郎二人，秩比千石；主簿、記室督各一人；舍人四人；兵、鎧、士曹，營軍、刺姦、帳下都督，外都督，令史各一人。主簿已下，令史已上，皆絳服。司馬給吏卒如長史，從事中郎給侍二人，主簿、記室督各給侍一人。其餘臨時增崇者，則褒加各因其時爲節文，不爲定制。

諸公及開府位從公爲持節都督，增參軍爲六人，長史、司馬、從事中郎、主簿、記室督、祭酒、掾屬、舍人如常加兵公制。

特進，漢官也。二漢及魏晉以加官從本官車服，無吏卒。太僕羊琇遜位，拜特進，加散騎常侍，無餘官，故給吏卒車服。其餘加特進者，唯食其祿賜，位其班位而已，不別給特進吏卒車服，後定令。特進品秩第二，位次諸公，在開府驃騎上，冠進賢兩梁，黑介幘，五時朝服，佩水蒼玉，無章綬，食奉日四斛。太康二年，始賜春服絹五十匹，秋絹百五十匹，緜一百五十斤。元康元年，給菜田八頃，田騶八人，立夏後不及田者，食奉一年。置主簿、功曹史、門亭長、門下書佐各一人，給安車黑耳駕御一人，軺車施耳後戶一乘。

左右光祿大夫，假金章紫綬。光祿大夫加金章紫綬者，品秩第二，祿賜、班位、冠幘、車服、佩玉，置吏卒羽林及卒，諸所賜給皆與特進同。其以爲加官者，唯假章綬、祿賜班位而已，不別給車服吏卒也。又卒贈此位，本已有卿官者，不復重給吏卒，其餘皆給。

光祿大夫假銀章青綬者，品秩第三，位在金紫將軍下，諸卿上。漢時所置無定員，多以爲拜假賵贈之使，及監護喪事。魏氏已來，轉復優重，不復以爲使命之官。其諸公告老者，皆家拜此位；及在朝顯職，復用加之。及晉受命，仍舊不改，復以爲優崇之制。而諸公遜位，不復加之，或更拜上公，或以本封食公祿。其諸卿尹中朝大官年老致仕者，及內外之職加此者，前後甚衆。由是或因得開府，或進加金章紫綬，又復以爲禮贈之位。泰始中，唯太子詹事楊珧加給事中光祿大夫。加兵之制，諸所供給依三品將軍。其餘自如舊制，終武、惠、孝懷三世。

光祿大夫與卿同秩中二千石，著進賢兩梁冠，黑介幘，五時朝服，佩水蒼玉，食奉日三斛。太康二年，始給春賜絹五十匹，秋絹百匹，緜百斤。惠帝元康元年，始給菜田六頃，田騶六人，置主簿、功曹史、門亭長、門下書佐各一人。

驃騎已下及諸大將軍不開府非持節都督者，品秩第二，其祿與特進同。置長史、司馬各一人，秩千石；主簿，功曹史，門下督，錄事，兵鎧士賊曹，營軍、刺姦、帳下都督，功曹書佐門吏，門下書吏各一人。其假節爲都督者，所置與四征、鎮加大將軍不開府爲都督者同。

四征、鎭、安、平加大將軍不開府、持節都督者，品秩第二，置參佐吏卒、幕府兵騎如常都督制，唯朝會祿賜從二品將軍之例。然則持節、都督無定員，前漢遣使始有持節。光武建武初，征伐四方，始權時置督軍御史，事竟罷。建安中，魏武爲相，始遣大將軍督之。二十一年，征孫權還，夏侯惇督二十六軍是也。魏文帝黄初三年，始置都督諸州軍事，或領刺史。又上軍大將軍曹真都督中外諸軍事，假黄鉞，則總統内外諸軍矣。魏明帝太和四年秋，宣帝征蜀，加號大都督。高貴鄉公正元二年，文帝都督中外諸軍，尋加大都督。及晉受禪，都督諸軍爲上，監諸軍次之，督諸軍爲下；使持節爲上，持節次之，假節爲下。使持節得殺二千石以下；持節殺無官位人，若軍事，得與使持節同；假節唯軍事得殺犯軍令者。江左以來，都督中外尤重，唯王導等權重者乃居之。

三品將軍秩中二千石者，著武冠，平上黑幘，五時朝服，佩水蒼玉，食奉、春秋賜緜絹、菜田、田騶如光祿大夫諸卿制。置長史、司馬各一人，秩千石；主簿，功曹，門下都督，錄事，兵鎧士賊曹，營軍、刺姦吏、帳下都督，〔二〕功曹書佐門吏，門下書吏各一人。

錄尚書，案漢武時，左右曹諸吏分平尚書奏事，知樞要者始領尚書事。張安世以車騎將軍，霍光以大將軍，王鳳以大司馬，師丹以左將軍並領尚書事。後漢章帝以太傅趙憙、太尉牟融並錄尚書事。尚書有錄名，蓋自憙、融始，亦西京領尚書之任，猶唐虞大麓之職也。和帝時，太尉鄧彪爲太傅，錄尚書事，位上公，在三公上，漢制遂以爲常，每少帝立則置太傅錄尚書事，猶古冢宰總己之義，甍輒罷之。自魏晉以後，亦公卿權重者爲之。

尚書令，秩千石，假銅印墨綬，冠進賢兩梁冠，納言幘，五時朝服，佩水蒼玉，食奉月五十斛。受拜則策命之，以在端右故也。太康二年，始給賜絹，春三十匹，秋七十匹，緜七十斤。元康元年，始給菜田六頃，田騶六人，立夏後不及田者，食奉一年。始賈充爲尚書令，以目疾表置省事吏四人，省事蓋自此始。

僕射，服秩印綬與令同。案漢本置一人，至漢獻帝建安四年，以執金吾榮郃爲尚書左僕射，〔三〕僕射分置左右，蓋自此始。經魏至晉，迄於江左，省置無恆，置二，則爲左右僕射，或不兩置，但曰尚書僕射。令闕，則左爲省主；若左右並闕，則置尚書僕射以主左事。

列曹尚書，案尚書本漢承秦置，及武帝遊宴後庭，始用宦者主中書，以司馬遷爲之，中間遂罷其官，以爲中書之職。至成帝建始四年，罷中書宦者，又置尚書五人，一人爲僕射，而四人分爲四曹，通掌圖書祕記章奏之事，各有其任。其一曰常侍曹，主丞相御史公卿事。其二曰二千石曹，主刺史郡國事。其三曰民曹，主吏民上書事。其四曰主客曹，主外國夷狄事。後成帝又置三公曹，主斷獄，是爲五曹。後漢光武以三公曹主歲盡考課諸州郡事，改常侍曹爲吏部曹，主選舉祠祀事，民曹主繕修功作鹽池園苑事，客曹主護駕羌胡朝賀事，二千石曹主辭訟事，中都官曹主水火盜賊事，合爲六曹。幷令僕二人，謂之八座。尚書雖有曹名，不以爲號。靈帝以侍中梁鵠爲選部尚書，於此始見曹名。及魏改選部爲吏部，主選部事，又有左民、客曹、五兵、度支，凡五曹尚書、二僕射、一令爲八座。及晉置吏部、三公、客曹、駕部、屯田、度支六曹，而無五兵。咸寧二年，省駕部尚書。四年，省一僕射，又置駕部尚書。太康中，有吏部、殿中及五兵、田曹、度支、左民爲六曹尚書，又無駕部、三公、客曹。惠帝世又有右民尚書，止於六曹，不知此時省何曹也。及渡江，有吏部、祠部、五兵、左民、度支五尚書。祠部尚書常與右僕射通職，不恒置，以右僕射攝之，若右僕射闕，則以祠部尚書攝知右事。

左右丞，自漢武帝建始四年置尚書，而便置丞四人。及光武始減其二，唯置左右丞，左右丞蓋自此始也。自此至晉不改。晉左丞主臺內禁令，宗廟祠祀，朝儀禮制，選用署吏，急假；〔四〕右丞掌臺內庫藏廬舍，凡諸器用之物，及廩振人租布，〔五〕刑獄兵器，督錄遠道文書章表奏事。八座郎初拜，皆沿漢舊制，並集都座交禮，遷職又解交焉。

尚書郎，西漢舊置四人，以分掌尚書。其一人主匈奴單于營部，一人主羌夷吏民，一人主戶口墾田，一人主財帛委輸。及光武分尚書爲六曹之後，合置三十四人，秩四百石，幷左右丞爲三十六人。郎主作文書起草，更直五日於建禮門內。尙書郎初從三署詣臺試，守尙書郎，中歲滿稱尙書郎，三年稱侍郎，選有吏能者爲之。至魏，尙書郎有殿中、吏部、駕部、金部、虞曹、比部、南主客、祠部、度支、庫部、農部、水部、儀曹、三公、倉部、民曹、二千石、中兵、外兵、都兵、別兵、考功、定課，凡二十三郎。靑龍二年，尙書陳矯奏置都官、騎兵，合凡二十五郎。每一郎缺，白試諸孝廉能結文案者五人，謹封奏其姓名以補之。及晉受命，武帝罷農部、定課，置直事、殿中、祠部、儀曹、吏部、三公、比部、金部、倉部、度支、都官、二千石、左民、右民、虞曹、屯田、起部、水部、左右主客、駕部、車部、庫部、左右中兵、左右外兵、別兵、都兵、騎兵、左右士、北主客、南主客，爲三十四曹郎。後又置運曹，凡三十五曹，置郎二十三人，更相統攝。及江左，無直事、右民、屯田、車部、別兵、都兵、騎兵、左右士、運曹十曹郎。康穆以後，又無虞曹、二千石二郎，但有殿中、祠部、吏部、儀曹、三公、比部、金部、倉部、度支、都官、左民、起部、水部、主客、駕部、庫部、中兵、外兵十八曹郎。後又省主客、起部、水部，餘十五曹云。

侍中，案黃帝時風后爲侍中，於周爲常伯之任，秦取古名置侍中，漢因之。秦漢俱無定員，以功高者一人爲僕射。魏晉以來置四人，別加官者則非數。掌儐贊威儀，大駕出則次直侍中護駕，正直侍中負璽陪乘，不帶劍，餘皆騎從。御登殿，與散騎常侍對扶，〔六〕侍中居左，常侍居右。備切問近對，拾遺補闕。及江左哀帝興寧四年，〔七〕桓溫奏省二人，後復舊。

給事黃門侍郎，秦官也。漢已後並因之，與侍中俱管門下衆事，無員。及晉，置員四人。

散騎常侍，本秦官也。秦置散騎，又置中常侍，散騎騎從乘輿車後，中常侍得入禁中，皆無員，亦以爲加官。漢東京初，省散騎，而中常侍用宦者。魏文帝黃初初，置散騎，合之於中常侍，〔八〕同掌規諫，不典事，貂璫插右，騎而散從，至晉不改。及元康中，惠帝始以宦者董猛爲中常侍，後遂止。常爲顯職。

給事中，秦官也。所加或大夫、博士、議郎，掌顧問應對，位次中常侍。漢因之。及漢東京省，魏世復置，至晉不改。在散騎常侍下，給事黃門侍郎上，無員。

通直散騎常侍，案魏末散騎常侍又有在員外者。泰始十年，武帝使二人與散騎常侍通員直，故謂之通直散騎常侍。江左置四人。

員外散騎常侍，魏末置，無員。

散騎侍郎四人，魏初與散騎常侍同置。自魏至晉，散騎常侍、侍郎與侍中、黃門侍郎共平尚書奏事，江左乃罷。

通直散騎侍郎四人。初，武帝置員外散騎侍郎，及太興元年，元帝使二人與散騎侍郎通員直，故謂之通直散騎侍郎，後增爲四人。

員外散騎侍郎，武帝置，無員。

奉朝請，本不爲官，無員。漢東京罷三公、外戚、宗室、諸侯多奉朝請。奉朝請者，奉朝會請召而已。武帝亦以宗室、外戚爲奉車、駙馬、騎三都尉而奉朝請焉。元帝爲晉王，以參軍爲奉車都尉，掾屬爲駙馬都尉，行參軍舍人爲騎都尉，皆奉朝請。後罷奉車、騎二都尉，唯留駙馬都尉奉朝請。諸尚公主者劉惔、桓溫皆爲之。

中書監及令，案漢武帝遊宴後庭，始使宦者典事尚書，謂之中書謁者，置令、僕射。成帝改中書謁者令曰中謁者令，罷僕射。漢東京省中謁者令，而有中官謁者令，非其職也。魏武帝爲魏王，置祕書令，典尚書奏事。文帝黄初初改爲中書，置監、令，以祕書左丞劉放爲中書監，右丞孫資爲中書令；監、令蓋自此始也。及晉因之，並置員一人。

中書侍郎，魏黄初初，中書既置監、令，又置通事郎，次黄門郎。黄門郎已署，事過通事乃署名。已署，奏以入，爲帝省讀，書可。及晉，改曰中書侍郎，員四人。中書侍郎蓋此始也。及江左初，改中書侍郎曰通事郎，尋復爲中書侍郎。

中書舍人，案晉初初置舍人、通事各一人，〔九〕江左合舍人通事謂之通事舍人，掌呈奏案章。〔一〇〕後省，而以中書侍郎一人直西省，又掌詔命。

祕書監，案漢桓帝延熹二年置祕書監，〔一一〕後省。魏武爲魏王，置祕書令、丞。及文帝黄初初，置中書令，典尙書奏事，而祕書改令爲監。後以何禎爲祕書丞，而祕書先自有丞，乃以禎爲祕書右丞。及晉受命，武帝以祕書并中書省，其祕書著作之局不廢。惠帝永平中，復置祕書監，其屬官有丞，有郎，并統著作省。

著作郎，周左史之任也。漢東京圖籍在東觀，故使名儒著作東觀，有其名，尙未有官。魏明帝太和中，詔置著作郎，於此始有其官，隸中書省。及晉受命，武帝以繆徵爲中書著作郎。元康二年，詔曰：「著作舊屬中書，而祕書既典文籍，今改中書著作爲祕書著作。」於是改隸祕書省。後別自置省而猶隸祕書。著作郎一人，謂之大著作郎，專掌史任，又置佐著作郎八人。著作郎始到職，必撰名臣傳一人。

太常、光祿勳、衞尉、太僕、廷尉、大鴻臚、宗正、大司農、少府、將作大匠、太后三卿、大長秋，皆爲列卿，各置丞、功曹、主簿、五官等員。

太常，有博士、協律校尉員，又統太學諸博士、祭酒及太史、太廟、太樂、鼓吹、陵等令，太史又別置靈臺丞。

太常博士，魏官也。魏文帝初置，晉因之。掌引導乘輿。王公已下應追謚者，則博士議定之。

協律校尉，漢協律都尉之職也，魏杜夔爲之。及晉，改爲協律校尉。

晉初承魏制，置博士十九人。及咸寧四年，武帝初立國子學，定置國子祭酒、博士各一人，助教十五人，以教生徒。博士皆取履行清淳，通明典義者，若散騎常侍、中書侍郎、太子中庶子以上，乃得召試。及江左初，減爲九人。元帝末，增儀禮、春秋公羊博士各一人，合爲十一人。後又增爲十六人，不復分掌五經，而謂之太學博士也。孝武太元十年，損國子助教員爲十人。

光祿勳，統武賁中郎將、羽林郎將、冗從僕射、羽林左監、五官左右中郎將、東園匠、太官、御府、守宮、黃門、掖庭、清商、華林園、暴室等令。哀帝興寧二年，省光祿勳，幷司徒。孝武寧康元年復置。

衞尉，統武庫、公車、衞士、諸冶等令，左右都候，南北東西督冶掾。〔三〕及渡江，省衞尉。

太僕，統典農、典虞都尉，典虞丞，左右中典牧都尉，車府典牧，乘黃廄、驊騮廄、龍馬廄等令。典牧又別置羊牧丞。太僕，自元帝渡江之後或省或置。太僕省，故驊騮爲門下之職。

廷尉，主刑法獄訟，屬官有正、監、評，并有律博士員。

大鴻臚，統大行、典客、園池、華林園、鈎盾等令，又有靑宮列丞、鄴玄武苑丞。及江左，有事則權置，無事則省。

宗正，統皇族宗人圖諜，又統太醫令史，又有司牧掾員。及渡江，哀帝省并太常，太醫以給門下省。

大司農，統太倉、籍田、導官三令，襄國都水長，東西南北部護漕掾。及渡江，哀帝省并都水，孝武復置。

少府，統材官校尉、中左右三尙方、中黃左右藏、左校、甄官、平準、奚官等令，左校坊、鄴中黃左右藏、油官等丞。及渡江，哀帝省并丹楊尹，孝武復置。自渡江唯置一尙方，又省御府。

將作大匠，有事則置，無事則罷。

太后三卿，衞尉、少府、太僕，漢置，皆隨太后宮爲官號，在同名卿上，無太后則闕。魏改漢制，在九卿下。及晉復舊，在同號卿上。

大長秋，皇后卿也，有后則置，無后則省。

御史中丞，本秦官也。秦時，御史大夫有二丞，其一御史丞，其一爲中丞。中丞外督部刺史，內領侍御史，受公卿奏事，舉劾案章。漢因之，及成帝綏和元年，更名御史大夫爲大司空，置長史，而中丞官職如故。哀帝建平二年，復爲御史大夫。元壽二年，又爲大司空，而中丞出外爲御史臺主。歷漢東京至晉因其制，以中丞爲臺主。

治書侍御史，案漢宣帝幸宣室，齋居而決事，令侍御史二人治書侍側，後因別置，謂之治書侍御史，蓋其始也。及魏，又置治書執法，掌奏劾，而治書侍御史掌律令，二官俱置。及晉，唯置治書侍御史，員四人。泰始四年，又置黃沙獄治書侍御史一人，秩與中丞同，掌詔獄及廷尉不當者皆治之。後幷河南，遂省黃沙治書侍御史。及太康中，又省治書侍御史二員。

侍御史，案二漢所掌凡有五曹：一曰令曹，掌律令；二曰印曹，掌刻印；三曰供曹，掌齋祠；四曰尉馬曹，掌廐馬；五曰乘曹，掌護駕。魏置八人。及晉，置員九人，品同治書，而有十三曹：吏曹、課第曹、直事曹、印曹、中都督曹、外都督曹、媒曹、符節曹、水曹、中壘曹、營軍曹、法曹、算曹。及江左初，省課第曹，置庫曹，掌廐牧牛馬市租，後分曹，置外左庫、內左庫云。

殿中侍御史，案魏蘭臺遣二御史居殿中，伺察非法，卽其始也。及晉，置四人，江左置二人。又案魏晉官品令又有禁防御史第七品，孝武太元中有檢校御史吳琨，〔一三〕則此二職亦蘭臺之職也。

符節御史，秦符璽令之職也。漢因之，位次御史中丞。至魏，別爲一臺，位次御史中丞，掌授節、銅武符、竹使符。及泰始九年，武帝省幷蘭臺，置符節御史掌其事焉。

司隸校尉，案漢武初置十三州，刺史各一人，又置司隸校尉，察三輔、三河、弘農七郡，歷漢東京及魏晉，其官不替。屬官有功曹、都官從事、諸曹從事、部郡從事、主簿、錄事、門下書佐、省事、記室書佐、諸曹書佐守從事、武猛從事等員，凡吏一百人，卒三十二人。及渡江，乃罷司隸校尉官，其職乃揚州刺史也。

謁者僕射，秦官也，自漢至魏因之。魏置僕射，掌大拜授及百官班次，統謁者十人。及武帝省僕射，以謁者幷蘭臺。江左復置僕射，後又省。

都水使者，漢水衡之職也。漢又有都水長丞，主陂池灌溉，保守河渠，屬太常。漢東京省都水，置河隄謁者，魏因之。〔一四〕及武帝省水衡，〔一五〕置都水使者一人，以河隄謁者爲都水官屬。及江左，省河隄謁者，置謁者六人。

中領軍將軍，魏官也。漢建安四年，魏武丞相府自置，及拔漢中，以曹休爲中領軍。文帝踐阼，始置領軍將軍，以曹休爲之，主五校、中壘、武衞等三營。武帝初省，使中軍將軍羊祜統二衞、前、後、左、右、驍衞等營，卽領軍之任也。懷帝永嘉中，改中軍曰中領軍。永昌元年，改曰北軍中候，尋復爲領軍。成帝世，復爲中候，尋復爲領軍。

護軍將軍，案本秦護軍都尉官也。漢因之，高祖以陳平爲護軍中尉，武帝復以爲護軍都尉，屬大司馬。魏武爲相，以韓浩爲護軍，史渙爲領軍，〔一六〕非漢官也。建安十二年，改護軍爲中護軍，領軍爲中領軍，置長史、司馬。魏初，因置護軍將軍，主武官選，隸領軍，晉世則不隸也。元帝永昌元年，省護軍，幷領軍。明帝太寧二年，復置領、護，各領營兵。江左以來，領軍不復別領營，總統二衞、驍騎、材官諸營，護軍猶別有營也。資重者爲領軍、護軍，資輕者爲中領軍、中護軍。屬官有長史、司馬、功曹、主簿、五官，受命出征則置參軍。

左右衞將軍，案文帝初置中衞及衞，〔一七〕武帝受命，分爲左右衞，以羊琇爲左，趙序爲右。並置長史、司馬、功曹、主簿員，江左罷長史。

驍騎將軍、遊擊將軍，並漢雜號將軍也。魏置爲中軍。及晉，以領、護、左右衞、驍騎、遊擊爲六軍。

左右前後軍將軍，案魏明帝時有左軍，則左軍魏官也，至晉不改。武帝初又置前軍、右軍，泰始八年又置後軍，是爲四軍。

屯騎、步兵、越騎、長水、射聲等校尉，是爲五校，並漢官也。魏晉逮于江左，猶領營兵，並置司馬、功曹、主簿。後省左軍、右軍、前軍、後軍爲鎮衞軍，其左右營校尉自如舊，皆中領軍統之。

二衞始制前驅、由基、强弩爲三部司馬，各置督史。左衞，熊渠武賁；右衞，佽飛武賁。二衞各五部督。其命中武賁，驍騎、遊擊各領之。又置武賁、羽林、上騎、異力四部，并命中爲五督。其衞、鎮四軍如五校，各置千人。更制殿中將軍，中郎、校尉、司馬比驍騎。〔一八〕持椎斧武賁，分屬二衞。尉中武賁、〔一九〕持鈒冗從、羽林司馬，常從人數各有差。武帝甚重兵官，故軍校多選朝廷清望之士居之。先是，陳勰爲文帝所待，特有才用，明解軍令。帝爲晉王，委任使典兵事。及蜀破後，令勰受諸葛亮圍陣用兵倚伏之法，又甲乙校標幟之制，勰悉闇練之，遂以勰爲殿中典兵中郎將，遷將軍。久之，武帝每出入，勰持白獸幡在乘輿左右，鹵簿陳列齊肅。太康末，武帝嘗出射雉，勰時已爲都水使者，散從。車駕逼暗乃還，漏已盡，當合函，停乘輿，良久不得合，乃詔勰合之。勰舉白獸幡指麾，須臾之間而函成。皆謝勰閑解，甚爲武帝所任。

太子太傅、少傅，皆古官也。泰始三年，武帝始建官，〔二〇〕各置一人，尚未置詹事，官事無大小，〔二一〕皆由二傅，並有功曹、主簿、五官。太傅中二千石，少傅二千石。其訓導者，太傅在前，少傅在後。皇太子先拜，諸傅然後答之。武帝後以儲副體尊，遂命諸公居之；以本位重，故或行或領。時侍中任愷，武帝所親敬，復使領之，蓋一時之制也。咸寧元年，以給事黄門侍郎楊珧爲詹事，掌宮事，二傅不復領官屬。及楊珧爲衞將軍，領少傅，省詹事，遂崇廣傅訓，命太尉賈充領太保，司空齊王攸領太傅，所置吏屬復如舊。二傅進賢兩梁冠，黑介幘，五時朝服，佩水蒼玉，食奉日三斛。太康二年，始給春賜絹五十匹，秋絹百匹，緜百斤。其後太尉汝南王亮、車騎將軍楊駿、司空衞瓘、石鑒皆領傅保，猶不置詹事，以終武帝之世。惠帝元康元年，復置詹事，二傅給菜田六頃，田騶六人，立夏後不及田者，食奉一年。置丞一人，秩千石；主簿、五官掾、功曹史、主記門下史、錄事、戶曹法曹倉曹賊曹功曹書佐、門下亭長、門下書佐、省事各一人，給赤耳安車一乘。及愍懷建官，〔二二〕乃置六傅，三太、三少，以景帝諱師，故改太師爲太保，〔二三〕通省尚書事，詹事文書關由六傅。然自元康之後，諸傅或二或三，或四或六，及永康中復不置詹事也。自太安已來置詹事，終孝懷之世。渡江之後，有太傅少傅，不立師保。

中庶子四人，職如侍中。

中舍人四人，咸寧四年置，以舍人才學美者爲之，與中庶子共掌文翰，職如黃門侍郎，在中庶子下，洗馬上。

食官令一人，職如太官令。

庶子四人，職比散騎常侍、中書監令。

舍人十六人，職比散騎、中書等侍郎。

洗馬八人，職如謁者祕書，掌圖籍。釋奠講經則掌其事，出則直者前驅，導威儀。

率更令，主宮殿門戶及賞罰事，職如光祿勳、衞尉。

家令，主刑獄、穀貨、飲食，職比司農、少府。漢東京主食官令，食官令及晉自爲官，不復屬家令。

僕，主車馬、親族，職如太僕、宗正。

左右衞率，案武帝建東宮，〔二四〕置衞率，初曰中衞率。泰始五年，分爲左右，各領一軍。惠帝時，愍懷太子在東宮，又加前後二率。及江左，省前後二率，孝武太元中又置。

王置師、友、文學各一人，景帝諱，故改師爲傅。友者因文王、仲尼四友之名號。改太守爲內史，省相及僕。有郎中令、中尉、大農爲三卿。大國置左右常侍各一人，省郎中，置侍郎二人，典書、典祠、典衞、學官令、典書丞各一人，治書四人，中尉司馬、世子庶子、陵廟牧長各一人，謁者四人，中大夫六人，舍人十人，典府各一人。

咸寧三年，衞將軍楊珧與中書監荀勖以齊王攸有時望，懼惠帝有後難，因追故司空裴秀立五等封建之旨，從容共陳時宜於武帝，以爲「古者建侯，所以藩衞王室。今吳寇未殄，方岳任大，而諸王爲帥，都督封國，既各不臣其統內，於事重非宜。又異姓諸將居邊，宜參以親戚，而諸王公皆在京都，非扞城之義，萬世之固」。帝初未之察，於是下詔議其制。有司奏，從諸王公更制戶邑，皆中尉領兵。其平原、汝南、琅邪、扶風、齊爲大國，梁、趙、樂安、燕、安平、義陽爲次國，其餘爲小國，皆制所近縣益滿萬戶。又爲郡公制度如小國王，亦中尉領兵。郡侯如不滿五千戶王，置一軍一千一百人，亦中尉領之。于時，唯特增魯公國戶邑，追進封故司空博陵公王沈爲郡公，鉅平侯羊祜爲南城郡侯。又南宮王承、隨王萬各於泰始中封爲縣王，〔三五〕邑千戶，至是改正縣王增邑爲三千戶，制度如郡侯，亦置一軍。自此非皇子不得爲王，而諸王之支庶，皆皇家之近屬至親，亦各以土推恩受封。其大國次國始封王之支子爲公，承封王之支子爲侯，繼承封王之支子爲伯。小國五千戶已上，始封王之支子爲子，不滿五千戶始封王之支子及始封公侯之支子皆爲男，非此皆不得封。其公之制度如五千戶國，侯之制度如不滿五千戶國，亦置一軍千人，中尉領之，伯子男以下各有差而不置軍。大國始封之孫罷下軍，曾孫又罷上軍，次國始封子孫亦罷下軍，其餘皆以一軍爲常。大國中軍二千人，上下軍各千五百人，次國上軍二千人，下軍千人。其未之國者，大國置守士百人，次國八十人，小國六十人，郡侯縣公亦如小國制度。既行，所增徙各如本奏遣就國，而諸公皆戀京師，涕泣而去。及吳平後，齊王攸遂之國。

中朝制，典書令在常侍下，侍郎上。及渡江，則侍郎次常侍，而典書令居三軍下。公國則無中尉、常侍、三軍，侯國又無大農、侍郎，伯子男唯典書以下，又無學官、令史職，皆以次損焉。公侯以下置官屬，隨國大小無定制，其餘官司各有差。名山大澤不以封，鹽鐵金銀銅錫，始平之竹園，別都宮室園囿，皆不爲屬國。其仕在天朝者，與之國同，皆自選其文武官。諸入作卿士而其世子年已壯者，皆遣莅國。其王公已下，茅社符璽，車旗命服，一如泰始初故事。

州置刺史，別駕、治中從事、諸曹從事等員。所領中郡以上及江陽、朱提郡，郡各置部從事一人，小郡亦置一人。又有主簿，門亭長、錄事、記室書佐、諸曹佐、守從事、武猛從事等。凡吏四十一人，卒二十人。諸州邊遠，或有山險，濱近寇賊羌夷者，又置弓馬從事五十餘人。徐州又置淮海，涼州置河津，諸州置都水從事各一人。涼、益州置吏八十五人，卒二十人。荆州又置監佃督一人。

郡皆置太守，河南郡京師所在，則曰尹。諸王國以内史掌太守之任，又置主簿、主記室、門下賊曹、議生、門下史、記室史、錄事史、書佐、循行、幹、小史、五官掾、功曹史、功曹書佐、循行小史、五官掾等員。郡國戶不滿五千者，置職吏五十人，散吏十三人；五千戶以上，則職吏六十三人，散吏二十一人；萬戶以上，職吏六十九人，散吏三十九人。郡國皆置文學掾一人。

縣大者置令，小者置長。有主簿、錄事史、主記室史、門下書佐、幹、游徼、議生、循行功曹史、小史、廷掾、功曹史、小史書佐幹、戶曹掾史幹、法曹門幹、金倉賊曹掾史、兵曹史、吏曹史、獄小史、獄門亭長、都亭長、賊捕掾等員。戶不滿三百以下，職吏十八人，散吏四人；三百以上，職吏二十八人，散吏六人；五百以上，職吏四十人，散吏八人；千以上，職吏五十三人，散吏十二人；千五百以上，職吏六十八人，散吏一十八人；三千以上，職吏八十八人，散吏二十六人。

郡國及縣，農月皆隨所領戶多少爲差，散吏爲勸農。又縣五百以上皆置鄉，三千以上置二鄉，五千以上置三鄉，萬以上置四鄉，鄉置嗇夫一人。鄉戶不滿千以下，置治書史一人；千以上置史、佐各一人，正一人；五千五百以上，置吏一人，佐二人。縣率百戶置里吏一人，其土廣人稀，聽隨宜置里吏，限不得減五十戶。戶千以上，置校官掾一人。縣皆置方略吏四人。洛陽縣置六部尉。江左以後，建康亦置六部尉，餘大縣置二人，次縣、小縣各一人。鄴、長安置吏如三千戶以上之制。

四中郎將，並後漢置，歷魏及晉，並有其職，江左彌重。

護羌、夷、蠻等校尉，案武帝置南蠻校尉於襄陽，西戎校尉於長安，南夷校尉於寧州。元康中，護羌校尉爲涼州刺史，西戎校尉爲雍州刺史，南蠻校尉爲荊州刺史。及江左初，省南蠻校尉，尋又置於江陵，改南夷校尉曰鎮蠻校尉。及安帝時，於襄陽置寧蠻校尉。

護匈奴、羌、戎、蠻、夷、越中郎將，案武帝置四中郎將，或領刺史，或持節爲之。武帝又置平越中郎將，居廣州，主護南越。

校勘記

〔一〕田騶十人　原無「田」字。周校：當作「田騶十人」。按：下文屢言「田騶」，今據補。

〔二〕營軍刺姦吏帳下都督　「營軍」、「刺姦」、「帳下」爲三督，「吏」字疑衍。

〔三〕以執金吾棨部爲尚書左僕射　考異：宋書百官志「以棨部爲尚書左僕射，衞臻爲右僕射」，此志脱一句。按：通典二二、通志五三、通考五一、職官分紀八均有「衞臻爲右僕射」句。又「棨部」，後漢書百官志注作「棨邵」。

〔四〕急假　御覽二一三引晉書百官表志注、職官分紀八引本志並作「給假」。

〔五〕人租布　斠注：御覽二一三引晉書百官表志注作「民戶租布」。按：書鈔六八、職官分紀八引亦皆有「戶」字。

〔六〕對扶　初學記一一、御覽二一九引齊職儀作「對挾」，相對夾輔之意。

〔七〕興寧四年　興寧只三年，必有誤字。

〔八〕合之於中常侍　原無「常侍」二字。宋書百官志下、通典二一、通考五〇及晉灼漢百官表注、通鑑六九胡注「中」下並有「常侍」二字，今據補。

〔九〕各一人　各本作「各十人」，局本據宋書百官志下及通鑑九〇胡注改「十」爲「一」，今從之。

〔一〇〕掌呈奏案章　各本均作「掌呈奏案」，無「章」字，文義不具。今據宋書百官志下、通典二一及職官分紀七引補「章」字。

〔一一〕延熹二年　各本作「三年」，宋本作「二年」，後漢書桓紀、通典二六均作「二年」，今從宋本。

〔一二〕督治掾　「治」，各本作「治」，今從殿本作「治」。職官分紀一九引亦作「治」。

〔一三〕吴琨　斠注：通典作「吴混之」。按：通志五四、通考五三、職官分紀一四引徐邈晉紀皆作「吴混之」。

〔一四〕漢東京省都水置河隄謁者魏因之　通典三六魏官品，第四品有都水使者，第七品有都水參軍，第八品有都水使者令史，是魏有都水也。

〔一五〕及武帝省水衡　斠注：通典職官一〇引元康百官名云，陳愼、戴熊俱以都水使者領水衡都尉，是志文誤也。按：册府六二〇明言晉武帝時有左右前後中五水衡，是武帝時有水衡也。

〔一六〕史渙　原作「史奐」。魏志武帝紀、張楊傳、夏侯惇傳、通志五五、御覽二四〇引魏略「奐」皆作「渙」，今據改。

〔一七〕置中衞及衞　各本「及」下無「衞」字，宋本有。通典二八云：「初有衞將軍，魏末晉文王又置中衞將軍。」司馬望傳於武帝卽位前拜衞將軍，魏志龐德傳，龐會爲中衞將軍，足證文帝時有中衞及衞兩將軍。故從宋本。

〔一八〕比驍騎　「比」原作「此」。李校：「此」當作「比」。今據改。

〔一九〕尉中武賁　食貨志有殿中武賁，疑卽此，此「尉」字恐爲「殿」字之形近誤。

〔二〇〕武帝始建官　通典三〇、通志五五、通考六〇、職官分紀二七引「官」作「宮」。「宮」指「東宮」。

〔二一〕官事無大小　「官」疑「宮」字之誤。書鈔六五引晉起居注引卽作「宮」。下文云「掌宮事」亦可證。

〔二二〕愍懷建官　「官」亦當作「宮」。初學記一〇引晉公卿禮秩、職官分紀二七引本志「官」俱作「宮」。

〔二三〕故改太師爲太保　李校：既置三太三少，若改「師」爲「保」，則有兩太保、兩少保。通典一二作「太帥」，蓋避諱缺筆。按：唐六典二六亦云，「避景帝諱改爲『帥』」。

〔二四〕武帝建東宮　「武帝」原作「惠帝」，與下文「惠帝時」云云相矛盾。今據通典三〇、通志五五、通考六〇改「惠帝」爲「武帝」。

〔二五〕隨王萬　斠注：本傳「萬」作「邁」。

晉書卷二十五

志第十五

輿服

史臣曰：昔者乘雲效駕，卷領垂衣，則黃帝皁衣纁裳，放勳彤車白馬，叶三微之序，舍寅丑之建，玄戈玉刃，作會相暉。若乃參旗分景，帝車含曜，又所以營衞南宮，增華北極。月令季夏之月，「命婦官染綵」，赬丹班次，各有品章矣。高旗有日月之象，式視有威儀之選，衣兼䩨琫，衡載鳴和，是以閑邪屏棄，不可入也。若乃正名百物，補緝四維，疏懷山之水，靜傾天之害，功尤彰者飾彌煥，德愈盛者服彌尊，莫不質良，用成其美。書曰：「明試以功，車服以庸。」禮記曰：「鸞車，有虞氏之路也。鉤車，夏后氏之路也。大路，殷路也。乘路，周路也。」而韍火山龍，以通其意。前史以爲聖人見鳥獸容貌，草木英華，始創衣冠，而玄黃殊釆；見秋蓬孤轉，杓觿旁建，乃作輿輪，而方圓異則。遇物成象，觸類興端，周因於殷，其來已舊。成王之會，壇垂陰羽，五方之盛，有八十物者焉。宗馬鳥旌，奚往不格，殷公、曹叔，此焉低首。周禮，巾車氏建大赤以朝，大白以戎。雅制弘多，式遵遺範，賓入異憲，師行殊則，是以有嚴有翼，用光其武，鉤膺鞗革，乃暢其文。六服之冕，五時之路，王之常制，各有等差。逮禮業彫訛，人情馳爽，諸侯征伐，憲度淪亡，一紫亂於齊飾，長纓混於鄒翫。孔子曰：「君子其學也博，其服也鄉。」若乃豪傑不經，庶人干典，彯鷸冠於鄭伯之門，躡珠履於春申之第。及秦皇并國，攬其餘軌，豐貂東至，獬豸南來，又有玄旗皁旒之制，旄頭罕車之飾，寫九王之廷於咸陽北坂，車輿之綵，各樹其文，所謂秦人大備，而陳戰國之後車者也。及凝脂布網，經書咸燼，削滅三代，以金根爲帝軫，除棄六冕，以袀玄爲祭服。高祖入關，旣因秦制。世宗挺英雄之略，總文景之資，揚霓拂翳，皮軒記鼓，橫汾河而祠后土，登甘泉而祭昊天，奉常獻儀，謂之大駕，車千乘而騎萬匹。至於成帝，〔一〕以幸姬趙飛燕置屬車間豹尾中，又楊雄所謂彏天狼之威弧，張曜日之靈旄，駢羅列布，霧集雲合者也。於後王氏擅朝，武車常輒，赤眉之亂，文物無遺。建武十三年，吳漢平蜀，始送葆車輿輦，充庭之飾，漸以周備。明帝採周官、禮記，更服袞章，天子冠通天而佩玉璽。魏明以黼黻之美，有疑於僭，於是隨章儐略，而損者半焉。高堂隆奏曰：「改正朔、殊徽號者，帝王所以神明其政，變民耳目也。」帝從其議，改青龍五年爲景初元年，服色尚黃，從地正也。世祖武皇帝接天人之貺，開典午之基，受終之禮，皆如唐虞故事。晉氏金行，而服色尚赤，豈有司失其傳歟！

玉、金、象、革、木等路，是爲五路，並天子之法車，皆朱班漆輪，畫爲樻文。三十輻，法月之數；重轂貳轄。以赤油，廣八寸，長三尺，注地，繫兩軸頭，謂之飛軨。金薄繆龍之爲輿倚較，較重，爲文獸伏軾，龍首銜軛，左右吉陽筩，鸞雀立衡，樻文畫輈及轓。青蓋，黃爲裏，謂之黃屋。金華施橑末，〔二〕橑二十八以象宿。兩箱之後，皆玳瑁爲鶡翅，加以金銀雕飾，故世人亦謂之金鶡車。斜注旂旗於車之左，又加棨戟於車之右，皆橐而施之。棨戟韜以黻繡，上爲亞字，繫大蛙蟆幡。軛長丈餘。於戟之杪，以氂牛尾，大如斗，置左騑馬軛上，是爲左纛。輈皆曲向上，取禮緯「山車垂句」之義，言不揉而能自曲。

玉、金、象三路，各以其物飾車，因以爲名。革者漆革，木者漆木。其制，玉路最尊，建太常，十有二旒，九仞委地，畫日月升龍，以祀天。金路建大旂，九旒，以會萬國之賓，亦以賜上公及王子母弟。象路建大赤，通赤無畫，所以視朝，亦以賜諸侯。革路建大白，以即戎兵事，亦以賜四鎮諸侯。木路建大麾，以田獵，其麾色黑，亦以賜蕃國。玉路駕六黑馬，餘四路皆駕四馬，馬並以黃金爲文髦，插以翟尾。象鑣而鏤錫，〔三〕錫在馬面，所謂當顱者也。金爰而方釳，金爰謂以金爰爲文。釳以鐵爲之，〔四〕其大三寸，中央兩頭高，如山形，貫中以翟尾而結著之也。繁纓赤罽易茸，金就十有二。繁纓，馬飾纓，〔五〕在馬膺前，如索帬。五路皆有錫鸞之飾，和鈴之響，鉤膺玉瓖，鉤膺，卽繁纓也。瓖，馬帶玦名也。龍輈華轙輈，車轅也，頭爲龍象。轙，謂車衡上環受轡者也。朱幩。幩，飾也，人君以朱纏鑣扇汗，以爲飾也。法駕行則五路各有所主，不俱出；臨軒大會則陳乘輿車輦旌鼓於其殿庭。

車，坐乘者謂之安車，倚乘者謂之立車，亦謂之高車。案周禮，惟王后有安車也，王亦無之。自漢以來制乘輿，乃有之。有青立車、青安車、赤立車、赤安車、黃立車、黃安車、白立車、白安車、黑立車、黑安車，合十乘，名爲五時車，俗謂之五帝車。天子所御則駕六，其餘並駕四。建旂十二，各如車色。立車則正豎其旂，安車則邪注。駕馬，馬亦各隨五時之色，白馬則朱其鬣尾。左右騑驂，金叉鏤錫，黃屋左纛，如金根之制，行則從後。五牛旗，平吳後所造，以五牛建旗，車設五牛，青赤在左，黃在中，白黑在右。豎旗於牛背，行則使人輿之。牛之爲義，蓋取其負重致遠而安穩也。旗常纏不舒，所謂德車結旌也。天子親戎則舒，謂武車綏旌也。

金根車，駕四馬，不建旗幟，其上如畫輪車，下猶金根之飾。

耕根車，駕四馬，建赤旗，十有二旒，天子親耕所乘者也。一名芝車，一名三蓋車。置耒耜於軾上。魏景初元年，改正朔，易服色，色尚黃，牲用白，戎事乘黑首白馬，建大赤之旂，朝會則建大白，行殷之時也。泰始二年，有司奏：「宜如有虞遵唐故事，皆用前代正朔服色，其金根、耕根車，並以建赤旂。」帝從之。

輦，案自漢以來爲人君之乘，魏晉御小出即乘之。

戎車，駕四馬，天子親戎所乘者也。載金鼓、羽旗、幢翳，置弩於軾上，其建矛麾悉斜注。

獵車，駕四馬，天子校獵所乘也。重輞漫輪，繆龍繞之。一名闟戟車，一名蹋猪車。魏文帝改名蹋獸車。記云「國君不乘奇車」，奇車亦獵車也。古天子獵則乘木輅，後人代以獵車也。

遊車，九乘，駕四，先驅之乘是也。

雲罕車，駕四。

皮軒車，駕四，以獸皮爲軒。

鸞旗車，駕四，先輅所載也。鸞旗者，謂析羽旄而編之，列繫幢傍也。

建華車，駕四，凡二乘，行則分居左右。

輕車，駕二，古之戰車也。〔六〕前後二十乘，分居左右。輿輪洞朱，不巾不蓋，建矛戟麾幢，置弩箙於軾上。大駕法駕出，射聲校尉、司馬、吏士、戰士載，以次屬車。

司南車，一名指南車，駕四馬，其下制如樓，三級；四角金龍銜羽葆；刻木爲仙人，衣羽衣，立車上，車雖回運而手常南指。大駕出行，爲先啓之乘。

記里鼓車，駕四，形制如司南，其中有木人執槌向鼓，行一里則打一槌。

羊車，一名輦車，其上如軺，伏兔箱，漆畫輪軛。武帝時，護軍羊琇輒乘羊車，司隸劉毅糾劾其罪。

畫輪車，駕牛，以綵漆畫輪轂，故名曰畫輪車。上起四夾杖，左右開四望，綠油幢，朱絲絡，青交路，其上形制事事如輦，其下猶如犢車耳。古之貴者不乘牛車，漢武帝推恩之末，諸侯寡弱，貧者至乘牛車，其後稍見貴之。自靈獻以來，天子至士遂以爲常乘，至尊出朝堂舉哀乘之。

屬車，一曰副車，一曰貳車，一曰左車。漢因秦制，大駕屬車八十一乘，行則中央左右分爲行。法駕屬車三十六乘。最後車懸豹尾，豹尾以前比之省中。屬車皆皁蓋朱裏云。

御衣車、御書車、御軺車、御藥車，皆駕牛。

陽遂四望繐窗皁輪小形車，駕牛。

象車，漢鹵簿最在前。武帝太康中平吳後，南越獻馴象，詔作大車駕之，以載黃門鼓吹數十人，使越人騎之。元正大會，駕象入庭。

中朝大駕鹵簿

先象車，鼓吹一部，十三人，中道。　次靜室令，駕一，中道。式道候二人，駕一，分左右也。　次洛陽尉二人，騎，分左右。　次洛陽亭長九人，赤車，駕一，分三道，各吹正二人引。　次洛陽令，皁車，駕一，中道。　次河南中部掾，中道。　河橋掾在左，功曹史在右，並駕一。　次河南尹，駕駟，戟吏六人。　次河南主簿，駕一，中道。　次河南主記，駕一，中道。　次司隸部河南從事，中道。　都部從事居左，別駕從事居右，並駕一。　次司隸校尉，駕三，戟吏八人。　次司隸主簿，駕一，中道。　次司隸主記，駕一，中道。　次廷尉明法掾，中道。　五官掾居左，功曹史居右，並駕一。　次廷尉卿，駕駟，戟吏六人。　次廷尉主簿、主記，並駕一，在左。　太僕引從如廷尉，在中。　宗正引從如廷尉，在右。　次太常，駕駟，中道，戟吏六人。　太常外部掾居左，五官掾、功曹史居右，並駕一。　次光祿引從，中道。　太常主簿、主記居左，衞尉引從居右，並駕一。　次太尉外督令史，駕一，中道。　次西東賊倉戶等曹屬，並駕一，引從。　次太尉，駕駟，中道。　太尉主簿、舍人各一人，祭酒二人，並駕一，在左。　次司徒引從，駕駟，中道。　次司空引從，駕駟，中道。　三公騎令史戟各八人，鼓吹各一部，七人。　次中護軍，中道，駕駟。　鹵簿左右各二行，戟楯在外，弓矢在內，鼓吹一部，七人。　次步兵校尉在左，長水校尉在右，並駕一。　各鹵簿左右二行，戟楯在外，刀楯在內，鼓吹各一部，七人。次射聲校尉在左，翊軍校尉在右，並駕一。各鹵簿左右各二行，戟楯在外，刀楯在內，鼓吹各一部，七人。次驍騎將軍在左，游擊將軍在右，並駕一。皆鹵簿左右引各二行，戟楯在外，刀楯在內，鼓吹各一部，七人。騎隊，五在左，五在右，隊各五十四，命中督二人分領左右。各有戟吏二人，麾幢獨揭，鼓在隊前。次左將軍在左，前將軍在右，並駕一。皆鹵簿左右各二行，戟楯在外，刀楯在內，鼓吹各一部，七人。次黃門麾騎，中道。次黃門前部鼓吹，左右各一部，十三人，駕駟。八校尉佐仗，左右各四行，外大戟楯，次九尺楯，次弓矢，次弩，並熊渠、佽飛督領之。次司南車，駕駟，中道。護駕御史，騎，夾左右。次謁者僕射，駕駟，中道。次御史中丞，駕一，中道。次武賁中郎將，騎，中道。次九遊車，中道，武剛車夾左右，並駕駟。次雲罕車，駕駟，中道。次闟戟車，駕駟，中道，長戟邪偃向後。次皮軒車，駕駟，中道。次鸞旗車，中道，建華車分左右，並駕駟。次護駕尚書郎三人，都官郎中道，駕部在左，中兵在右，並騎。又有護駕尚書一人，騎，督攝前後無常。次相風，中道。次司馬督，在前，中道。左右各司馬史三人引仗，左右各六行，外大戟楯二行，次九尺楯，次刀楯，次弓矢，次弩。次五時車，左右有遮列騎。次典兵中郎，中道，督攝前却無常。左殿中御史，右殿中監，並騎。次高蓋，中道，左罼，右罕。次御史，中道，左右節郎各四人。次華蓋，中道。

次殿中司馬，中道。殿中都尉在左，殿中校尉在右，左右各四行，細楯一行在弩內，又殿中司馬一行，殿中都尉一行，殿中校尉一行。　次金根車，駕六馬，中道。太僕卿御，大將軍參乘。〔七〕左右又各增三行，爲九行。司馬史九人，引大戟楯二行，九尺楯一行，刀楯一行，由基一行，細弩一行，跡禽一行，椎斧一行，力人刀楯一行。　連細楯，殿中司馬，殿中都尉，殿中校尉，爲左右各十二行。　金根車建青旂十二，左將軍騎在左，右將軍騎在右，〔八〕殿中將軍持鑿腦斧夾車，車後衣書主職步從，六行，合左右三十二行。　次曲華蓋，中道。侍中、散騎常侍、黃門侍郎並騎，分左右。　次黃鉞車，駕一，在左，御麾騎在右。　次相風，中道。　次中書監騎左，祕書監騎右。　次殿中御史騎左，殿中監騎右。次五牛旗，赤青在左，黃在中，白黑在右。　次大輦，中道。太官令丞在左，太醫令丞在右。

次金根車，駕駟　不建旗。　次青立車，次青安車，次赤立車，次赤安車，次黃立車，次黃安車，次白立車，次白安車，次黑立車，次黑安車，合十乘，並駕駟。建旗十二，如車色。立車正豎旗，安車邪拖之。　次蹋猪車，駕駟，中道，無旗。　次耕根車，駕駟，中道，赤旗十二，熊渠督左，佽飛督右。　次御軺車，次御四望車，次御衣車，次御書車，次御藥車，並駕牛，中道。　次尚書令在左，尚書僕射在右，又尚書郎六人，分次左右，並駕。又治書侍御史二人，分左右，又侍御史二人，分次左右，又蘭臺令史分次左右，並騎。　次豹尾車，駕一。自豹尾車後而鹵簿盡矣。但以神弩二十張夾道，至後部鼓吹，其五張神弩置一將，左右各二將。次輕車二十乘，左右分駕。次流蘇馬六十匹。次金鉞車，駕三，中道。左右護駕尚書郎并令史，並騎，各一人。次金鉦車，駕三，中道。左右護駕侍御史并令史等，並騎，各一人。次黃門後部鼓吹，左右各十三人。次戟鼓車，駕牛，二乘，分左右。次左大鴻臚外部掾，右五官掾、功曹史，並駕。次大鴻臚，駕駟，鉞吏六人。次大司農引從，中道，左大鴻臚主簿、主記，右少府引從。次三卿，並騎，吏四人，鈴下二人，執馬鞭辟車六人，執方扇羽林十人，〔九〕朱衣。次領軍將軍，中道。鹵簿左右各二行，九尺楯在外，弓矢在內，鼓吹如護軍。次後軍將軍在左，〔一〇〕右將軍在右，各鹵簿鼓吹如左軍、前軍。次越騎校尉在左，屯騎校尉在右，各鹵簿鼓吹如步兵、射聲。次領護驍騎、游軍校尉，〔一一〕皆騎，吏四人，乘馬夾道，都督兵曹各一人，乘馬在中。騎將軍四人，騎校、鞉角、金鼓、鈴下、信幡、軍校並駕一。功曹吏、主簿並騎從。幟扇幢麾各一騎，鼓吹一部，七騎。次領護軍，加大車斧，五官掾騎從。次騎十隊，隊各五十匹。將一人，持幢一人，鞉一人，並騎在前，督戰伯長各一人，並騎在後，羽林騎督、幽州突騎督分領之。郎簿十隊，隊各五十人。絳袍將一人，騎、鞉各一人，在前，督戰伯長各一人，步，在後。騎皆持矟。次大戟一隊，九尺楯一隊，刀楯一隊，弓一隊，弩一隊，隊各五十人。黑袴褶將一人，騎校、鞉角各一人，步，在前，督戰伯長各一人，步，在後。金顏督將并領之。

皇太子安車，駕三，左右騑。朱班輪，倚獸較，伏鹿軾。九旒，畫降龍。青蓋，金華蚤二十八枚。黑櫕文畫轓，文輈，黃金塗五采。〔三〕亦謂之鸞路。非法駕則乘畫輪車，上開四望，綠油幢，朱絲繩絡，兩箱裏飾以金錦，黃金塗五采。其副車三乘，形制如所乘，但不畫輪耳。

王青蓋車，皇孫綠蓋車，並駕三，左右騑。

雲母車，以雲母飾犢車。臣下不得乘，以賜王公耳。

皁輪車，駕四牛，形制猶如犢車，但皁漆輪轂，上加青油幢，朱絲繩絡。諸王三公有勳德者特加之。位至公或四望、三望、夾望車。

油幢車，駕牛，形制如皁輪，但不漆轂耳。王公大臣有勳德者特給之。

通幰車，駕牛，猶如今犢車制，但舉其幰通覆車上也。諸王三公並乘之。

諸公給朝車駕四、安車黑耳駕三各一乘，皁輪犢車各一乘。自祭酒掾屬以下及令史，皆皁零，辟朝服。其武官公又別給大車。

特進及車騎將軍驃騎將軍以下諸大將軍不開府非持節都督者，給安車黑耳駕二，軺車施耳後戶一乘。

三公、九卿、中二千石、二千石、河南尹、謁者僕射，郊廟明堂法出，皆大車立乘，駕駟。前後導從大車駕二，右騑。他出乘安車。其去位致仕告老，賜安車駟馬。

郡縣公侯，安車駕二，右騑。皆朱班輪，倚鹿較，伏熊軾，黑轓，〔一三〕皁繒蓋。

公旗旂八旒，侯七旒，卿五旒，皆畫降龍。

中二千石、二千石，皆皁蓋，朱兩轓，銅五采，駕二。中二千石以上，右騑。千石、六百石，朱左轓。車轓長六尺，下屈廣八寸，上業廣尺二寸，九丈，十二初，〔一四〕後謙一寸，若月初生，示不敢自滿也。

王公之世子攝命理國者，安車，駕三，旗旂七旒，其封侯之世子五旒。

太康四年，制：「依漢故事，給九卿朝車駕四及安車各一乘。」八年，詔：「諸尚書軍校加侍中常侍者，皆給傳事乘軺車，給劍，得入殿省中，與侍臣升降相隨。」

大使車，立乘，駕四，赤帷裳，騶騎導從。舊公卿二千石郊廟上陵從駕，乘大使車，他出乘安車也。

小使車，不立乘，駕四，輕車之流也。藺輿皆朱，赤轂，赤屏泥，白蓋，赤帷裳，從騶騎四十人。又別有小使車，赤轂皁蓋，追捕考案有所執取者之所乘也。凡諸使車皆朱班輪，赤衡軛。

追鋒車，去小平蓋，加通幰，如軺車，駕二。追鋒之名，蓋取其迅速也，施於戎陣之間，是爲傳乘。

軺車，古之時軍車也。一馬曰軺車，二馬曰軺傳。漢世貴輜輧而賤軺車，魏晉重軺車而賤輜輧。三品將軍以上、尙書令軺車黑耳有後戶，僕射但有後戶無耳，並皁輪。尙書及四品將軍則無後戶，漆轂輪。其中書監令如僕射、侍中、黃門、散騎，初拜及謁陵廟，亦得乘之。

皇太后、皇后法駕，乘重翟羽蓋金根車，駕青輅，〔一五〕青帷裳，雲檴畫轅，黃金塗五采，蓋爪施金華，駕三，左右騑。其廟見小駕，則乘紫罽輧車，雲檴畫輈，黃金塗五采，駕三。非法駕則皇太后乘輦，皇后乘畫輪車。皇后先蠶，乘油畫雲母安車，駕六騩馬；騩，淺黑色。油畫兩轅安車，駕五騩馬，爲副。又，金薄石山輧、紫絳罽輧車，皆駕三騩馬，爲副。女旄頭十二人，持棨戟二人，共載安車，儷駕。女尙輦十二人，乘輜車，儷駕。女長御八人，乘安車，儷駕。三夫人油輧車，駕兩馬，左騑。其貴人駕節畫輈。三夫人助蠶，乘青交路，安車，駕三，皆以紫絳罽輧車。九嬪世婦乘輧車，駕三。

長公主赤罽輧車，駕兩馬。公主、王太妃、王妃，皆油輧車，駕兩馬，右騑。公主油畫安車，駕三，青交路，以紫絳罽輧車駕三爲副，王太妃、三夫人亦如之。公主助蠶，乘油畫安車，駕三。公主有先置者，乘青交路安車，駕三。

諸王妃、公太夫人、夫人、縣鄉君、諸郡公侯特進夫人助蠶，乘皁交路安車，駕三。

諸侯監國世子之世婦、侍中常侍尚書中書監令卿校世婦、命婦助蠶，乘皁交路安車，儷駕。

郡縣公侯、中二千石、二千石夫人會朝及蠶，各乘其夫之安車，皆右騑，皁交路，皁帷裳。自非公會則不得乘軺車，止乘漆布輜輧，銅五采而已。

王妃、特進夫人、封郡君，安車，駕三，皁交路。封縣鄉君油輧車，駕兩馬，右騑。

自過江之後，舊章多缺。元帝踐極，始造大路、戎路各一，皆卽古金根之制也，無復充庭之儀。至於郊祀大事，則權飾餘車以周用。六師親征則用戎路，去其蓋而乘之，屬車但五乘而已。加綠油幢，朱絲路，飾青交路，黃金塗五采，其輪轂猶素，兩箱無金錦之飾。其一車又是軺車。舊儀，天子所乘駕六，是時無復六馬之乘，五路皆駕四而已，同用黑，是爲玄牡。無復五時車，有事則權以馬車代之，建旗其上。其後但以五色木牛象五時車，豎旗於牛背，行則使人輿之。牛之義，蓋取其負重致遠安而穩也。旗常纏而不舒旆，所謂德車結旌者也。惟天子親戎，五旗舒旆，所謂武車緌旌者也。指南車，過江亡失，及義熙五年，劉裕屠廣固，始復獲焉，乃使工人張綱補緝周用。〔一六〕十三年，裕定關中，又獲司南、記里諸車，制度始備。其輦，過江亦亡制度，太元中謝安率意造焉，及破苻堅於淮上，獲京都舊輦，形制無差，大小如一，時人服其精記。義熙五年，劉裕執慕容超，獲金鉦輦、豹尾，舊式猶存。元帝太興三年，皇太子釋奠。制曰：「今草創，未有高車，可乘安車也。」太元中，東宮建，乘路有青赤旂，致疑。徐邈議，太子既不備五路，赤旂宜省。漢制，太子鸞路皆以安車爲名。自晉過江，禮儀疏舛，王公以下，車服卑雜，惟有東宮禮秩崇異，上次辰極，下納侯王。而安帝爲皇太子乘石山安車，制如金路，義不經見，事無所出。

中宮初建及祀先蠶，皆用法駕，太僕妻御，大將軍妻參乘，侍中妻陪乘，丹楊尹建康令及公卿之妻奉引，各乘其夫車服，多以宮人權領其職。

周禮，弁師掌六冕，司服掌六服。自后王之制爰及庶人，〔一七〕各有等差。及秦變古制，郊祭之服皆以袀玄，舊法埽地盡矣。漢承秦弊，西京二百餘年猶未能有所制立。及中興後，明帝乃始採周官、禮記、尚書及諸儒記說，還備衮冕之服。天子車乘冠服從歐陽氏說，公卿以下從大小夏侯氏說，始制天子、三公、九卿、特進之服，侍祠天地明堂，〔一八〕皆冠旒冕，兼五冕之制，一服而已。天子備十二章，三公諸侯用山龍九章，九卿以下用華蟲七章，皆具五采。魏明帝以公卿衮衣黼黻之飾，疑於至尊，多所減損，始制天子服刺繡文，公卿服織成文。及晉受命，遵而無改。天子郊祀天地明堂宗廟，元會臨軒，黑介幘，〔一九〕通天冠，平冕。

冕，皁表，朱綠裏，廣七寸，長二尺二寸，〔一〇〕加於通天冠上，前圓後方，垂白玉珠，十有二旒，以朱組爲纓，無緌。佩白玉，垂珠黃大旒，綬黃赤縹紺四采。衣皁上，絳下，前三幅，後四幅，衣畫而裳繡，爲日、月、星辰、山、龍、華蟲、藻、火、粉米、黼、黻之象，凡十二章。素帶廣四寸，朱裏，以朱綠裨飾其側。中衣以絳緣其領袖。赤皮爲韍，絳袴袜，赤舄。未加元服者，空頂介幘。其釋奠先聖，則皁紗袍，絳緣中衣，絳袴袜，黑舄。其臨軒，亦袞冕也。其朝服，通天冠高九寸，金博山顏，黑介幘，絳紗袍，皁緣中衣。其拜陵，黑介幘，單衣。其雜服，有青赤黃白緗黑色，介幘，五色紗袍，五梁進賢冠，遠遊冠，平上幘武冠。其素服，白帢單衣。後漢以來，天子之冕，前後旒用眞白玉珠。魏明帝好婦人之飾，改以珊瑚珠。晉初仍舊不改。及過江，服章多闕，而冕飾以翡翠珊瑚雜珠。侍中顧和奏：「舊禮，冕十二旒，用白玉珠。今美玉難得，不能備，可用白璇珠。」從之。

通天冠，本秦制。高九寸，正豎，頂少斜却，乃直下，鐵爲卷梁，前有展筩，冠前加金博山述，乘輿所常服也。

平冕，王公、卿助祭於郊廟服之。王公八旒，卿七旒。以組爲纓，色如其綬。王公衣山龍以下九章，卿衣華蟲以下七章。

遠游冠，傅玄云秦冠也。似通天而前無山述，有展筩橫于冠前。皇太子及王者後、帝之兄弟、帝之子封郡王者服之。諸王加官者自服其官之冠服，惟太子則以翠羽爲緌，綴以白珠，其餘但青絲而已。

緇布冠，蔡邕云卽委貌冠也。太古冠布，齊則緇之。緇布冠，始冠之冠也。其制有四形，一似武冠，又一似進賢，其一上方，其下如幘顏；其一剌上而方下。行鄉射禮則公卿委貌冠，以皂絹爲之。形如覆杯，與皮弁同制，長七寸，高四寸。衣黑而裳素，其中衣以皁緣領袖。其執事之人皮弁，以鹿皮爲之。

進賢冠，古緇布遺象也，斯蓋文儒者之服。前高七寸，後高三寸，長八寸，有五梁、三梁、二梁、一梁。人主元服，始加緇布，則冠五梁進賢。三公及封郡公、縣公、郡侯、縣侯、鄉亭侯，則冠三梁。卿、大夫、八座尚書，關中內侯、二千石及千石以上，則冠兩梁。中書郎、祕書丞郎、著作郎、尚書丞郎、太子洗馬舍人、六百石以下至于令史、門郎、小史，並冠一梁。漢建初中，太官令冠兩梁，親省御膳爲重也。博士兩梁，崇儒也。宗室劉氏亦得兩梁冠，示加服也。

武冠，一名武弁，一名大冠，一名繁冠，一名建冠，一名籠冠，卽古之惠文冠。或曰趙惠文王所造，因以爲名。亦云，惠者蟪也，其冠文輕細如蟬翼，故名惠文。或云，齊人見千歲涸澤之神，名曰慶忌，冠大冠，乘小車，好疾馳，因象其冠而服焉。漢幸臣閎孺爲侍中，皆服大冠。天子元服亦先加大冠，左右侍臣及諸將軍武官通服之。侍中、常侍則加金璫，附蟬爲飾，插以貂毛，黃金爲竿，侍中插左，常侍插右。胡廣曰：「昔趙武靈王爲胡服，以金貂飾首。秦滅趙，以其君冠賜侍臣。」應劭漢官云：「說者以爲金取剛強，百鍊不耗。蟬居高飲清，口在掖下。貂內勁悍而外柔縟。」又以蟬取清高飲露而不食，貂則紫蔚柔潤而毛采不彰灼，金則貴其寶瑩，於義亦有所取。或以爲北土多寒，胡人常以貂皮溫額，後世效此，遂以附冠。漢貂用赤黑色，王莽用黃貂，各附服色所尚也。

高山冠，一名側注，高九寸，鐵爲卷梁，制似通天。頂直豎，不斜却，無山述展筩。高山者，詩云「高山仰止」，取其矜莊賓遠者也。中外官、謁者、謁者僕射所服。〔三〕胡廣曰：「高山，齊王冠也。傳曰『桓公好高冠大帶』。秦滅齊，以其君冠賜謁者近臣。」應劭曰：「高山，今法冠也，秦行人使官亦服之。」而漢官儀云「乘輿冠高山之冠，飛翮之纓」，然則天子亦有時服焉。傅子曰：「魏明帝以其制似通天、遠游，故改令卑下。」

法冠，一名柱後，或謂之獬豸冠。高五寸，以纚爲展筩。鐵爲柱卷，取其不曲撓也。侍御史、廷尉正監平，凡執法官皆服之。或謂獬豸神羊，能觸邪佞。異物志云：「北荒之中，有獸名獬豸，一角，性別曲直。見人鬬，觸不直者。聞人爭，咋不正者。楚王嘗獲此獸，因象其形以制衣冠。」胡廣曰：「春秋左氏傳晉侯觀于軍府，見鍾儀，曰『南冠而縶者誰也』？南冠卭楚冠。秦滅楚，以其冠服賜執法臣也。」

長冠，一名齊冠。高七寸，廣三寸，漆纚爲之，制如版，以竹爲裏。漢高祖微時，以竹皮爲此冠，其世因謂劉氏冠。後除竹用漆纚。司馬彪曰：「長冠蓋楚制。人間或謂之鵲尾冠，非也。救日蝕則服長冠，而祠宗廟諸祀冠之。此高祖所造，後世以爲祭服，尊敬之至也。」

建華冠，以鐵爲柱卷，貫大銅珠九枚，古用雜木珠，原憲所冠華冠是也。又春秋左氏傳鄭子臧好聚鷸冠，謂建華是也。祀天地、五郊、明堂，舞人服之。漢育命舞樂人所服。

方山冠，其制似進賢。鄧展曰：「方山冠，以五采縠爲之。」漢大予、八佾、五行樂人所服，冠衣各如其行方之色而舞焉。

巧士冠，前高七寸，要後相通，直豎。此冠不常用，漢氏惟郊天，黃門從官四人冠之；在鹵簿中，夾乘輿車前，以備宦者四星。或云，掃除從官所服。

却非冠，高五寸，制似長冠。宮殿門吏僕射冠之。負赤幡，青翅燕尾，諸僕射幡皆如之。

却敵冠，前高四寸，通長四寸，後高三寸，制似進賢。凡當殿門衞士服之。

樊噲冠，廣九寸，高七寸，前後出各四寸，制似平冕。昔楚漢會於鴻門，項籍圖危高祖，樊噲常持鐵楯，聞急，乃裂裳苞楯，戴以爲冠，排入羽營，因數羽罪，漢王乘間得出。後人壯其意，乃制冠象焉。凡殿門司馬衞士服之。

術氏冠，前圓，吳制，差池四重。趙武靈王好服之。或曰，楚莊王復讐冠是也。

鶡冠，加雙鶡尾，豎插兩邊。鶡，鳥名也，形類鷂而微黑，性果勇，其鬬到死乃止。上黨貢之，趙武靈王以表顯壯士。至秦漢，猶施之武人。

皮弁，以鹿皮淺毛黃白色者爲之。禮「王皮弁，會五采玉璂，象邸玉笄」，謂之合皮爲弁。〔三〕其縫中名曰會，以采玉朱爲璂。璂，結也。天子五采，諸侯三采。邸，冠下抵也，象骨爲之，晉帝也。天子則縫有十二，公九，侯伯七，子男五，孤四，卿大夫三。

韋弁，制似皮弁，頂上尖，韎草染之，色如淺絳。

爵弁，一名廣冕。高八寸，長尺二寸，〔三〕如爵形，前小後大。增其上似爵頭色。有收持笄，所謂夏收殷冔者也。祠天地、五郊、明堂，雲翹舞樂人服之。〔四〕

幘者，古賤人不冠者之服也。漢元帝額有壯髮，始引幘服之。王莽頂禿，又加其屋也。漢注曰，冠進賢者宜長耳，今介幘也。冠惠文者宜短耳，今平上幘也。始時各隨所宜，遂因冠爲別。介幘服文吏，平上幘服武官也。童子幘無屋者，示未成人也。又有納言幘，幘後收又一重，方三寸。又有赤幘，騎吏、武吏、乘輿鼓吹所服。救日蝕，文武官皆免冠著幘，對朝服，示武威也。

漢儀，立秋日獵，服緗幘。及江左，哀帝從博士曹弘之等議，立秋御讀令，改用素白帢。案漢末王公名士多委王服，以幅巾爲雅，是以袁紹、崔鈞之徒，雖爲將帥，皆著縑巾。魏武以天下凶荒，資財乏匱，擬古皮弁，裁縑帛以爲帢，合乎簡易隨時之義，以色別其貴賤，本施軍飾，非爲國容也。徐爰曰：「俗說帢本未有歧，荀文若巾之行，觸樹枝成歧，謂之爲善，因而弗改。」今通以爲慶弔服。

巾，以葛爲之，形如帢而橫著之，古尊卑共服也。故漢末妖賊以黃爲巾，世謂黃巾賊。

帽名猶冠也，義取於蒙覆其首，其本纚也。古者冠無幘，冠下有纚，以繒爲之。後世施幘於冠，因或裁纚爲帽。自乘輿宴居，下至庶人無爵者皆服之。成帝咸和九年，制聽尚書八座丞郎、門下三省侍官乘車，〔三五〕白帢低幃，出入掖門。又，二宮直官著烏紗帢。然則往往士人宴居皆著帢矣。而江左時野人已著帽，人士亦往往而然，但其頂圓耳，後乃高其屋云。

漢制，自天子至於百官，無不佩劍，其後惟朝帶劍。晉世始代之以木，貴者猶用玉首，賤者亦用蜯、金銀、玳瑁爲雕飾。

乘輿六璽，秦制也。曰「皇帝行璽」、「皇帝之璽」、「皇帝信璽」、「天子行璽」、「天子之璽」、「天子信璽」，漢遵秦不改。又有秦始皇藍田玉璽，螭獸紐，在六璽之外，文曰「受天之命，皇帝壽昌」。漢高祖佩之，後世名曰傳國璽，與斬白蛇劍俱爲乘輿所寶。斬白蛇劍至惠帝時武庫火燒之，遂亡。及懷帝沒胡，傳國璽沒於劉聰，後又沒於石勒。及石季龍死，胡亂，穆帝世乃還江南。

革帶，古之鞶帶也，謂之鞶革，文武衆官牧守丞令下及騶寺皆服之。其有囊綬，〔二六〕則以綴於革帶，其戎服則以皮絡帶代之。八坐尚書荷紫，〔二七〕以生紫爲袷囊，綴之服外，加於左肩。昔周公負成王，制此服衣，至今以爲朝服。或云漢世用盛奏事，負之以行，未詳也。

車前五百者，卿行旅從，五百人爲一旅。漢氏一統，故去其人，留其名也。

袴褶之制，未詳所起，近世凡車駕親戎、中外戒嚴服之。服無定色，冠黑帽，綴紫摽，摽以繒爲之，長四寸，廣一寸，腰有絡帶以代鞶。中官紫摽，外官絳摽。又有纂嚴戎服而不綴摽，行留文武悉同。其畋獵巡幸，則惟從官戎服帶鞶革，文官不下纓，武官脫冠。

漢制，一歲五郊，天子與執事者所服各如方色，百官不執事者服常服絳衣以從。魏祕書監秦靜曰：「漢氏承秦，改六冕之制，但玄冠絳衣而已。」魏已來名爲五時朝服，又有四時朝服，又有朝服。自皇太子以下隨官受給。百官雖服五時朝服，據今止給四時朝服，闕秋服。三年一易。

諸假印綬而官不給鞶囊者，得自具作，其但假印不假綬者，不得佩綬。鞶，古制也。漢世著鞶囊者，側在腰間，或謂之傍囊，或謂之綬囊，然則以紫囊盛綬也。或盛或散，各有其時。

笏，古者貴賤皆執笏，其有事則搢之於腰帶，所謂搢紳之士者，搢笏而垂紳帶也。紳垂長三尺。笏者，有事則書之，故常簪筆，今之白筆是其遺象。三臺五省二品文官簪之，王、公、侯、伯、子、男、卿尹及武官不簪，加內侍位者乃簪之。手版卽古笏矣。尚書令、僕射、尚書手版頭復有白筆，以紫皮裹之，名曰笏。

皇太子金璽龜鈕，朱黃綬，四采：赤、黃、縹、紺。給五時朝服、遠遊冠，介幘、翠緌。佩瑜玉，垂組。朱衣絳紗褠，皁緣白紗，其中衣白曲領。帶劍，火珠素首。革帶，玉鉤燮獸頭鞶囊。佩瑜玉，垂組。

其大小會、祠宗廟、朔望、五日還朝皆朝服，常還上宮則朱服，預上宮正會則於殿下脫劍舄。

又有三梁進賢冠。其侍祀則平冕九旒，袞衣九章，白紗絳緣中單，絳繒韠，采畫織成袞帶，金辟邪首，紫綠二色帶，采畫廣領、曲領各一，赤舄絳韈。若講，則著介幘單衣；釋奠，則遠遊冠，玄朝服，絳緣中單，絳袴韈，玄舄。若未加元服，則中舍人執冕從，介幘單衣玄服。〔三八〕

諸王金璽龜鈕，纁朱綬，四采：朱、黃、縹、紺。五時朝服，遠遊冠介幘，亦有三梁進賢冠。朱衣絳紗褠皁緣，中衣表素。革帶，黑舄，佩山玄玉，垂組，大帶。若加餘官，則服其加官之服也。

皇后謁廟，其服皁上皁下，親蠶則青上縹下，皆深衣制，隱領，袖緣以絛。首飾則假髻，步搖，俗謂之珠松是也，簪珥。步搖以黄金爲山題，貫白珠爲支相繆。八爵九華，熊、獸、〔二九〕赤羆、天鹿、辟邪、南山豐大特六獸，諸爵獸皆以翡翠爲毛羽，金題白珠璫，繞以翡翠爲華。元康六年，詔曰：「魏以來皇后蠶服皆以文繡，非古義也。今宜純服青，以爲永制。」

貴人、夫人、貴嬪，是爲三夫人，皆金章紫綬，章文曰貴人、夫人、貴嬪之章。佩于竇玉。淑妃、淑媛、淑儀、修華、修容、修儀、婕妤、容華、充華，是爲九嬪，銀印青綬，佩采瓄玉。貴人、貴嬪、夫人助蠶，服純縹爲上與下，〔三〇〕皆深衣制。太平髻，七鏌蔽髻，黑玳瑁，又加簪珥。九嬪及公主、夫人五鏌，世婦三鏌。助蠶之義，自古而然矣。

皇太子妃金璽龜鈕，纁朱綬，佩瑜玉。

諸王太妃、妃、諸長公主、公主、封君金印紫綬，佩山玄玉。

長公主、公主見會，太平髻，七鏌蔽髻。其長公主得有步搖，皆有簪珥，衣服同制。

自公主、封君以上皆帶綬，以綵組爲緄帶，各如其綬色，金辟邪首爲帶玦。

郡公侯縣公侯太夫人、夫人銀印青綬，佩水蒼玉，其特加乃金紫。公特進侯卿校世婦、中二千石二千石夫人紺繒幗，黄金龍首銜白珠，魚須擿長一尺爲簪珥。〔三一〕入廟佐祭者皁絹上下，助蠶者縹絹上下，皆深衣制緣。

自二千石夫人以上至皇后，皆以蠶衣爲朝服。

校勘記

〔一〕至於成帝　各本無此四字，殿本有。趙飛燕爲成帝后，故從殿本。

〔二〕金華施橑末　「末」原作「朱」。李校：「朱」當作「末」。後漢書輿服志在本志校記中以後簡稱續漢志上注及宋書禮志五作「末」。按：通典六四注亦作「末」。今據改。

〔三〕象鑣而鏤錫　「鑣」原作「鹿」。校文：「鹿」爲「鑣」字之譌文，續漢志上可證。按：通典六四亦作「鑣」。今據改。

〔四〕鈗以鐵爲之　「鈗」，各本誤作「旄」，今從殿本作「鈗」。

〔五〕繁纓馬飾纓　「繁纓」，各本倒作「纓繁」，今從殿本作「繁纓」，通考一一六亦作「繁纓」。

〔六〕古之戰車也　「戰」原作「獸」，今據續漢志上、宋書禮志五改。

〔七〕太僕卿御大將軍參乘　「御」字原脫。續漢志上云：「乘輿大駕，公卿奉行，太僕御，大將軍參乘。」通鑑一三六胡注引此文亦作「太僕卿御」，今據補。

〔八〕左將軍騎在左右將軍騎在右　姚鼐惜抱軒筆記謂當云左軍將軍、右軍將軍。此脫兩「軍」字，與前引從之左將軍右將軍無別矣。

〔九〕羽林　各本作「羽林郎」，宋本無「郎」字，今從宋本。通典六六、通志四八、通考一一六、通鑑一三六胡注引皆無「郎」字。

〔一〇〕次後軍將軍在左　「後軍將軍」當作「後將軍」，前、後、左、右四將軍本漢官，魏晉因之，又別有前軍、後軍、左軍、右軍四將軍，則宿衞之職。前者金印，後者銀印，見宋書禮志五，不相混同也。

〔一一〕游軍校尉　周校：「游擊」誤「游軍」。

〔一二〕黃金塗五采　商榷：「采」當作「末」。下文重句同。

〔一三〕黑輜　李校：「輜」當作「轓」，續漢志作「轓」。

〔一四〕九丈十二初　續漢志上作「九文，十二初」。

〔一五〕駕青輅　通典六五、通志四八作「加青絡」。

〔一六〕乃使工人張綱補緝周用　「乃」，各本作「及」，今從殿本作「乃」，與通考一一六合。

〔一七〕自后王之制爰及庶人　「自」，各本作「非」，今從殿本作「自」。

〔一八〕始制天子三公九卿特進之服侍祠天地明堂　續漢志下云「天子、三公、九卿、特進 侯、侍祠侯祀天地明堂」，據此，此當作「始制天子、三公、九卿、特進、侍祠祀天地明堂之服」。通典六一、通志四七亦可證。

〔一九〕黑介幘　各本無「黑」字，今從宋本，與宋書禮志五、通典五七、通志四七合。

〔二〇〕長二尺二寸　蔡邕獨斷、續漢志下、宋書禮志五、通典五七、通志四七皆作「尺二寸」，古冕無長二尺以上者，「二」字疑衍。

〔二一〕謁者謁者僕射所服　續漢志下不重「謁者」二字。

〔二二〕謂之合皮爲弁　各本無「皮」字，宋本有，今從宋本。

〔二三〕長尺二寸　原無「尺」字。商榷：「長」下脫「尺」字。按：獨斷、續漢志下皆有「尺」字，今據補。

〔二四〕雲翹舞　原無「雲」字。李校：「翹」上脫「雲」字，應據續漢志增。按：通典五七及御覽六八六引董巴輿服志皆作「雲翹舞」。雲翹舞又見續漢書祭祀志中。今據補。

〔二五〕門下三省侍官乘車　李校：宋書禮志五「侍官」作「侍郎」。

〔二六〕囊綬　周校：「綬」當在「囊」上。按：下文及宋書禮志五云「或謂之綬囊」，御覽六九一引謝承與步騭書「虎頭綬囊」，均可證。

〔二七〕荷紫　李校：「荷紫」當作「紫荷」。按：「紫荷」見宋書禮志五、南齊書輿服志。

〔二八〕介幘單衣玄服　宋本無「幘單衣玄服」五字，局本作「介一中元玄」，今從殿本。

〔二九〕獸　當從續漢志下作「虎」，此唐人避諱改。

〔三〇〕服純縹爲上與下　「與」，各本作「輿」，今從殿本作「與」。

〔三一〕魚須擿長一尺爲簪珥　原「爲」下重一「簪」字。續漢志下及通典六二述漢制、魏制、陳制皆以魚須擿長一尺爲簪珥，俱不重「簪」字，玆據删。

晉書卷二十六

志第十六

食貨

昔者先王量地以制邑，度地以居民，因三才以節其務，敬四序以成其業，觀其謠俗而正其紀綱。勸農桑之本，通魚鹽之利，登良山而採符玉，泛瀛海而罩珠璣。日中爲市，總天下之隸，先諸布帛，繼以貨泉，貿遷有無，各得其所。周禮，正月始和，乃布教于象魏。若乃一夫之士，十畝之宅，三日之徭，九均之賦，施陽禮以興其讓，命春社以勸其耕。天之所貴者人也，明之所求者學也，治經入官，則君子之道焉。詩曰：「三之日于耜，四之日舉趾。」是以農官澤虞，各有攸次，父兄之習，不齗而成，十五從務，始勝衣服，鄉無遊手，邑不廢時，所謂厥初生民，各從其事者也。是以太公通市井之貨，以致齊國之强；鴟夷善廢斂之居，以盛中陶之業。昔在金天，勤於民事，命春鳸以耕稼，召夏鳸以耘鋤，秋鳸所以收斂，冬鳸於焉蓋藏。書曰：「曆象日月星辰，敬授民時。」傳曰：「禹稷躬稼而有天下。」若乃九土既敷，四民承範，東吳有齒角之饒，西蜀有丹沙之富，兗豫漆絲之廥，燕齊怪石之府，秦邠旄羽，迴帶琅玕，荆郢桂林，旁通竹箭，江干橘柚，河外舟車，遼西旃罽之鄉，葱右蒲梢之駿，殖物怪錯，于何不有。若乃上法星象，下料無外，因天地之利，而總山海之饒，百畝之田，十一而稅，九年躬稼，而有三年之蓄，可以長孺齒，可以養耆年。因乎人民，用之邦國，宮室有度，旗章有序，朝聘自其儀，宴饗由其制，家殷國阜，遠至邇安。救水旱之災，卹寰瀛之弊，然後王之常膳，乃間笙鏞。商周之興，用此道也。辛紂暴虐，翫其經費，金鏤傾宮，廣延百里，玉飾鹿臺，崇高千仞，宮中九市，各有女司。厚賦以實鹿臺之錢，大斂以增鉅橋之粟，多發妖冶以充傾宮之麗，廣收珍玩以備沙丘之遊。懸肉成林，積醪爲沼，使男女裸體相逐於其間，伏詣酒池中牛飲者三千餘人，宮中以錦綺爲席，綾紈爲薦。及周王誅紂，肅拜殷墟，乃盡振鹿財，並頒橋粟，上天降休，殷人大喜。王赧云季，徙都西周，九鼎淪沒，二南堙盡，貸於百姓，無以償之，乃上層臺以避其責，周人謂王所居爲逃責臺者也。昔周姬公制以六典，職方陳其九貢，頒財內府，永爲不刊。及刑政陵夷，菁茅罕至，魯侯初踐畝之稅，秦君收太半之入，前王之範，靡有孑遺。史臣曰：班固爲殖貨志，〔一〕自三代至王莽之誅，網羅前載，其文詳悉。光武寬仁，龔行天討，王莽之後，赤眉新敗，雖復三暉乃眷，而九服蕭條，及得隴望蜀，黎民安堵，自此始行五銖之錢，田租三十稅一，民有產子者復以三年之算。顯宗即位，天下安寧，民無橫徭，歲比登稔。永平五年作常滿倉，〔二〕立粟市於城東，粟斛直錢二十。草樹殷阜，牛羊彌望，作貢尤輕，府廩還積，姦回不用，禮義專行。于時東方既明，百官詣闕，戚里侯家，自相馳騖，車如流水，馬若飛龍，照映軒廡，光華前載。傳曰「三統之元，有陰陽之九焉」，蓋天地之恆數也。安帝永初三年，天下水旱，人民相食。帝以鴻陂之地假與貧民。以用度不足，三公又奏請令吏民入錢穀得爲關內侯云。桓帝永興元年，郡國少半遭蝗，河泛數千里，流人十餘萬戶，所在廩給。迨建寧永和之初，〔三〕西羌反叛，二十餘年兵連師老，軍旅之費三百二十餘億，府帑空虛，延及內郡。沖質短祚，桓靈不軌。中平二年，南宮災，延及北闕。於是復收天下田畝十錢，用營宮宇。帝出自侯門，居貧即位，常曰：「桓帝不能作家，曾無私蓄。」故於西園造萬金堂，以爲私藏。復寄小黃門私錢，家至巨億。於是懸鴻都之牓，開賣官之路，公卿以降，悉有等差。廷尉崔烈入錢五百萬以買司徒，刺史二千石遷除，皆責助治宮室錢，大郡至二千萬錢，不畢者或至自殺。獻帝作五銖錢，而有四道連於邊緣。有識者尤之曰：「豈京師破壞，此錢四出也。」及董卓尋戈，火焚宮室，乃劫鑾駕，西幸長安，悉壞五銖錢，更鑄小錢，盡收長安及洛陽銅人飛廉之屬，以充鼓鑄。又錢無輪郭，文章不便。時人以爲秦始皇見長人於臨洮，乃鑄銅人。卓，臨洮人也，興毁不同，凶訛相類。及卓誅死，李傕、郭汜自相攻伐，於長安城中以爲戰地。是時穀一斛五十萬，豆麥二十萬，人相食啖，白骨盈積，殘骸餘肉，臭穢道路。帝使侍御史侯汶出太倉米豆，爲饑民作糜，經日頒布而死者愈多。帝於是始疑有司盜其糧廩，乃親於御前自加臨給，饑者人皆泣曰：「今始得耳！」帝東歸也，李傕、郭汜等追敗乘輿於曹陽，夜潛渡河，六宮皆步。初出營欄，后手持縑數匹，董承使符節令孫徽以刃脅奪之，殺旁侍者，血濺后服。既至安邑，御衣穿敗，唯以野棗園菜以爲糇糧。自此長安城中盡空，並皆四散，二三年間，關中無復行人。建安元年，車駕至洛陽，宮闈蕩滌，百官披荆棘而居焉。州郡各擁强兵，而委輸不至，尚書郎官自出採稆，或不能自反，死於墟巷。

魏武之初，九州雲擾，攻城掠地，保此懷民，軍旅之資，權時調給。于時袁紹軍人皆資椹棗，袁術戰士取給蠃蒲。〔四〕魏武于是乃募良民屯田許下，又於州郡列置田官，歲有數千萬斛，以充兵戎之用。及初平袁氏，以定鄴都，令收田租畝粟四升，戶絹二匹而綿二斤，餘皆不得擅興，藏强賦弱。文帝黄初二年，以穀貴，始罷五銖錢。于時天下未并，戎車歲動，孔子曰，「加之以師旅，因之以饑饉」，此言兵凶之謀而沴氣應之也。于時三方之人，志相吞滅，戰勝攻取，耕夫釋耒，江淮之鄉，尤缺儲峙。吳上大將軍陸遜抗疏請令諸將各廣其田。權報曰：「甚善。今孤父子親自受田，車中八牛，以爲四耦。雖未及古人，亦欲與衆均其勞也。」有吳之務農重穀，始於此焉。魏明帝不恭，淫於宮籞，百僚編於手役，天下失其躬稼。此後關東遇水，民亡產業，而興師遼陽，坐甲江甸，皆以國乏經用，胡可勝言。

世祖武皇帝太康元年，既平孫晧，納百萬而罄三吳之資，接千年而總西蜀之用，韜干戈於府庫，破舟船於江壑，河濱海岸，三丘八藪，耒耨之所不至者，人皆受焉。農祥晨正，平秩東作，荷鍤贏糧，有同雲布。若夫因天而資五緯，因地而興五材，世屬升平，物流倉府，宮闈增飾，服翫相輝，於是王君夫、武子、石崇等更相誇尚，輿服鼎俎之盛，連衡帝室，布金埒之泉，粉珊瑚之樹。物盛則衰，固其宜也。永寧之初，洛中尚有錦帛四百萬，珠寶金銀百餘斛。惠后北征，蕩陰反駕，寒桃在御，隻雞以給，其布衾兩幅，囊錢三千，以爲車駕之資焉。懷帝爲劉曜所圍，王師累敗，府帑既竭，百官飢甚，比屋不見火煙，飢人自相啖食。愍皇西宅，餧饉弘多，斗米二金，死者太半。劉曜陳兵，內外斷絕，十䴵之麴，屑而供帝，君臣相顧，莫不揮涕。元后渡江，軍事草創，蠻陬賧布，不有恆準，中府所儲，數四千匹。于時石勒勇銳，挺亂淮南，〔五〕帝懼其侵逼，甚患之，乃詔方鎮云，有斬石勒首者，賞布千匹云。

漢自董卓之亂，百姓流離，穀石至五十餘萬，人多相食。魏武既破黃巾，欲經略四方，而苦軍食不足，羽林監潁川棗祗建置屯田議。魏武乃令曰：「夫定國之術在於强兵足食，秦人以急農兼天下，孝武以屯田定西域，此先世之良式也。」於是以任峻爲典農中郎將，募百姓屯田許下，得穀百萬斛。郡國列置田官，數年之中，所在積粟，倉廩皆滿。祗死，魏武後追思其功，封爵其子。建安初，關中百姓流入荆州者十餘萬家，及聞本土安寧，皆企望思歸，而無以自業。於是衞覬議爲「鹽者國之大寶，自喪亂以來放散，今宜如舊置使者監賣，以其直益市犂牛，百姓歸者以供給之。勤耕積粟，以豐殖關中，遠者聞之，必多競還。」於是魏武遣謁者僕射監鹽官，移司隸校尉居弘農。流人果還，關中豐實。既而又以沛國劉馥爲揚州刺史，鎮合肥，廣屯田，修芍陂、茹陂、七門、吳塘諸堨，以溉稻田，公私有蓄，歷代爲利。賈逵之爲豫州，南與吳接，修守戰之具，堨汝水，造新陂，又通運渠二百餘里，〔六〕所謂賈侯渠者也。當黄初中，四方郡守墾田又加，以故國用不匱。時濟北顏斐爲京兆太守，京兆自馬超之亂，百姓不專農殖，乃無車牛。斐又課百姓，令閑月取車材，轉相教匠。其無牛者令養猪，投貴賣以買牛。始者皆以爲煩，一二年中編戶皆有車牛，於田役省贍，京兆遂以豐沃。鄭渾爲沛郡太守，郡居下溼，水潦爲患，百姓飢乏。渾於蕭、相二縣興陂堨，開稻田，郡人皆不以爲便。渾以爲終有經久之利，遂躬率百姓興功，一冬皆成。比年大收，頃畝歲增，租入倍常，郡中賴其利，刻石頌之，號曰鄭陂。魏明帝世徐邈爲涼州，土地少雨，常苦乏穀。邈上修武威、酒泉鹽池，以收虜穀。又廣開水田，募貧民佃之，家家豐足，倉庫盈溢。及度支州界軍用之餘，以市金錦犬馬，〔七〕通供中國之費。西域人入貢，財貨流通，皆邈之功也。其後皇甫隆爲敦煌太守，敦煌俗不作耬犂，及不知用水，人牛功力既費，而收穀更少。隆到，乃教作耬犂，又教使灌溉。歲終率計，所省庸力過半，得穀加五，西方以豐。

嘉平四年，〔八〕關中饑，宣帝表徙冀州農夫五千人佃上邽，興京兆、天水、南安鹽池，以益軍實。青龍元年，開成國渠自陳倉至槐里；築臨晉陂，引汧洛溉舄鹵之地三千餘頃，國以充實焉。正始四年，宣帝又督諸軍伐吳將諸葛恪，焚其積聚，恪棄城遁走。帝因欲廣田積穀，爲兼幷之計，乃使鄧艾行陳、項以東，至壽春地。艾以爲田良水少，不足以盡地利，宜開河渠，可以大積軍糧，又通運漕之道。乃著濟河論以喻其指。又以爲昔破黃巾，因爲屯田，積穀許都，以制四方。今三隅已定，事在淮南。每大軍征舉，運兵過半，功費巨億，以爲大役。陳蔡之間，土下田良，可省許昌左右諸稻田，幷水東下。令淮北二萬人、淮南三萬人分休，且佃且守。水豐，常收三倍於西，計除衆費，歲完五百萬斛以爲軍資。六七年間，可積三千萬餘斛於淮土，此則十萬之衆五年食也。以此乘敵，無不克矣。宣帝善之，皆如艾計施行。遂北臨淮水，自鍾離而南橫石以西，盡沘水四百餘里，五里置一營，營六十人，且佃且守。兼修廣淮陽、百尺二渠，上引河流，下通淮潁，大治諸陂於潁南、潁北，穿渠三百餘里，溉田二萬頃，淮南、淮北皆相連接。自壽春到京師，農官兵田，雞犬之聲，阡陌相屬。每東南有事，大軍出征，汎舟而下，達于江淮，資食有儲，而無水害，艾所建也。

及晉受命，武帝欲平一江表。時穀賤而布帛貴，帝欲立平糴法，用布帛市穀，以爲糧儲。議者謂軍資尚少，不宜以貴易賤。泰始二年，帝乃下詔曰：「夫百姓年豐則用奢，凶荒則窮匱，是相報之理也。故古人權量國用，取贏散滯，有輕重平糴之法。理財鈞施，惠而不費，政之善者也。然此事廢久，天下希習其宜。加以官蓄未廣，言者異同，財貨未能達通其制。更令國寶散於穰歲而上不收，貧弱困於荒年而國無備。豪人富商，挾輕資，蘊重積，以管其利。故農夫苦其業，而末作不可禁也。今者省傜務本，并力墾殖，欲令農功益登，耕者益勸，而猶或騰踊，至於農人並傷。今宜通糴，以充儉乏。〔九〕主者平議，具爲條制。」然事竟未行。是時江南未平，朝廷厲精於稼穡。四年正月丁亥，帝親耕藉田。庚寅，詔曰：「使四海之內，棄末反本，競農務功，能奉宣朕志，令百姓勸事樂業者，其唯郡縣長吏乎！先之勞之，在於不倦。每念其經營職事，亦爲勤矣。其以中左典牧種草馬，賜縣令長相及郡國丞各一匹。」是歲，乃立常平倉，豐則糴，儉則糶，以利百姓。五年正月癸巳，敕戒郡國計吏、諸郡國守相令長，務盡地利，禁游食商販。其休假者令與父兄同其勤勞，豪勢不得侵役寡弱，私相置名。十月，詔以「司隸校尉石鑒所上汲郡太守王宏勤恤百姓，導化有方，督勸開荒五千餘頃，遇年普饑而郡界獨無匱乏，可謂能以勸教，時同功異者矣。其賜穀千斛，布告天下」。八年，司徒石苞奏：「州郡農桑未有殿最之制，宜增掾屬令史，有所循行。」帝從之。事見石苞傳。苞既明於勸課，百姓安之。十年，光祿勳夏侯和上修新渠、富壽、遊陂三渠，凡溉田千五百頃。

咸寧元年十二月，詔曰：「出戰入耕，雖自古之常，然事力未息，未嘗不以戰士爲念也。今以鄴奚官奴婢著新城，代田兵種稻，奴婢各五十人爲一屯，屯置司馬，使皆如屯田法。」三年，又詔曰：「今年霖雨過差，又有蟲災。潁川、襄城自春以來，略不下種，深以爲慮。主者何以爲百姓計，促處當之。」杜預上疏曰：

臣輒思惟，今者水災東南特劇，非但五稼不收，居業幷損，下田所在停汙，高地皆多磽埆，此卽百姓困窮方在來年。雖詔書切告長吏二千石爲之設計，而不廓開大制，定其趣舍之宜，恐徒文具，所益蓋薄。當今秋夏蔬食之時，而百姓已有不贍，前至冬春，野無靑草，則必指仰官穀，以爲生命。此乃一方之大事，不可不豫爲思慮者也。

臣愚謂既以水爲困，當恃魚菜螺蜯，而洪波汎濫，貧弱者終不能得。今者宜大壞兗、豫州東界諸陂，隨其所歸而宣導之。交令饑者盡得水產之饒，百姓不出境界之內，旦暮野食，此目下日給之益也。水去之後，塡淤之田，畝收數鍾。至春大種五穀，五穀必豐，此又明年益也。

臣前啓，典牧種牛不供耕駕，至於老不穿鼻者，無益於用，而徒有吏士穀草之費，歲送任駕者甚少，尚復不調習，宜大出賣，以易穀及爲賞直。

詔曰：「孳育之物，不宜減散。」事遂停寢。問主者，今典虞右典牧種產牛，大小相通，有四萬五千餘頭。苟不益世用，頭數雖多，其費日廣。古者匹馬匹牛，居則以耕，出則以戰，非如猪羊類也。今徒養宜用之牛，終爲無用之費，甚失事宜。東南以水田爲業，人無牛犢。今既壞陂，可分種牛三萬五千頭，以付二州將吏士庶，使及春耕。穀登之後，頭責三百斛。〔10〕是爲化無用之費，得運水次成穀七百萬斛，此又數年後之益也。加以百姓降丘宅土，將來公私之饒乃不可計。其所留好種萬頭，可卽令右典牧都尉官屬養之。人多畜少，可並佃牧地，明其考課。此又三魏近甸，歲當復入數十萬斛穀，牛又皆當調習，動可駕用，皆今日之可全者也。

預又言：

諸欲修水田者，皆以火耕水耨爲便。非不爾也，然此事施於新田草萊，與百姓居相絕離者耳。往者東南草創人稀，故得火田之利。自頃戶口日增，而陂堨歲決，良田變生蒲葦，人居沮澤之際，水陸失宜，放牧絕種，樹木立枯，皆陂之害也。陂多則土薄水淺，潦不下潤。故每有水雨，輒復橫流，延及陸田。言者不思其故，因云此土不可陸種。臣計漢之戶口，以驗今之陂處，皆陸業也。其或有舊陂舊堨，則堅完修固，非今所謂當爲人害者也。臣前見尙書胡威啓宜壞陂，其言懇至。臣中者又見宋侯相應遵上便宜，求壞泗陂，徙運道。時下都督度支共處當，各據所見，不從遵言。臣案遵上事，運道東詣壽春，有舊渠，可不由泗陂。泗陂在遵地界壞地凡萬三千餘頃，傷敗成業。遵縣領應佃二千六百口，可謂至少，而猶患地狹，不足肆力，此皆水之爲害也。當所共恤，而都督度支方復執異，非所見之難，直以不同害理也。人心所見既不同，利害之情又有異。軍家之與郡縣，士大夫之與百姓，其意莫有同者，此皆偏其利以忘其害者也。此理之所以未盡，而事之所以多患也。

臣又案，豫州界二度支所領佃者，州郡大軍雜士，凡用水田七千五百餘頃耳，計三年之儲，不過二萬餘頃。以常理言之，無爲多積無用之水，況於今者水潦瓫溢，大爲災害。臣以爲與其失當，寧瀉之不滀。宜發明詔，敕刺史二千石，其漢氏舊陂舊堨及山谷私家小陂，皆當修繕以積水。其諸魏氏以來所造立，及諸因雨決溢蒲葦馬腸陂之類，皆決瀝之。長吏二千石躬親勸功，諸食力之人並一時附功令，比及水凍，得粗枯涸，其所修功實之人皆以俾之。其舊陂堨溝渠當有所補塞者，皆尋求微跡，一如漢時故事，豫爲部分列上，須冬東南休兵交代，各留一月以佐之。夫川瀆有常流，地形有定體，漢氏居人衆多，猶以無患，今因其所患而宣寫之，跡古事以明近，大理顯然，可坐論而得。臣不勝愚意，竊謂最是今日之實益也。

朝廷從之。

及平吳之後，有司又奏：「詔書『王公以國爲家，京城不宜復有田宅。今未暇作諸國邸，當使城中有往來處，近郊有芻藁之田』。今可限之，國王公侯，京城得有一宅之處。近郊田，大國田十五頃，次國十頃，小國七頃。城內無宅城外有者，皆聽留之。」

又制戶調之式：丁男之戶，歲輸絹三匹，緜三斤，女及次丁男爲戶者半輸。其諸邊郡或三分之二，遠者三分之一。夷人輸賨布，戶一匹，遠者或一丈。男子一人占田七十畝，女子三十畝。其外丁男課田五十畝，丁女二十畝，次丁男半之，女則不課。男女年十六已上至六十爲正丁，十五已下至十三、六十一已上至六十五爲次丁，十二已下六十六已上爲老小，不事。遠夷不課田者輸義米，戶三斛，遠者五斗，極遠者輸算錢，人二十八文。其官品第一至于第九，各以貴賤占田，品第一者占五十頃，第二品四十五頃，第三品四十頃，第四品三十五頃，第五品三十頃，第六品二十五頃，第七品二十頃，第八品十五頃，第九品十頃。而又各以品之高卑蔭其親屬，多者及九族，少者三世。宗室、國賓、先賢之後及士人子孫亦如之。而又得蔭人以爲衣食客及佃客，品第六已上得衣食客三人，第七第八品二人，第九品及轝輦、跡禽、前驅、由基、强弩、司馬、羽林郎、殿中宂從武賁、殿中武賁、持椎斧武騎武賁、持鈒宂從武賁、命中武賁武騎一人。其應有佃客者，官品第一第二者佃客無過五十戶，第三品十戶，第四品七戶，第五品五戶，第六品三戶，第七品二戶，第八品第九品一戶。

是時天下無事，賦稅平均，人咸安其業而樂其事。及惠帝之後，政教陵夷，至於永嘉，喪亂彌甚。雍州以東，人多飢乏，更相鬻賣，奔迸流移，不可勝數。幽、幷、司、冀、秦、雍六州大蝗，草木及牛馬毛皆盡。又大疾疫，兼以饑饉，百姓又爲寇賊所殺，流尸滿河，白骨蔽野。劉曜之逼，朝廷議欲遷都倉垣，人多相食，饑疫總至，百官流亡者十八九。

元帝爲晉王，課督農功，詔二千石長吏以入穀多少爲殿最。其非宿衞要任，皆宜赴農，使軍各自佃作，即以爲廩。太興元年，詔曰：「徐、揚二州土宜三麥，可督令熯地，投秋下種，至夏而熟，繼新故之交，於以周濟，所益甚大。昔漢遣輕車使者氾勝之督三輔種麥，而關中遂穰。勿令後晚。」其後頻年麥雖有旱蝗，而爲益猶多。二年，三吳大饑，死者以百數，吳郡太守鄧攸輒開倉廩賑之。元帝時使黃門侍郞虞騤、桓彝開倉廩振給，〔二〕并省衆役。百官各上封事，後軍將軍應詹表曰：「夫一人不耕，天下必有受其饑者。而軍興以來，征戰運漕，朝廷宗廟，百官用度，既已殷廣，下及工商流寓僮僕不親農桑而遊食者，以十萬計。不思開立美利，而望國足人給，豈不難哉！古人言曰，飢寒並至，堯舜不能使野無寇盜；貧富幷兼，雖皐陶不能使强不陵弱。故有國有家者，何嘗不務農重穀。近魏武皇帝用棗祗、韓浩之議，廣建屯田，又於征伐之中，分帶甲之士，隨宜開墾，故下不甚勞，而大功克舉也。間者流人奔東吳，東吳今儉，皆已還反。江西良田，曠廢未久，〔一二〕火耕水耨，爲功差易。宜簡流人，興復農官，功勞報賞，皆如魏氏故事，一年中與百姓，二年分稅，三年計賦稅以使之，公私兼濟，則倉盈庾億，可計日而待也。」又曰：「昔高祖使蕭何鎮關中，光武令寇恂守河內，魏武委鍾繇以西事，故能使八表夷蕩，區內輯寧。今中州蕭條，未蒙疆理，此兆庶所以企望。壽春一方之會，去此不遠，宜選都督有文武經略者，遠以振河洛之形勢，近以爲徐豫之藩鎭，綏集流散，使人有攸依，專委農功，令事有所局。趙充國農於金城，以平西零；諸葛亮耕於渭濱，規抗上國。今諸軍自不對敵，皆宜齊課。」

咸和五年，成帝始度百姓田，取十分之一，率畝税米三升。六年，以海賊寇抄，運漕不繼，發王公以下餘丁，各運米六斛。是後頻年水災旱蝗，田收不至。咸康初，算度田税米，空懸五十餘萬斛，尚書褚裒以下免官。〔一三〕穆帝之世，頻有大軍，糧運不繼，制王公以下十三戶共借一人，助度支運。升平初，荀羡爲北府都督，鎭下邳，起田于東陽之石鼈，公私利之。哀帝卽位，乃減田租，畝收二升。孝武太元二年，除度田收租之制，王公以下口税三斛，唯蠲在役之身。八年，又增税米，口五石。至於末年，天下無事，時和年豐，百姓樂業，穀帛殷皁，幾乎家給人足矣。

漢錢舊用五銖，自王莽改革，百姓皆不便之。及公孫述僭號於蜀，童謠曰：「黃牛白腹，五銖當復。」好事者竊言，王莽稱黃，述欲繼之，故稱白帝。五銖漢貨，言漢當復併天下也。至光武中興，除莽貨泉。建武十六年，馬援又上書曰：「富國之本，在於食貨，宜如舊鑄五銖錢。」帝從之。於是復鑄五銖錢，天下以爲便。及章帝時，穀帛價貴，縣官經用不足，朝廷憂之。尚書張林言：「今非但穀貴也，百物皆貴，此錢賤故爾。宜令天下悉以布帛爲租，市買皆用之，封錢勿出，如此則錢少物皆賤矣。又，鹽者食之急也，縣官可自賣鹽，武帝時施行之，名曰均輸。」於是事下尚書通議，尚書朱暉議曰：「王制，天子不言有無，諸侯不言多少，食祿者不與百姓爭利。均輸之法，與賈販無異。以布帛爲租，則吏多姦。官自賣鹽，與下爭利，非明王所宜行。」帝本以林言爲是，得暉議，因發怒，遂用林言，少時復止。

桓帝時有上書言：「人以貨輕錢薄，故致貧困，宜改鑄大錢。」事下四府羣僚及太學能言之士，孝廉劉陶上議曰：〔一四〕

臣伏讀鑄錢之詔，平輕重之議，訪覃幽微，不遺窮賤，是以藿食之人，謬延逮及。

蓋以當今之憂，不在於貨，在乎人飢。是以先王觀象育物，敬授民時，使男不逋畝，女不下機，故君臣之道行，王路之教通。由是言之，食者乃有國之所寶，百姓之至貴也。竊以比年已來，良苗盡於蝗螟之口，杼柚空於公私之求。所急朝夕之食，所患靡鹽之事，豈謂錢之厚薄，銖兩之輕重哉！就使當今沙礫化爲南金，瓦石變爲和玉，使百姓渴無所飲，飢無所食，雖皇羲之純德，唐虞之文明，猶不能以保蕭牆之內也。蓋百姓可百年無貨，不可以一朝有飢，故食爲至急也。

議者不達農殖之本，多言鑄冶之便，或欲因緣行詐，以賈國利。國利將盡，取者爭競，造鑄之端，於是乎生。蓋萬人鑄之，一人奪之，猶不能給，況今一人鑄之則萬人奪之乎！雖以陰陽爲炭，萬物爲銅，役不食之民，使不飢之士，猶不能足無厭之求也。

夫欲民財殷阜，要在止役禁奪，〔一三〕則百姓不勞而足。陛下聖德，愍海內之憂戚，傷天下之艱難，欲鑄錢齊貨，以救其弊，此猶養魚沸鼎之中，棲鳥烈火之上。木水，本魚鳥之所生也，用之不時，必至焦爛。願陛下寬鍥薄之禁，後冶鑄之議也。

帝竟不鑄錢。

及獻帝初平中，董卓乃更鑄小錢，由是貨輕而物貴，穀一斛至錢數百萬。至魏武爲相，於是罷之，還用五銖。是時不鑄錢既久，貨本不多，又更無增益，故穀賤無已。及黄初二年，魏文帝罷五銖錢，使百姓以穀帛爲市。至明帝世，錢廢穀用既久，人間巧僞漸多，競溼穀以要利，作薄絹以爲市，雖處以嚴刑而不能禁也。司馬芝等舉朝大議，以爲用錢非徒豐國，亦所以省刑。今若更鑄五銖錢，則國豐刑省，於事爲便。魏明帝乃更立五銖錢，至晉用之，不聞有所改創。孫權嘉禾五年，〔一六〕鑄大錢一當五百。赤烏元年，又鑄當千錢。故呂蒙定荆州，孫權賜錢一億。錢既太貴，但有空名，人間患之。權聞百姓不以爲便，省息之，鑄爲器物，官勿復出也。私家有者，並以輸藏，平卑其直，勿有所枉。

晉自中原喪亂，元帝過江，用孫氏舊錢，輕重雜行，大者謂之比輪，中者謂之四文。吳興沈充又鑄小錢，謂之沈郎錢。錢既不多，由是稍貴。孝武太元三年，詔曰：「錢，國之重寶，小人貪利，銷壞無已，監司當以爲意。廣州夷人寶貴銅鼓，而州境素不出銅，聞官私賈人皆於此下貪比輪錢斤兩差重，以入廣州，貨與夷人，鑄敗作鼓。其重爲禁制，得者科罪。」安帝元興中，桓玄輔政，立議欲廢錢用穀帛。孔琳之議曰：

洪範八政，貨爲食次，豈不以交易所資，爲用之至要者乎！若使百姓用力於爲錢，則是妨爲生之業，禁之可也。今農自務穀，工自務器，各肆其業，何嘗致勤於錢。故聖王制無用之貨，以通有用之財，既無毁敗之費，又省難運之苦，此錢所以嗣功龜貝，歷代不廢者也。穀帛爲寶，本充衣食，分以爲貨，則致損甚多。又勞毁於商販之手，秏棄於割截之用，此之爲弊，著自於曩。故鍾繇曰，巧僞之人，競溼穀以要利，制薄絹以充資。魏世制以嚴刑，弗能禁也。是以司馬芝以爲用錢非徒豐國，亦所以省刑。錢之不用，由於兵亂積久，自致於廢，有由而然，漢末是也。今既用而廢之，則百姓頓亡其利。今括囊天下之穀，以周天下之食，或倉廩充溢，或糧靡斗儲，〔一七〕以相資通，則貧者仰富。致富之道，實假於錢，一朝斷之，便爲棄物。是有錢無糧之人，皆坐而飢困，以此斷之，又立弊也。

且據今用錢之處，不以爲貧，用穀之處，不以爲富。又人習來久，革之必惑。語曰，利不百，不易業，況又錢便于穀邪！魏明帝時錢廢，穀用既久，不以便於人，乃舉朝大議。精才達政之士莫不以宜復用錢，下無異情，朝無異論。彼尚舍穀帛而用錢，足以明穀帛之弊著於已誡也。

世或謂魏氏不用錢久，積累巨萬，故欲行之，利公富國，斯殆不然。晉文後舅犯之謀，而先成季之信，以爲雖有一時之勳，不如萬世之益。于時名賢在列，君子盈朝，大謀天下之利害，將定經國之要術。若穀實便錢，義不昧當時之近利，而廢永用之通業，斷可知矣。斯實由困而思革，改而更張耳。近孝武之末，天下無事，時和年豐，百姓樂業，穀帛殷阜，幾乎家給人足，驗之實事，錢又不妨人也。

頃兵革屢興，荒饉荐及，飢寒未振，實此之由。公既援而拯之，大革視聽，弘敦本之教，明廣農之科，敬授人時，各從其業，游蕩知反，務末自休，同以南畝競力，野無遺壤矣。於此以往，將升平必至，何衣食之足卹！愚謂救弊之術，無取於廢錢。

朝議多同琳之，故玄議不行。

校勘記

〔一〕殖貨志　斠注：當作「食貨志」。

〔二〕常滿倉　通典一二、通志六二作「常平倉」。

〔三〕追建寧永和之初　「追」，各本作「乏」，屬上爲句。殿本作「追」，屬下爲句。今從殿本。

〔四〕贏蒲　魏志武帝紀注引魏書「袁術在江淮，取給蒲贏」，卽此。「蒲贏」又見夏小正及吳語，疑此誤倒。

〔五〕擬亂淮南　「淮」，各本作「江」，今從宋本作「淮」。

〔六〕二百餘里　「二」，各本作「三」，今從宋本作「二」，與魏志賈逵傳、水經渠水注合。

〔七〕及度支至以市金錦犬馬　斠注：魏志徐邈傳「及」作「乃」，「錦」作「帛」。

〔八〕嘉平四年　嘉平四年，司馬懿已死。五行志上云，太和四年八月大霖雨，歲以凶饑。此「嘉平」乃「太和」之誤。

〔九〕以充儉乏　「乏」，各本作「法」，今從殿本。

〔一〇〕頭責三百斛　斠注：「三百斛」當作「二百斛」。以一頭得穀二百斛計之，三萬五千頭正得穀七百萬斛。

〔一一〕元帝時至開倉廩振給　「元帝」本作「武帝」。校文：騣、彝均非武帝時人，此乃「元帝」之譌，鄧攸傳可證。按：丁說是，今據改。

〔一二〕曠廢未久　「未」原作「來」，於上下文義難通。通典二、通考七及御覽三三三引均作「未」，今據改。

〔一三〕尚書褚裒以下免官　成紀咸康二年「褚裒」作「謝褒」。據褚裒傳，康帝即位始拜尚書，似作「謝褒」是。

〔一四〕桓帝時至孝廉劉陶上議曰　「桓帝」原作「和帝」。後漢書劉陶傳及後漢紀均謂劉陶上疏在桓帝時。「和」乃「桓」之誤，今據改。

〔一五〕止役禁奪　原作「止役役禁奪」。李校：衍一「役」字。今據後漢書劉陶傳刪。

〔一六〕孫權嘉禾五年　「嘉禾」原作「嘉平」，孫權無此年號，今據吳志孫權傳改。

〔一七〕或糧靡并儲　「并儲」費解，通典八作「斗儲」。或謂「并」爲「缾」之壞字，此用詩蓼莪「缾之罄矣」義。

晉書卷二十七

志第十七

五行上

夫帝王者，配德天地，叶契陰陽，發號施令，動關幽顯，休咎之徵，隨感而作，故書曰：「惠迪吉，從逆凶，惟影響。」昔伏羲氏繼天而王，受河圖，則而畫之，八卦是也。禹治洪水，賜洛書，法而陳之，洪範是也。聖人行其道，寶其眞，自天祐之，吉無不利。三五已降，各有司存。爰及殷之箕子，在父師之位，典斯大範。周既克殷，以箕子歸，武王虛己而問焉。箕子對以禹所得雒書，授之以垂訓。然則河圖、雒書相爲經緯，八卦、九章更爲表裏。殷道絕，文王演周易；周道弊，孔子述春秋。奉乾坤之陰陽，效洪範之休咎，天人之道粲然著矣。

漢興，承秦滅學之後，文帝時，虙生創紀大傳，其言五行庶徵備矣。後景武之際，董仲舒治公羊春秋，始推陰陽，爲儒者之宗。宣元之間，劉向治穀梁春秋，數其禍福，傳以洪範，與仲舒多所不同。至向子歆治左氏傳，其言春秋及五行，又甚乖異。班固據大傳，采仲舒、劉向、劉歆著五行志，而傳載眭孟、夏侯勝、京房、谷永、李尋之徒所陳行事，訖于王莽，博通祥變，以傳春秋。〔一〕

綜而爲言，凡有三術。其一曰，君治以道，臣輔克忠，萬物咸遂其性，則和氣應，休徵效，國以安。二曰，君違其道，小人在位，衆庶失常，則乖氣應，咎徵效，國以亡。三曰，人君大臣見災異，退而自省，責躬修德，共禦補過，則消禍而福至。此其大略也。輒舉斯例，錯綜時變，婉而成章，有足觀者。及司馬彪纂光武之後以究漢事，災眚之說不越前規。今採黄初以降言祥異者，著于此篇。

經曰：「五行：一曰水，二曰火，三曰木，四曰金，五曰土。水曰潤下，火曰炎上，木曰曲直，金曰從革，土爰稼穡。」

傳曰：「田獵不宿，飲食不享，出入不節，奪農時及有姦謀，則木不曲直。」

說曰：木，東方也。於易，地上之木爲觀。於王事，威儀容貌亦可觀者也。故行步有佩玉之度，登車有和鸞之節，三驅之制，〔二〕飲食有享獻之禮；出入有名，使人以時，務在勸農桑，謀在安百姓，如此，則木得其性矣。若乃田獵馳騁，不反宮室；飲食沈湎，不顧法度；妄與傜役，以奪農時，作爲姦詐，以傷人財，則木失其性矣。蓋工匠之爲輪矢者多傷敗，及木爲變怪，是爲不曲直。

魏文帝黃初六年正月，雨，木冰。案劉歆說，上陽施不下通，下陰施不上達，故雨，而木爲之冰，雰氣寒，木不曲直也。劉向曰，冰者陰之盛，木者少陽，貴臣卿大夫象也。此人將有害，則陰氣脅木，木先寒，故得雨而冰也。是年六月，利成郡兵蔡方等殺太守徐質，據郡反。太守，古之諸侯，貴臣有害之應也。一說以木冰爲木介，介者甲兵之象。是歲，旣討蔡方，又八月天子自將以舟師征吳，戍卒十餘萬，連旍數百里，臨江觀兵，又屬常雨也。

元帝太興三年二月辛未，雨，木冰。後二年，周顗等遇害，是陽施不下通也。

穆帝永和八年正月乙巳，雨，木冰。是年殷浩北伐，明年軍敗，十年廢黜。又曰，荀羨、殷浩北伐，桓溫入關之象也。

孝武帝太元十四年十二月乙巳，雨，木冰。明年二月王恭爲北藩，八月庾楷爲西藩，九月王國寶爲中書令，尋加領軍將軍，十七年殷仲堪爲荆州，雖邪正異規，而終同夷滅，是其應也。

吳孫亮建興二年，諸葛恪征淮南，後所坐聽事棟中折。恪妄興徵役，奪農時，作邪謀，傷國財力，故木失其性致毀折也。及旋師而誅滅，於周易又爲「棟撓之凶」也。

遂亂。

武帝太康五年五月，宣帝廟地陷，梁折。八年正月，太廟殿又陷，改作廟，築基及泉。其年九月，遂更營新廟，遠致名材，雜以銅柱，陳勰爲匠，作者六萬人。至十年四月乃成，十一月庚寅梁又折。天戒若曰，地陷者分離之象，梁折者木不曲直也。明年帝崩，而王室遂亂。

惠帝太安二年，成都王穎使陸機率衆向京都，擊長沙王乂，及軍始引而牙竿折，俄而戰敗，機被誅，穎遂奔潰，卒賜死。此姦謀之罰，木不曲直也。

元帝太興四年，王敦在武昌，鈴下儀仗生華如蓮華，五六日而萎落。此木失其性。干寶以爲狂華生枯木，又在鈴閣之間，言威儀之富，榮華之盛，皆如狂華之發，不可久也。其後王敦終以逆命加戮其尸。一說亦華孽也，於周易爲「枯楊生華」。

桓玄始篡，龍旂竿折。時玄田獵無度，飲食奢恣，土木妨農，又多姦謀，故木失其性。天戒若曰，旂所以掛三辰，章著明也，旂竿之折，高明去矣。玄果敗。

傳曰：「棄法律，逐功臣，殺太子，以妾爲妻，則火不炎上。」

說曰：火，南方，揚光煇爲明者也。其於王者，南面嚮明而治。書云：「知人則哲，能官人。」故堯舜舉羣賢而命之朝，遠四佞而放諸埜。孔子曰：「浸潤之譖，膚受之愬，不行焉，可謂明矣。」賢佞分別，官人有序，帥由舊章，敬重功勳，殊別嫡庶，如此則火得其性矣。若乃信道不篤，或燿虛僞，讒夫昌，邪勝正，則火失其性矣。自上而降，及濫炎妄起，焚宗廟，燒宮館，雖興師衆，不能救也，是爲火不炎上。

魏明帝太和五年五月，清商殿災。初，帝爲平原王，納河南虞氏爲妃。及卽位，不以爲后，更立典虞車工卒毛嘉女爲后。后本仄微，非所宜升，以妾爲妻之罰也。

青龍元年六月，洛陽宮鞠室災。二年四月，崇華殿災，延於南閤，繕復之。至三年七月，此殿又災。帝問高堂隆：「此何咎也？於禮寧有祈禳之義乎？」對曰：「夫災變之發，皆所以明敎誡也，惟率禮修德可以勝之。易傳曰：『上不儉，下不節，孽火燒其室。』又曰：『君高其臺，天火爲災。』此人君苟飾宮室，不知百姓空竭，故天應之以旱，火從高殿起也。案舊占曰：『災火之發，皆以臺榭宮室爲誡。』今宜罷散作役，務從節約，清掃所災之處，不敢於此有所營造，萐莆嘉禾必生此地，以報陛下虔恭之德。」帝不從。遂復崇華殿，改曰九龍。以郡國前後言龍見者九，故以爲名。多棄法度，疲衆逞欲，以妾爲妻之應也。

吳孫亮建興元年十二月，武昌端門災，改作，端門又災。內殿門者，號令所出；殿者，聽政之所。是時諸葛恪執政，而矜慢放肆，孫峻總禁旅，而險害終著。武昌，孫氏尊號所始。天戒若曰，宜除其貴要之首者，恪果喪衆殄人，峻授政於綝，綝廢亮也。或曰，孫權毀徹武昌以增太初宮，諸葛恪有遷都意，更起門殿，事非時宜，故見災也。京房易傳曰：「君不思道，厥妖火燒宮。」

太平元年二月朔，建鄴火，人之火也。〔三〕是秋，孫綝始執政，矯以亮詔殺呂據、滕胤。明年，又輒殺朱異。棄法律逐功臣之罰也。

孫休永安五年二月，城西門北樓災。六年十月，石頭小城火，燒西南百八十丈。是時嬖人張布專擅國勢，多行無禮，而韋昭、盛沖終斥不用，兼遣察戰等爲內史，驚擾州郡，致使交阯反亂，是其咎也。

孫晧建衡二年三月，大火，燒萬餘家，死者七百人。案春秋齊大災，〔四〕劉向以爲桓公好內，聽女口，妻妾數更之罰也。時晧制令詭暴，蕩棄法度，勞臣名士，誅斥甚衆，後宮萬餘，女謁數行，其中隆寵佩皇后璽紱者又多矣，故有大火。

武帝太康八年三月乙丑，震災西閤楚王所止坊及臨商觀窗。十年四月癸丑，崇賢殿災。十一月庚辰，〔五〕含章鞠室、脩成堂前廡、景坊東屋、暉章殿南閤火。時有上書曰：「漢王氏五侯，兄弟迭任，今楊氏三公，並在大位，故天變屢見，竊爲陛下憂之。」由是楊珧求退。是時帝納馮紞之間，廢張華之功，聽楊駿之讒，離衞瓘之寵，此逐功臣之罰也。明年，宮車宴駕。其後楚王承竊發之旨，戮害二公，身亦不免。震災其坊，又天意乎。

惠帝元康五年閏月庚寅，武庫火。張華疑有亂，先命固守，然後救火。是以累代異寶，王莽頭，孔子屐，漢高祖斷白蛇劍及二百萬人器械，一時蕩盡。是後愍懷太子見殺之罰也。天戒若曰，夫設險擊柝，所以固其國，儲積戎器，所以戒不虞。今冢嗣將傾，社稷將泯，禁兵無所復施，皇旅又將誰衞。帝后不悟，終喪四海，是其應也。張華、閻纂皆曰，〔六〕「武庫火而氐羌反，太子見廢，則四海可知」。

八年十一月，高原陵火。是時賈后凶恣，賈謐擅朝，惡積罪稔，宜見誅絕。天戒若曰，臣妾之不可者，雖親貴莫比，猶宜忍而誅之，如吾燔高原陵也。帝既眊弱，而張華又不納裴頠、劉卞之謀，故后遂與謐殺太子也。干寶以爲「高原陵火，太子廢之應。漢武帝世，高園便殿火，董仲舒對與此占同」。

永康元年，帝納皇后羊氏，后將入宮，衣中忽有火，衆咸怪之。永興元年，成都王遂廢后，處之金墉城。是後還立，立而復廢者四。又詔賜死，荀藩表全之。雖來還在位，然憂逼折辱，終古未聞。此孽火之應也。

永興二年七月甲午，尚書諸曹火起，延崇禮闥及閣道。夫百揆王化之本，王者棄法律之應也。後淸河王覃入嗣，不終於位，又殺太子之罰也。

孝懷帝永嘉四年十一月，襄陽火，燒死者三千餘人。是時王如自號大將軍、司雍二州牧，衆四五萬，攻略郡縣。此下陵上，陽失其節之應也。

元帝太興中，王敦鎭武昌，武昌災，火起，興衆救之，救於此而發於彼，東西南北數十處俱應，數日不絕。舊說所謂「濫炎妄起，雖興師衆不能救之」之謂也。干寶以爲「此臣而君行，亢陽失節，是爲王敦陵上，有無君之心，故災也」。

永昌二年正月癸巳，京都大火。三月，饒安、東光、安陵三縣火，燒七千餘家，死者萬五千人。

明帝太寧元年正月，京都火。是時王敦威侮朝廷，多行無禮，內外臣下咸懷怨毒，極陰生陽也。

成帝咸和二年五月，京師火。

康帝建元元年七月庚申，吳郡災。

穆帝永和五年六月，震災石季龍太武殿及兩廟端門。震災月餘乃滅，金石皆盡。其後季龍死，大亂，遂滅亡。〔七〕

海西公太和中，郗愔爲會稽太守。六月大旱災，火燒數千家，延及山陰倉米數百萬斛，炎煙蔽天，不可撲滅。此亦桓溫强盛，將廢海西，極陰生陽之應也。

孝武帝寧康元年三月，京師風火大起。是時桓溫入朝，志在陵上，少主踐位，人懷憂恐，此與太寧火事同。

太元十年正月，國子學生因風放火，焚房百餘間。是後考課不厲，賞黜無章。蓋有育才之名，而無收賢之實，此不哲之罰先兆也。

十三年十二月乙未，延賢堂災。是月丙申，螽斯則百堂及客館、驃騎府庫皆災。于時朝多弊政，衰陵日兆，不哲之罰，皆有象類，主相不悟，終至亂亡。會稽王道子寵幸尼及姏母，各樹用其親戚，乃至出入宮掖，禮見人主。天戒若曰，登延賢堂及客館者多非其人，故災之也。又，孝武帝更不立皇后，寵幸微賤張夫人，夫人驕妬，皇子不繁，乖「螽斯則百」之道，故災其殿焉。道子復賞賜不節，故府庫被災，斯亦其罰也。

安帝隆安二年三月，龍舟二乘災，是水沴火也。其後桓玄簒位，帝乃播越。天戒若曰，王者流遷，不復御龍舟，故災之耳。

元興元年八月庚子，尚書下舍曹火。時桓玄遂錄尚書，故天火，示不復居也。

三年，盧循攻略廣州，刺史吳隱之閉城固守。其十月壬戌夜，火起。時百姓避寇盈滿城內，隱之懼有應賊者，但務嚴兵，不先救火。由是府舍焚蕩，燒死者萬餘人，因遂散潰，悉爲賊擒。

義熙四年七月丁酉，尚書殿中吏部曹火。九年，京都大火，燒數千家。十一年，京都所在大行火災，吳界尤甚。火防甚峻，猶自不絕。王弘時爲吳郡，晝在聽事，見天上有一赤物下，狀如信幡，遙集路南人家屋上，火即大發。弘知天爲之災，故不罪火主。此帝室衰微之應也。

傳曰：「修宮室，飾臺榭，內淫亂，犯親戚，侮父兄，則稼穡不成。」

說曰：土，中央，生萬物者也。其於王者，爲內事，宮室、夫婦、親屬，亦相生者也。古者天子諸侯，宮廟大小高卑有制，后夫人媵妾多少有度，九族親疏長幼有序。孔子曰：「禮，與其奢也，寧儉。」故禹卑宮室，文王刑于寡妻，此聖人之所以昭教化也。如此，則土得其性矣。若乃奢淫驕慢，則土失其性。亡水旱之災而草木百穀不熟，是爲稼穡不成。吳孫晧時，常歲無水旱，苗稼豐美而實不成，百姓以飢，闔境皆然，連歲不已。吳人以爲傷露，非也。案劉向春秋說曰「水旱當書，不書水旱而曰大無麥禾者，土氣不養，稼穡不成」，此其義也。晧初遷都武昌，尋還建鄴，又起新館，綴飾珠玉，壯麗過甚，破壞諸營，增廣苑囿，犯暑妨農，官私疲怠。月令，季夏不可以興土功，晧皆冒之。此修宮室飾臺榭之罰也。

元帝太興二年，吳郡、吳興、東陽無麥禾，大饑。

成帝咸和五年，無麥禾，天下大饑。

穆帝永和十年，三麥不登。十二年，大無麥。

孝武太元六年，無麥禾，天下大饑。

安帝元興元年，無麥禾，天下大饑。

傳曰：「好戰攻，輕百姓，飾城郭，侵邊境，則金不從革。」

說曰：金，西方，萬物既成，殺氣之始也。故立秋而鷹隼擊，秋分而微霜降。其於王事，出軍行師，把旄杖鉞，誓士衆，抗威武，所以征叛逆，止暴亂也。詩云：「有虔執鉞，如火烈烈。」又曰：「載戢干戈，載櫜弓矢。」動靜應宜，說以犯難，人忘其死，金得其性矣。若乃貪慾恣睢，務立威勝，不重人命，則金失其性。蓋工冶鑄金鐵，冰滯涸堅，不成者衆，乃爲變怪，是爲金不從革。

魏時張掖石瑞，雖是晉之符命，而於魏爲妖。好攻戰，輕百姓，飾城郭，侵邊境，魏氏三祖皆有其事。石圖發於非常之文，此不從革之異也。晉定大業，多斃曹氏，石瑞文「大討曹」之應也。案劉歆以春秋石言于晉，爲金石同類也，是爲金不從革，失其性也。劉向以爲石白色爲主，屬白祥。

魏明帝青龍中，盛修宮室，西取長安金狄，承露槃折，聲聞數十里，金狄泣，於是因留霸城。此金失其性而爲異也。

吳時，歷陽縣有巖穿，似印，咸云「石印封發，天下太平」。孫皓天璽元年，印發。又，陽羨山有石穴，長十餘丈。皓初修武昌宮，有遷都之意。是時武昌爲離宮。班固云「離宮與城郭同占」，飾城郭之謂也。其寶鼎三年後，皓出東關，遣丁奉至合肥，建衡三年皓又大舉出華里，侵邊境之謂也。故令金失其性，卒面縛而吳亡。

惠帝元康三年閏二月，殿前六鍾皆出涕，五刻止。前年賈后殺楊太后於金墉城，而賈后爲惡不止，故鍾出涕，猶傷之也。

永興元年，成都伐長沙，每夜戈戟鋒有火光如懸燭。此輕人命，好攻戰，金失其性而爲光變也。天戒若曰，兵猶火也，不戢將自焚。成都不悟，終以敗亡。

懷帝永嘉元年，項縣有魏豫州刺史賈逵石碑，生金可採，此金不從革而爲變也。五月，汲桑作亂，羣寇飆起。清河王覃爲世子時，所佩金鈴忽生起如粟者，康王母疑不祥，毁棄之。及後爲惠帝太子，不終于位，卒爲司馬越所殺。

愍帝建興五年，石言于平陽。是時帝蒙塵亦在平陽，故有非言之物而言，妖之大者。俄而帝爲逆胡所弑。

元帝永昌元年，甘卓將襲王敦，既而中止。及還，家多變怪，照鏡不見其頭。此金失其性而爲妖也。尋爲敦所襲，遂夷滅。

石季龍時，鄴城鳳陽門上金鳳皇二頭飛入漳河。

海西太和中，會稽山陰縣起倉，鑿地得兩大船，滿中錢，錢皆輪文大形。時日向暮，鑿者馳以告官，官夜遣防守甚嚴。至明旦，失錢所在，惟有船存。視其狀，悉有錢處。

安帝義熙初，東陽太守殷仲文照鏡不見其頭，尋亦誅翦，占與甘卓同也。

傳曰：「簡宗廟，不禱祠，廢祭祀，逆天時，則水不潤下。」

說曰：水，北方，終藏萬物者也。其於人道，命終而形藏，精神放越。聖人爲之宗廟，以收魂氣，春秋祭祀，以終孝道。王者卽位，必郊祀天地，禱祈神祇，望秩山川，懷柔百神，亡不宗事。愼其齋戒，致其嚴敬，是故鬼神歆饗，多獲福助。此聖王所以順事陰氣，和神人也。及至發號施令，亦奉天時。十二月咸得其氣，則陰陽調而終始成。如此，則水得其性矣。若迺不敬鬼神，政令逆時，水失其性。霧水暴出，百川逆溢，壞鄉邑，溺人民，及淫雨傷稼穡，是爲水不潤下。

京房易傳曰：「顓事者加，〔八〕誅罰絕理，厥災水。其水也，雨，殺人，以隕霜，大風天黃。

饑而不損，茲謂泰，厥大水，水殺人。避遏有德，茲謂狂，厥水，水流殺人也。已水則地生蟲。歸獄不解，茲謂追非，厥水寒，殺人。追誅不解，茲謂不理，厥水五穀不收。大敗不解，茲謂皆陰，厥水流入國邑，隕霜殺穀。」董仲舒曰：「交兵結讎，伏尸流血，百姓愁怨，陰氣盛，故大水也。」

魏文帝黃初四年六月，大雨霖，伊洛溢，至津陽城門，漂數千家，殺人。初，帝即位，自鄴遷洛，營造宮室，而不起宗廟。太祖神主猶在鄴，嘗於建始殿饗祭如家人禮，終黃初不復還鄴。又郊社神祇，未有定位。此簡宗廟廢祭祀之罰也。

吳孫權赤烏八年夏，茶陵縣鴻水溢出，漂二百餘家。十三年秋，丹楊、故鄣等縣又鴻水溢出。案權稱帝三十年，竟不於建鄴創七廟。惟父堅一廟遠在長沙，而郊祀禮闕。嘉禾初，羣臣奏宜郊祀，又不許。末年雖一南郊，而北郊遂無聞焉。吳楚之望亦不見秩，反祀羅陽妖神，以求福助。天戒若曰，權簡宗廟，不禱祠，廢祭祀，故示此罰，欲其感悟也。太元元年，又有大風涌水之異。是冬，權南郊，宜是鑒咎徵乎！還而寢疾，明年四月薨。一曰，權時信納譖訴，雖陸遜勳重，子和儲貳，猶不得其終，與漢安帝聽讒免楊震、廢太子同事也。且赤烏中無年不用兵，百姓愁怨。八年秋，將軍馬茂等又圖逆。

魏明帝景初元年九月，淫雨，冀、兗、徐、豫四州水出，沒溺殺人，漂失財產。帝自初即位，便淫奢極慾，多占幼女，或奪士妻，崇飾宮室，妨害農戰，觸情恣慾，至是彌甚，號令逆時，飢不損役。此水不潤下之應也。

吳孫亮五鳳元年夏，大水。亮卽位四年，乃立權廟。又終吳世不上祖宗之號，不修嚴父之禮，昭穆之數有闕。亮及休、晧又並廢二郊，不秩羣神。此簡宗廟不祭祀之罰也。又，是時孫峻專政，陰勝陽之應乎！

孫休永安四年五月，大雨，水泉涌溢。昔歲作浦里塘，功費無數，而田不可成，士卒死叛，或自賊殺，百姓愁怨，陰氣盛也。休又專任張布，退盛沖等，吳人賊之應也。

五年八月壬午，大雨震電，水泉湧溢。

武帝泰始四年九月，青、徐、兗、豫四州大水。〔九〕七年六月，大雨霖，河、洛、伊、沁皆溢，殺二百餘人。自帝卽尊位，不加三后祖宗之號。泰始二年又除明堂南郊五帝座，同稱昊天上帝，一位而已。又省先后配地之祀。此簡宗廟廢祭祀之罰也。

咸寧元年九月，徐州大水。二年七月癸亥，河南、魏郡暴水，殺百餘人。閏月，荆州郡國五大水，流四千餘家。去年采擇良家子女，露面入殿，帝親簡閱，務在姿色，不訪德行，有蔽匿者以不敬論，搢紳愁怨，天下非之，陰盛之應也。

三年六月，益、梁二州郡國八暴水，殺三百餘人。七月，荆州大水。九月，始平郡大水。

十月，青、徐、兗、豫、荆、益、梁七州又大水。是時賈充等用事專恣，而正人疏外者多，陰氣盛也。

四年七月，司、冀、兗、豫、荆、揚郡國二十大水，傷秋稼，壞屋室，有死者。

太康二年六月，泰山、江夏大水，泰山流三百家，殺六十餘人，江夏亦殺人。時平吳後，王濬爲元功而詆劾妄加，荀、賈爲無謀而並蒙重賞，收吳姬五千，納之後宮，此其應也。四年七月，兗州大水。十二月，河南及荆、揚六州大水。五年九月，郡國四大水，又隕霜。是月，南安等五郡大水。六年四月，郡國十大水，壞廬舍。七年九月，郡國八大水。八年六月，郡國八大水。

惠帝元康二年，有水災。五年五月，潁川、淮南大水。六月，城陽、東莞大水，殺人，荆、揚、徐、兗、豫五州又水。是時帝卽位已五載，猶未郊祀，其蒸嘗亦多不親行事。此簡宗廟廢祭祀之罰。

六年五月，荆、揚二州大水。是時賈后亂朝，寵樹賈、郭，女主專政，陰氣盛之應也。

八年五月，金墉城井溢。漢志，成帝時有此妖，後王莽僭逆。今有此妖，趙王倫簒位，倫廢帝於此城，井溢所在，其天意也。九月，荆、揚、徐、冀、豫五州大水。是時賈后暴戾滋甚，韓謐驕猜彌扇，卒害太子，旋以禍滅。九年四月，宮中井水沸溢。

永寧元年七月，南陽、東海大水。是時齊王冏專政，陰盛之應也。

太安元年七月，兗、豫、徐、冀四州水。時將相力政，無尊主心，陰盛故也。

孝懷帝永嘉四年四月，江東大水。時王導等潛懷翼戴之計，陰氣盛也。

元帝太興三年六月，大水。是時王敦內懷不臣，傲很陵上，此陰氣盛也。四年七月，又大水。

永昌二年五月，荆州及丹楊、宣城、吳興、壽春大水。

明帝太寧元年五月，丹楊、宣城、吳興、壽春大水。〔一〇〕是時王敦威權震主，陰氣盛故也。

成帝咸和元年五月，大水。是時嗣主幼沖，母后稱制，庾亮以元舅決事禁中，陰勝陽故也。

二年五月戊子，京都大水。是冬，以蘇峻稱兵，都邑塗地。

四年七月，丹楊、宣城、吳興、會稽大水。是冬，郭默作亂，荆豫共討之，半歲乃定，兵役之應也。

七年五月，大水。是時帝未親機務，政在大臣，陰勝陽也。

咸康元年八月，長沙、武陵大水。

穆帝永和四年五月，大水。五年五月，大水。六年五月，又大水。時幼主沖弱，母后臨朝，又將相大臣各執權政，與咸和初同事也。

七年七月甲辰夜，濤水入石頭，死者數百人。是時殷浩以私忿廢蔡謨，遐邇非之。又幼主在上而殷桓交惡，選徒聚甲，各崇私權，陰勝陽之應也。一說，濤水入石頭，以爲兵占。是後殷浩、桓溫、謝尚、荀羡連年征伐，百姓愁怨也。

升平二年五月，大水。五年四月，又大水。是時桓溫權制朝廷，專征伐，陰勝陽也。

海西太和六年六月，京師大水，平地數尺，浸及太廟。朱雀大航纜斷，三艘流入大江。丹楊、晉陵、吳郡、吳興、臨海五郡又大水，稻稼蕩沒，黎庶饑饉。初，四年桓溫北伐敗績，十喪其九，五年又征淮南，踰歲乃克，百姓愁怨之應也。

簡文帝咸安元年十二月壬午，濤水入石頭。明年，妖賊盧竦率其屬數百人入殿，〔一〕略取武庫三庫甲仗，遊擊將軍毛安之討滅之，兵興陰盛之應也。

孝武帝太元三年六月，大水。是時帝幼弱，政在將相。五年五月，大水。六年六月，揚、荊、江三州大水。八年三月，始興、南康、盧陵大水，平地五丈。十年五月，大水。自八年破苻堅後，有事中州，役無寧歲，愁怨之應也。

十三年十二月，濤水入石頭，毀大航，殺人。明年，慕容氏寇擾司兗，鎮戍西北，疲於奔命，愁怨之應也。

十五年七月，沔中諸郡及兗州大水。是時緣河紛爭，征戍勤瘁之應也。

十七年六月甲寅，濤水入石頭，毁大航，漂船舫，有死者。京口西浦亦濤入殺人。永嘉郡潮水湧起，近海四縣人多死。後四年帝崩，而王恭再攻京師，京師亦發衆以禦之，兵役頻興，百姓愁怨之應也。

十八年六月己亥，始興、南康、廬陵大水，深五丈。十九年七月，荆徐大水，傷秋稼。二十年六月，荆徐又大水。二十一年五月癸卯，大水。是時政事多弊，兆庶非之。

安帝隆安三年五月，荆州大水，平地三丈。去年殷仲堪舉兵向京師，是年春又殺郗恢，陰盛作威之應也。仲堪尋亦敗亡。

五年五月，大水。是時會稽王世子元顯作威陵上，又桓玄擅西夏，孫恩亂東國，陰勝陽之應也。

元興二年十二月，桓玄篡位。其明年二月庚寅夜，濤水入石頭。商旅方舟萬計，漂敗流斷，骸胔相望。江左雖頻有濤變，未有若斯之甚。三月，義軍克京都，玄敗走，遂夷滅之。

三年二月己丑朔夜，濤水入石頭，漂沒殺人，大航流敗。

義熙元年十二月己未，濤水入石頭。二年十二月己未夜，濤水入石頭。明年，駱球父環潛結桓胤、殷仲文等謀作亂，劉稚亦謀反，凡所誅滅數十家。

三年五月丙午，大水。四年十二月戊寅，濤水入石頭。明年，王旅北討。

六年五月丁巳，大水。乙丑，盧循至蔡洲。〔一二〕

八年六月，大水。九年五月辛巳，大水。十年五月丁丑，大水。戊寅，西明門地穿，涌水出，毁門扇及限，亦水沴土也。七月乙丑，淮北風災，大水殺人。十一年七月丙戌，大水，淹漬太廟，百官赴救。明年，王旅北討關河。

經曰：「庶用五事：一曰貌，二曰言，三曰視，四曰聽，五曰思。貌曰恭，言曰從，視曰明，聽曰聰，思曰睿。恭作肅，從作乂，明作哲，聰作謀，睿作聖。休徵：曰肅，時雨若；乂，時暘若；哲，時燠若；謀，時寒若；聖，時風若。咎徵：曰狂，恒雨若；僭，恒暘若；豫，恒燠若；急，恒寒若；霿，〔一三〕恒風若。」

傳曰：「貌之不恭，是謂不肅，厥咎狂，厥罰恒雨，厥極惡。時則有服妖，時則有龜孽，時則有雞禍，時則有下體生上之痾，時則有青眚青祥。惟金沴木。」

說曰：凡草木之類謂之妖。妖猶夭胎，言尚微也。蟲豸之類謂之孽。孽則芽孽矣。及六畜，謂之禍，言其著也。及人，謂之痾。痾，病貌也，言寖深也。甚則有異物生，謂之眚；自外來，謂之祥。祥，猶禎也。氣相傷，謂之沴。沴猶臨莅，不和意也。每一事云「時則」以絕之，言非必俱至，或有或亡，或在前或在後。孝武時，夏侯始昌通五經，善推五行傳，以傳族子夏侯勝，下及許商，皆以教所賢弟子。其傳與劉向同，惟劉歆傳獨異。貌之不恭，是謂不肅。肅，敬也。內曰恭，外曰敬。人君行己，體貌不恭，怠慢驕蹇，則不能敬萬事，失則狂易，故其咎狂也。上慢下暴，則陰氣勝，故其罰常雨也。水傷百穀，衣食不足，則姦宄並作，故其極惡也。一曰，人多被刑，或形貌醜惡，亦是也。風俗狂慢，變節易度，則爲剽輕奇怪之服，故有服妖。水類動，故有龜孽。於易，巽爲雞。雞有冠、距，文武之貌。而不爲威，貌氣毀，故有雞禍。一曰，水歲多雞死及爲怪，亦是也。上失威儀，則有强臣害君上者，故有下體生於上之痾。木色青，故有青眚青祥。凡貌傷者病木氣，木氣病則金沴之，衝氣相通也。於易，震在東方，爲春爲木；兌在西方，爲秋爲金；離在南方，爲夏爲火；坎在北方，爲冬爲水。春與秋日夜分，寒暑平，是以金木之氣易以相變，故貌傷則致秋陰常雨，言傷則致春陽常旱也。至於冬夏，日夜相反，寒暑殊絕，水火之氣不得相并，故視傷常燠、聽傷常寒者，其氣然也。逆之，其極曰惡；順之，其福曰攸好德。劉歆貌傳曰有鱗蟲之孽，〔一四〕羊禍，鼻痾。說以爲於天文東方辰爲龍星，故爲鱗蟲。於易，兌爲羊，木爲金所病，故致羊禍，與常雨同應。此說非是。春與秋氣陰陽相敵，木病金盛，故能相并，惟此一事耳。禍與妖痾祥眚同類，不得獨異。

魏尚書鄧颺行步弛縱，筋不束體，坐起傾倚，若無手足，此貌之不恭也。管輅謂之鬼躁。鬼躁者，凶終之徵，後卒誅也。

惠帝元康中，貴游子弟相與爲散髮倮身之飲，對弄婢妾，逆之者傷好，非之者負譏，希世之士恥不與焉。蓋貌之不恭，胡狄侵中國之萌也。其後遂有二胡之亂，此又失在狂也。

元康中，賈謐親貴，數入二宮，與儲君遊戲，無降下心。又嘗因弈棊爭道，成都王穎厲色曰：「皇太子國之儲貳，賈謐何敢無禮！」謐猶不悛，故及於禍，貌不恭之罰也。

齊王冏既誅趙王倫，因留輔政，坐拜百官，符敕臺府，淫醬專驕，不一朝覲，此狂恣不肅之咎也。天下莫不高其功而慮其亡也，冏終弗改，遂致夷滅。

司馬道子於府園內列肆，使姬人酤鬻，身自貿易。干寶以爲貴者失位，降在皁隸之象也。俄而道子見廢，以庶人終，此貌不恭之應也。

安帝義熙七年，將拜授劉毅世子。毅以王命之重，當設饗宴，親請吏佐臨視。至拜日，國僚不重白，默拜於廄中。王人將反命，毅方知之，大以爲恨，免郎中令劉敬叔官。天戒若曰，此惰略嘉禮不肅之妖也。其後毅遂被殺焉。

庶徵恒雨，劉歆以爲春秋大雨，劉向以爲大水。

魏明帝太和元年秋，數大雨，多暴卒，雷電非常，至殺鳥雀。案楊阜上疏，此恒雨之罰也。時天子居喪不哀，出入弋獵無度，奢侈繁興，奪農時，故水失其性而恒雨爲罰。

太和四年八月，大雨霖三十餘日，伊、洛、河、漢皆溢，歲以凶饑。

吳孫亮太平二年二月甲寅，大雨，震電。乙卯，雪，大寒。案劉歆說，此時當雨而不當大，大雨，恒雨之罰也。於始震電之明日而雪，大寒，又常寒之罰也。劉向以爲既已雷電，則雪不當復降，皆失時之異也。天戒若曰，爲君失時，賊臣將起。先震電而後雪者，陰見間隙，起而勝陽，逆弑之禍將成也。亮不悟，尋見廢。此與春秋魯隱同。

武帝泰始六年六月，大雨霖。甲辰，河、洛、伊、沁水同時並溢，流四千九百餘家，殺二百餘人，沒秋稼千三百六十餘頃。

太康五年七月，任城、梁國暴雨，害豆麥。九月，南安郡霖雨暴雪，樹木摧折，害秋稼。是秋，魏郡西平郡九縣、淮南、平原霖雨暴水，霜傷秋稼。

惠帝永寧元年十月，義陽、南陽、東海霖雨，淹害秋麥。

元帝太興三年，春雨至于夏。是時王敦執權，不恭之罰也。

永昌元年，春雨四十餘日，晝夜雷電震五十餘日。是時王敦興兵，王師敗績之應也。

成帝咸和四年，春雨五十餘日，恒雷電。是時雖斬蘇峻，其餘黨猶據守石頭，至其滅後，淫雨乃霽。

咸康元年八月乙丑，荆州之長沙攸、醴陵，武陵之龍陽，三縣雨水，浮漂屋室，殺人，損秋稼。是時帝幼，權在於下。

服妖

魏武帝以天下凶荒，資財乏匱，始擬古皮弁，裁縑帛爲白帢，以易舊服。傅玄曰：「白乃軍容，非國容也。」干寶以爲「縞素，凶喪之象也」。名之爲帢，毁辱之言也，蓋革代之後，劫殺之妖也。

魏明帝著繡帽，披縹紈半袖，常以見直臣楊阜，諫曰：〔一五〕「此禮何法服邪！」帝默然。近服妖也。夫縹，非禮之色。褻服尚不以紅紫，況接臣下乎？人主親御非法之章，所謂自作孽不可禳也。帝既不享永年，身沒而祿去王室，後嗣不終，遂亡天下。

景初元年，發銅鑄爲巨人二，號曰翁仲，置之司馬門外。案古長人見，爲國亡。長狄見臨洮，爲秦亡之禍。始皇不悟，反以爲嘉祥，鑄銅人以象之。魏法亡國之器，而於義竟無取焉。蓋服妖也。

尚書何晏好服婦人之服，傅玄曰：「此妖服也。夫衣裳之制，所以定上下殊內外也。大雅云『玄袞赤舄，鉤膺鏤鍚』，歌其文也。小雅云『有嚴有翼，共武之服』，詠其武也。若內外不殊，王制失敍，服妖既作，身隨之亡。末嬉冠男子之冠，桀亡天下；何晏服婦人之服，亦亡其家，其咎均也。」

吳婦人修容者，急束其髮而劘角過于耳，蓋其俗自操束太急，而廉隅失中之謂也。故吳之風俗，相驅以急，言論彈射，以刻薄相尚。居三年之喪者，往往有致毀以死。諸葛患之，著正交論，〔一六〕雖不可以經訓整亂，蓋亦救時之作也。

孫休後，衣服之制上長下短，又積領五六而裳居一二。干寶曰：「上饒奢，下儉逼，上有餘下不足之妖也。」至孫晧，果奢暴恣情於上，而百姓彫困於下，卒以亡國，是其應也。

武帝泰始初，衣服上儉下豐，著衣者皆厭褄，此君衰弱，臣放縱，下掩上之象也。至元康末，婦人出兩襠，加乎交領之上，此內出外也。爲車乘者苟貴輕細，又數變易其形，皆以白篾爲純，蓋古喪車之遺象也。夫乘者，君子之器。蓋君子立心無恒，事不崇實也。干寶以爲晉之禍徵也。及惠帝踐阼，權制在於寵臣，下掩上之應也。至永嘉末，六宮才人流冗沒於戎狄，內出外之應也。及天下撓亂，宰輔方伯多負其任，又數改易不崇實之應也。

泰始之後，中國相尚用胡牀貊槃，及爲羌煮貊炙，貴人富室，必畜其器，吉享嘉會，皆以爲先。太康中，又以氈爲絈頭及絡帶袴口。百姓相戲曰，中國必爲胡所破。夫氈毳產於胡，而天下以爲絈頭、帶身、袴口，胡既三制之矣，能無敗乎！至元康中，氐羌互反，永嘉後，劉、石遂篡中都，自後四夷迭據華土，是服妖之應也。

初作屐者，婦人頭圓，男子頭方。圓者順之義，所以別男女也。至太康初，婦人屐乃頭方，與男無別。此賈后專妬之徵也。

太康中，天下爲晉世寧之舞，手接杯盤而反覆之，歌曰「晉世寧，舞杯盤」。識者曰：「夫樂生人心，所以觀事也。今接杯盤於手上而反覆之，至危之事也。杯盤者，酒食之器，而名曰晉世寧，言晉世之士苟偷於酒食之間，而知不及遠，晉世之寧猶杯盤之在手也。」

惠帝元康中，婦人之飾有五兵佩，又以金銀玳瑁之屬，爲斧鉞戈戟，以當笄。干寶以爲「男女之別，國之大節，故服物異等，贄幣不同。今婦人而以兵器爲飾，此婦人妖之甚者。於是遂有賈后之事」。終亡天下。是時婦人結髮者既成，以繒急束其環，名曰擷子紒。始自中宮，天下化之。其後賈后廢害太子之應也。

元康中，天下始相倣爲烏杖以柱掖，其後稍施其鐓，住則植之。夫木，東方之行，金之臣也。杖者扶體之器，烏其頭者，尤便用也。必旁柱掖者，旁救之象也。施其金，柱則植之，言木因於金，能孤立也。及懷愍之世，王室多故，而此中都喪敗，元帝以藩臣樹德東方，維持天下，柱掖之應也。至社稷無主，海內歸之，遂承天命，建都江外，獨立之應也。

元康、太安之間，江淮之域有敗屩自聚于道，多者至四五十量，人或散投坑谷，明日視之復如故。或云，見狸銜聚之。干寶以爲「夫屩者，人之賤服，處于勞辱，黔庶之象也。敗者，疲弊之象；道者，四方往來，所以交通王命也。今敗屩聚于道者，象黔庶罷病，將相聚爲亂，以絕王命也」。太安中，發壬午兵，百姓怨叛。江夏張昌唱亂，荆楚從之如流。於是兵革歲起，服妖也。

初，魏造白帢，橫縫其前以別後，名之曰顏帢，傳行之。至永嘉之間，稍去其縫，名無顏帢，而婦人束髮，其緩彌甚，紒之堅不能自立，髮被于額，目出而已。無顏者，愧之言也。覆額者，慚之貌也。其緩彌甚者，言天下亡禮與義，放縱情性，及其終極，至于大耻也。永嘉之後，二帝不反，天下愧焉。

孝懷帝永嘉中，士大夫競服生箋單衣。識者指之曰：「此則古者繐衰，諸侯所以服天子也。〔一七〕今無故服之，殆有應乎！」其後遂有胡賊之亂，帝遇害焉。

元帝太興中，兵士以絳囊縛紒。識者曰：「紒者在首，爲乾，君道也。囊者坤，臣道也。今以朱囊縛紒，臣道上侵君之象也。」於是王敦陵上焉。

舊爲羽扇柄者，刻木象其骨形，列羽用十，取全數也。自中興初，王敦南征，始改爲長柄，下出可捉，而減其羽用八。識者尤之曰：「夫羽扇，翼之名也。創爲長柄者，將執其柄以制羽翼也。改十爲八者，將未備奪已備也。此殆敦之擅權以制朝廷之柄，又將以無德之材欲竊非據也。」是時，爲衣者又上短，帶纔至于掖，著帽者又以帶縛項。下逼上，上無地也。爲袴者直幅爲口，無殺，下大之象。尋而王敦謀逆，再攻京師。

海西嗣位，忘設豹尾。天戒若曰，夫豹尾，儀服之主，大人所以豹變也。而海西豹變之日，非所宜忘而忘之。非主社稷之人，故忘其豹尾，示不終也。尋而被廢焉。

孝武太元中，人不復著帩頭。天戒若曰，頭者元首，帩者助元首爲儀飾者也。今忽廢之，若人君獨立無輔佐，以至危亡也。至安帝，桓玄乃篡位焉。

舊爲屐者，齒皆達楄上，名曰露卯。太元中忽不徹，名曰陰卯。識者以爲卯，謀也，必有陰謀之事。至烈宗末，驃騎參軍袁悅之始攬搆內外，隆安中遂謀詐相傾，以致大亂。

太元中，公主婦女必緩鬢傾髻，以爲盛飾。用髲既多，不可恒戴，乃先於木及籠上裝之，名曰假髻，或名假頭。至於貧家，不能自辦，自號無頭，就人借頭。遂布天下，亦服妖也。無幾時，孝武晏駕而天下騷動，刑戮無數，多喪其元。至於大殮，皆刻木及蠟或縛菰草爲頭，是假頭之應云。

桓玄篡立，殿上施絳帳，鏤黃金爲顏，四角金龍銜五色羽葆流蘇。羣下相謂曰：「頗類轜車。」尋而玄敗，此服之妖也。

晉末皆冠小而衣裳博大，風流相放，輿臺成俗。識者曰：「上小而下大，此禪代之象也。」尋而宋受終焉。

雞禍

魏明帝景初二年，廷尉府中雌雞化爲雄，不鳴不將。干寶曰：「是歲宣帝平遼東，百姓始有與能之義，此其象也。然晉三后並以人臣終，不鳴不將，又天意也。」

惠帝元康六年，陳國有雞生雄雞無翅，旣大，墜坑而死。王隱以爲：「雄者，胤嗣子之象。坑者，母象。今雞生無翅，墜坑而死，此子無羽翼，爲母所陷害乎？」於後賈后誣殺愍懷，此其應也。

太安中，周玘家雌雞逃承霤中，六七日而下，奮翼鳴將，獨毛羽不變。其後有陳敏之事。敏雖控制江表，終無紀綱文章，殆其象也。卒爲玘所滅。雞禍見玘家，又天意也。京房易傳曰：「牝雞雄鳴，主不榮。」

元帝太興中，王敦鎭武昌，有雌雞化爲雄。天戒若曰，雌化爲雄，臣陵其上。其後王敦再攻京師。

孝武太元十三年四月，廣陵高平閻嵩家雌雞生無右翅，彭城人劉象之家雞有三足。京房易傳曰：「君用婦人言，則雞生妖。」是時，主相並用尼媼之言，寵賜過厚，故妖象見焉。

安帝隆安元年八月，琅邪王道子家青雌雞化爲赤雄雞，不鳴不將。桓玄將篡，不能成業之象。

四年，荆州有雞生角，角尋墮落。是時桓玄始擅西夏，狂慢不肅，故有雞禍。天戒若曰，角，兵象，尋墮落者，暫起不終之妖也。後皆應也。

元興二年，衡陽有雌雞化爲雄，八十日而冠萎。天戒若曰，衡陽，桓玄楚國之邦略也。及桓玄篡位，果八十日而敗，此其應也。

青祥

武帝咸寧元年八月丁酉，大風折大社樹，有青氣出焉，此青祥也。占曰：「東莞當有帝者。」明年，元帝生。是時，帝大父武王封東莞，由是徙封琅邪。孫盛以爲中興之表。晉室之亂，武帝子孫無孑遺，社樹折之應，又常風之罰。

惠帝元康中，洛陽南山有虻作聲，曰「韓尸尸」。識者曰：「韓氏將尸也，言尸尸者，盡死意也。」其後韓謐誅而韓族殲焉，此青祥也。

金沴木

魏文帝黃初七年正月，幸許昌。許昌城南門無故自崩，帝心惡之，遂不入，還洛陽。此金沴木，木動之也。五月，宮車晏駕。京房易傳曰：「上下咸悖，厥妖也城門壞。」

元帝太興二年六月，吳郡米廡無故自壞。天戒若曰，夫米廡，貨糴之屋，無故自壞，此五穀踴貴，所以無糴賣也。是歲遂大饑，死者千數焉。

明帝太寧元年，周莚自歸王敦，〔一〇〕既立其宅宇，所起五間六梁，一時躍出墜地，餘桁猶亙柱頭。此金沴木也。明年五月，錢鳳謀亂，遂族滅莚，而湖熟尋亦爲墟矣。

安帝元興元年正月丙子，會稽王世子元顯將討桓玄，建牙竿于揚州南門，其東者難立，良久乃正。近沴妖也。而元顯尋爲玄所擒。

三年五月，樂賢堂壞。時帝嚚眊，無樂賢之心，故此堂是沴。

義熙九年五月，國子聖堂壞。天戒若曰，聖堂，禮樂之本，無故自壞，業祚將墜之象。未及十年而禪位焉。

校勘記

〔一〕以傳春秋　「傳」，各本作「傅」，局本據漢書五行志在本志校記中以後簡稱漢志上改作「傳」，今從之。

〔二〕三驅之制　斠注：漢志上作「田狩有三驅之制」，此似脫「田狩有」三字。

〔三〕人之火也　宋書五行志在本志校記中以後簡稱宋志三作「人火之也」，用左傳宣公十六年文。疑此「之火」二字互倒。

〔四〕春秋齊大災　「大」原作「火」，蓋字之誤，今據春秋莊公二十年經文及漢志上改。

〔五〕十一月庚辰　原無「一」字，今據武紀補。蓋十月無庚辰，庚辰爲十一月十九。

〔六〕閻纂　見卷四八校記。

〔七〕其後季龍死大亂遂滅亡　周校：季龍死在震災之前，「其後」當作「其年」。按：宋志三作「是年四月石虎死矣，其後胡遂滅亡」。

〔八〕顯事者加　漢志上作「顯事有知」。

〔九〕青徐兗豫四州大水　「青」下原衍「州」字，今據宋志四刪。

〔一〇〕永昌二年至明帝太寧元年五月丹楊宣城吳興壽春大水　校文：永昌止一年，此「永昌二年」云云，卽太寧元年事，誤分爲二。

〔一一〕盧竦　海西公紀、孝武紀、毛安之傳及通鑑一〇三並作「盧悚」。

〔一二〕蔡洲　「洲」原誤作「州」，今據盧循傳改。

〔一三〕霿　「霿」，各本誤作「霧」，今從宋本及音義作「霿」。

〔一四〕劉歆貌傳曰　原無「貌」字。漢志中之上作「劉歆貌傳曰」，今補「貌」字。

〔一五〕常以見直臣楊阜諫曰　宋志一重「阜」字，作「阜諫曰」。

〔一六〕諸葛患之著正交論　商榷：諸葛不知何人，其下必脫一字，當是「恪」字。觀吳志恪本傳與陸遜書，其意正如此。

〔一七〕諸侯所以服天子也　儀禮喪服繐衰章云，「諸侯之大夫爲天子」，此「諸侯」下似脫「之大夫」三字。

〔一八〕周莚　「莚」，各本作「筵」，今從宋本。見卷五十八校記。

晉書卷二十八

志第十八

五行中

傳曰：「言之不從，是謂不乂，厥咎僭，厥罰恒陽，厥極憂。時則有詩妖，時則有介蟲之孽，時則有犬禍，時則有口舌之痾，時則有白眚白祥。惟木沴金。」言之不從，從，順也。是謂不乂，乂，治也。孔子曰：「君子居其室，出其言不善，則千里之外違之，況其邇者乎！」詩曰：「如蜩如螗，如沸如羹。」言上號令不順人心，虛譁憒亂，則不能治海內。失在過差，故其咎僭差也。刑罰妄加，羣陰不附，則陽氣勝，故其罰常陽也。旱傷百穀，則有寇難，上下俱憂，故其極憂也。君炕陽而暴虐，臣畏刑而箝口，則怨謗之氣發於歌謠，故有詩妖。介蟲孽者，謂小蟲有甲飛揚之類，陽氣所生也，於春秋爲螽，今謂之蝗，皆其類也。於易，兌爲口，犬以吠守而不可信，言氣毀，故有犬禍。一曰，旱歲犬多狂死及爲怪，亦是也。及人，則多病口喉欬嗽者，故有口舌痾。金色白，故有白眚白祥。凡言傷者，病金氣；金氣病，則木沴之。其極憂者，順之，其福曰康寧。〔一〕劉歆言傳曰時則有毛蟲之孽。說以爲於天文西方參爲獸星，故爲毛蟲。

魏齊王嘉平初，東郡有訛言，云白馬河出妖馬，夜過官牧邊鳴呼，衆馬皆應，明日見其跡，大如斛，行數里，還入河。楚王彪本封白馬，兗州刺史令狐愚以彪有智勇，及聞此言，遂與王淩謀共立之。事泄，淩、愚被誅，彪賜死。此言不從之罰也。詩云：「人之訛言，寧莫之懲。」

蜀劉禪嗣位，譙周曰：「先主諱備，其訓具也，後主諱禪，其訓授也。若言劉已具矣，當授與人，甚於晉穆侯、漢靈帝命子之祥也。」蜀果亡，此言之不從也。劉備卒，劉禪即位，未葬，亦未踰月，而改元爲建興，此言之不從也。禮，國君即位踰年而後改元者，緣臣子之心不忍一年而有二君。今可謂亟而不知禮義矣。後遂降焉。

魏明帝太和中，姜維歸蜀，失其母。魏人使其母手書呼維令反，并送當歸以譬之。維報書曰：「良田百頃，不計一畝，但見遠志，無有當歸。」維卒不免。

景初元年，有司奏，帝爲烈祖，與太祖、高祖並爲不毀之廟，從之。案宗廟之制，祖宗之號，皆身沒名成乃正其禮。故雖功赫天壤，德邁前王，未有豫定之典。此蓋言之不從失之甚者也。後二年而宮車晏駕，於是統微政逸。

吳孫休時，烏程人有得困病，及差，能以響言者，言於此而聞於彼。自其所聽之，不覺其聲之大也。自遠聽之，如人對言，不覺聲之自遠來也。聲之所往，隨其所向，遠者所過十數里。其鄰人有責息於外，歷年不還，乃假之使爲責讓，懼以禍福。負物者以爲鬼神，即傎倒畀之，其人亦不自知所以然也。言不從之咎也。

魏時起安世殿，武帝後居之。安世，武帝字也。武帝每延羣臣，多說平生常事，未嘗及經國遠圖。此言之不從也。何曾謂子遵曰：「國家無貽厥之謀，及身而已，後嗣其殆乎！此子孫之憂也。」自永熙後王室漸亂，永嘉中天下大壞，及何綏以非辜被殺，皆如曾言。

趙王倫廢惠帝於金墉城，改號金墉城爲永安宮。帝尋復位而倫誅。

惠帝永興元年，詔廢太子覃還爲清河王，立成都王穎爲皇太弟，猶加侍中、大都督，領丞相，備九錫，封二十郡，如魏王故事。案周禮傳國以胤不以勳，故雖公旦之聖不易成王之嗣，所以遠絕覬覦，永一宗祧。後代遵履，改之則亂。今擬非其實，僭差已甚。且既爲國嗣，則不應復開封土，兼領庶職。此言之不從，進退乖爽，故帝既播越，穎亦不終，是其咎僭也。後猶不悟，又立懷帝爲皇太弟。懷終流弑，不永厥祚，又其應也。語曰，「變古易常，不亂則亡」，此之謂乎。

元帝永昌二年，大將軍王敦下據姑孰。百姓訛言行蟲病，食人大孔，數日入腹，入腹則死；療之有方，當得白犬膽以爲藥。自淮泗遂及京都，數日之間，百姓驚擾，人人皆自云已得蟲病。又云，始在外時，當燒鐵以灼之。於是翕然，被燒灼者十七八矣。而白犬暴貴，至相請奪，其價十倍。或有自云能行燒鐵灼者，賃灼百姓，日得五六萬，憊而後已。四五日漸靜。說曰：「夫裸蟲人類，而人爲之主。今云蟲食人，言本同臭類而相殘賊也。自下而上，明其逆也。必入腹者，言害由中不由外也。犬有守衞之性，白者金色，而膽，用武之主也。帝王之運，王霸會于戌。〔三〕戌主用兵，金者晉行，火燒鐵以療疾者，言必去其類而來火與金合德，共除蟲害也。」案中興之際，大將軍本以腹心受伊呂之任，而元帝末年，遂攻京邑，明帝諒闇，又有異謀，是以下逆上，腹心內爛也。及錢鳳、沈充等逆兵四合，而爲王師所挫，踰月而不能濟水，〔三〕北中郎劉遐及淮陵內史蘇峻率淮泗之衆以救朝廷，〔四〕故其謠言首作於淮泗也。朝廷卒以弱制强，罪人授首，是用白犬膽可救之效也。

海西公時，庾晞四五年中喜爲挽歌，自搖大鈴爲唱，使左右齊和。又讌會輒令倡妓作新安人歌舞離別之辭，其聲悲切。〔五〕時人怪之，後亦果敗。

太元中，小兒以兩鐵相打於土中，名曰鬬族。後王國寶、王孝伯一姓之中自相攻擊。

桓玄初改年爲大亨，遐邇讙言曰「二月了」，故義謀以仲春發也。玄篡立，又改年爲建始，以與趙王倫同，又易爲永始，永始復是王莽受封之年也。始徙司馬道子于安成。安帝遜位，出永安宮，封爲平固王，琅邪王德文爲石陽公，並使住尋陽城。識者皆以爲言不從之妖僭也。

武帝初，何曾薄太官御膳，自取私食，子劭又過之，而王愷又過劭。王愷、羊琇之儔，盛致聲色，窮珍極麗。至元康中，夸恣成俗，轉相高尚，石崇之侈，遂兼王、何，而儷人主矣。崇既誅死，天下尋亦淪喪。僭踰之咎也。

庶徵恒陽，劉向以爲春秋大旱也。其夏旱，雩，禮謂之大雩。不傷二穀謂之不雨。京房易傳曰：「欲德不用茲謂張，厥災荒，旱也。其旱陰雲不雨，變而赤，因四際。師出過時茲謂廣，其旱不生。上下皆蔽茲謂隔，其旱天赤三月，時有雹殺飛禽。上緣求妃茲謂僭，其旱三月大溫亡雲。君高臺府茲謂犯陰侵陽，其旱萬物根死，數有火災。庶位踰節茲爲僭，其旱澤物枯，爲火所傷。」

魏明帝太和二年五月，大旱。元年以來崇廣宮府之應也。又，是春宣帝南擒孟達，置二郡，張郃西破諸葛亮，斃馬謖。亢陽自大，又其應也。

太和五年三月，自去冬十月至此月不雨。辛巳，大雩。

齊王正始元年二月，自去冬十二月至此月不雨。去歲正月，明帝崩。二月，曹爽白嗣主，轉宣帝爲太傅，外示尊崇，內實欲令事先由己。是時宣帝功蓋魏朝，欲德不用之應也。

高貴鄉公甘露三年正月，自去秋至此月旱。是時文帝圍諸葛誕，衆出過時之應也。初，壽春秋夏常雨淹城，而此旱踰年，城陷，乃大雨。咸以誕爲天亡。

吳孫亮五鳳二年，大旱，百姓饑。是歲征役煩興，軍士怨叛。此亢陽自大，勞役失衆之罰也。其役彌歲，故旱亦竟年。

孫晧寶鼎元年，春夏旱。時孫晧遷都武昌，勞役動衆之應也。

武帝泰始七年五月閏月旱，大雩。八年五月，旱。是時帝納荀勖邪說，留賈充不復西鎮，而任愷漸疎，上下皆蔽之應也。及李憙、〔六〕魯芝、李胤等並在散職，近厥德不用之謂也。

九年，自正月旱，至于六月，祈宗廟社稷山川。癸未，雨。十年四月，旱。去年秋冬，採擇卿校諸葛沖等女。是春，五十餘人入殿簡選。又取小將吏女數十人，母子號哭於宮中，聲聞于外，行人悲酸。是殆積陰生陽，上緣求妃之應也。

咸寧二年五月旱，大雩。至六月，乃澍雨。

太康二年旱，自去冬旱至此春。三年四月旱，乙酉詔司空齊王攸與尚書、廷尉、河南尹錄訊繫囚，事從蠲宥。

五年六月，旱。此年正月天陰，解而復合。劉毅上疏曰：「必有阿黨之臣姦以事君者，當誅而不赦也。」帝不答。是時荀勖、馮紞僭作威福，亂朝尤甚。

六年三月，青、梁、幽、冀郡國旱。六月，濟陰、武陵旱，傷麥。七年夏，郡國十三大旱。八年四月，冀州旱。九年夏，郡國三十三旱，扶風、始平、京兆、安定旱，傷麥。十年二月，旱。

太熙元年二月，旱。自太康已後，雖正人滿朝，不被親仗，而賈充、荀勖、楊駿、馮紞等迭居要重，所以無年不旱者，欲德不用，上下皆蔽，庶位踰節之罰也。

惠帝元康七年七月，秦、雍二州大旱，疾疫，關中饑，米斛萬錢。因此氐羌反叛，雍州刺史解系敗績。而饑疫荐臻，戎晉並困，朝廷不能振，詔聽相賣鬻。其九月，郡國五旱。

永寧元年，自夏及秋，青、徐、幽、并四州旱。十二月，又郡國十二旱。是年春，三王討趙王倫，六旬之中數十戰，死者十餘萬人。

懷帝永嘉三年五月，大旱，襄平縣梁水淡池竭，河、洛、江、漢皆可涉。是年三月，司馬越歸京都，遣兵入宮，收中書令繆播等九人殺之，皆僭踰之罰也。又四方諸侯多懷無君之心，劉元海、石勒、王彌、李雄之徒賊害百姓，流血成泥，又其應也。五年，自去冬旱至此春。

去歲十一月，司馬越以行臺自隨，斥黜宮衞，無君臣之節。

元帝建武元年六月，〔七〕揚州旱。去年十二月，淳于伯冤死，其年即旱，而太興元年六月又旱。干寶曰「殺淳于伯之後旱三年」是也。刑罰妄加，羣陰不附，則陽氣勝之罰也。

元帝太興四年五月，旱。是時王敦陵僭已著。

永昌元年夏，大旱。是年三月，王敦有石頭之變，二宮陵辱，大臣誅死，僭踰無上，故旱尤甚也。其閏十一月，京都大旱，川谷並竭。

明帝太寧三年，自春不雨，至于六月。

成帝咸和元年，夏秋旱。是時庾太后臨朝稱制，言不從而僭踰之罰也。二年夏，旱。五年五月，大旱。六年四月，大旱。八年秋七月，旱。九年，自四月不雨，至于八月。

咸康元年六月，旱。是時成帝沖弱，未親萬機，內外之政，決之將相。此僭踰之罰，連歲旱也。至四年，王導固讓太傅，復子明辟。是後不旱，殆其應也。時天下普旱，會稽、餘姚特甚，米斗直五百，人有相鬻者。二年三月，旱。三年六月，旱。時王導以天下新定，務在遵養，不任刑罰，遂盜賊公行，頻五年亢旱，亦舒緩之應也。

康帝建元元年五月，旱。

穆帝永和元年五月，旱。是時帝在襁褓，褚太后臨朝，如明穆太后故事。五年七月不雨，至于十月。六年夏，旱。八年夏，旱。九年春，旱。

升平三年冬，大旱。四年冬，大旱。

哀帝隆和元年夏，旱。是時桓溫强恣，權制朝廷，僭踰之罰也。

海西公太和元年夏，旱。四年冬，旱。涼州春旱至夏。

簡文帝咸安二年十月，大旱，饑。自永和至是，嗣主幼沖，桓溫陵僭，用兵征伐，百姓怨苦。

孝武帝寧康元年三月，旱。是時桓溫入覲高平陵，闔朝致拜，踰僭之應也。三年冬，旱。

太元四年夏，大旱。八年六月，旱。十年七月，旱，饑。初，八年破苻堅，九年諸將略地，有事徐豫，楊亮、趙統攻討巴沔。是年正月，謝安又出鎮廣陵，使子琰進次彭城，頻有軍役。

十三年六月，旱。去歲北府遣戍胡陸，荊州經略河南。是年夏，郭銓置戍野王，又遣軍破黃淮。

十五年七月，旱。十七年，秋旱至冬。是時烈宗仁恕，信任會稽王道子，政事舒緩。

又茹千秋爲驃騎諮議，竊弄主相威福。又比丘尼乳母親黨及婢僕之子階緣近習，臨部領衆。又所在多上春竟囚，不以其辜，建康獄吏，枉暴旣甚。此又僭踰不從寃濫之罰。

安帝隆安二年冬，旱，寒甚。四年五月，旱。五年，夏秋大旱。十二月，不雨。時孫恩作亂，桓玄疑貳，迫殺殷仲堪，而朝廷卽授以荆州之任，司馬元顯又諷百僚悉使敬己，內外騷動，兵革煩興。此皆陵僭憂愁之應也。

元興元年七月，大饑。九月、十月不雨，泉水涸。二年六月，不雨。冬，又旱。時桓玄奢僭，十二月遂篡位。三年八月，不雨。

義熙四年冬，不雨。六年九月，不雨。八年十月，不雨。九年，秋冬不雨。十年九月，旱。十二月又旱，井瀆多竭。是時軍役煩興。

詩妖

魏明帝太和中，京師歌兜鈴曹子，其唱曰「其奈汝曹何」，此詩妖也。其後曹爽見誅，曹氏遂廢。

景初初，童謠曰：「阿公阿公駕馬車，不意阿公東渡河，阿公來還當奈何！」及宣帝遼東歸，至白屋，當還鎭長安。會帝疾篤，急召之，乃乘追鋒車東渡河，終如童謠之言。

齊王嘉平中，有謠曰：「白馬素羈西南馳，其誰乘者朱虎騎。」朱虎者，楚王小字也。〔八〕王淩、令狐愚聞此謠，謀立彪。事發，淩等伏誅，彪賜死。

吳孫亮初，童謠曰：「吁汝恪，何若若，蘆葦單衣篾鉤落，於何相求常子閣。」「常子閣」者，反語石子堈也。鉤絡，鉤帶也。及諸葛恪死，果以葦席裹身，篾束其要，投之石子堈。後聽恪故吏收斂，求之此堈云。

孫亮初，公安有白鼉鳴。童謠曰：「白鼉鳴，龜背平。南郡城中可長生，守死不去義無成。」「南郡城中可長生」者，有急易以逃也。明年，諸葛恪敗，弟融鎮公安，亦見襲，融刮金印龜服之而死。鼉有鱗介，甲兵之象。又曰，白祥也。

孫休永安二年，〔九〕將守質子羣聚嬉戲，有異小兒忽來言曰：「三公鋤，司馬如。」又曰：「我非人，熒惑星也。」言畢上昇，仰視若曳一匹練，有頃沒。干寶曰：「後四年而蜀亡，六年而魏廢，二十一年而吳平。」於是九服歸晉。魏與吳蜀並戰國，「三公鋤，司馬如」之謂也。

孫晧遣使者祭石印山下妖祠，使者因以丹書巖曰：「楚九州渚，吳九州都。揚州士，作天子。四世治，太平矣。」〔一〇〕晧聞之，意益張，曰：「從大皇帝至朕四世，太平之主非朕復誰！」恣虐踰甚，尋以降亡，近詩妖也。

孫晧天紀中，童謠曰：「阿童復阿童，銜刀游渡江。不畏岸上獸，但畏水中龍。」武帝聞之，加王濬龍驤將軍。及征吳，江西衆軍無過者，而王濬先定秣陵。

武帝太康三年平吳後，江南童謠曰：「局縮肉，數橫目，中國當敗吳當復。」又曰：「宮門柱，且當朽，吳當復，在三十年後。」又曰：「雞鳴不拊翼，吳復不用力。」于時吳人皆謂在孫氏子孫，故竊發爲亂者相繼。案「橫目」者四字，自吳亡至元帝興幾四十年，元帝興於江東，皆如童謠之言焉。元帝懦而少斷，「局縮肉」者，有所斥也。

太康末，京洛爲折楊柳之歌，其曲始有兵革苦辛之辭，終以擒獲斬截之事。是時三楊貴盛而被族滅，太后廢黜，幽死中宮，「折楊柳」之應也。

惠帝永熙中，河內溫縣有人如狂，造書曰：「光光文長，大戟爲牆。毒藥雖行，戟還自傷。」又曰：「兩火沒地，哀哉秋蘭。歸形街郵，終爲人歎。」及楊駿居內府，以戟爲衞，死時又爲戟所害傷。楊后被廢，賈后絕其膳八日而崩，葬街郵亭北，百姓哀之也。兩火，武帝諱，蘭，楊后字也。其時又有童謠曰：「二月末，三月初，荆筆楊板行詔書，宮中大馬幾作驢。」此時楊駿專權，楚王用事，故言「荆筆楊板」。二人不誅，則君臣禮悖，故云「幾作驢」也。

元康中，京洛童謠曰：「南風起，吹白沙，遙望魯國何嵯峨，千歲髑髏生齒牙。」又曰：「城東馬子莫嚨哅，比至來年纏女髮。」南風，賈后字也。白，晉行也。沙門，太子小名也。魯，賈謐國也。言賈后將與謐爲亂，以危太子，而趙王因釁咀嚼豪賢，以成篡奪，不得其死之應也。

元康中，天下商農通著大鄣日。時童謠曰：「屠蘇鄣日覆兩耳，當見瞎兒作天子。」及趙王倫篡位，其目實眇焉。趙王倫既篡，洛中童謠曰：「獸從北來鼻頭汗，龍從南來登城看，水從西來河灌灌。」數月而齊王、成都、河間義兵同會誅倫。案成都西藩而在鄴，故曰「獸從北來」。齊東藩而在許，故曰「龍從南來」。河間水源而在關中，故曰「水從西來」。齊留輔政，居于宮西，又有無君之心，故言「登城看」也。

太安中，童謠曰：「五馬游渡江，一馬化爲龍。」後中原大亂，宗藩多絕，唯琅邪、汝南、西陽、南頓、彭城同至江東，而元帝嗣統矣。

司馬越還洛，有童謠曰：「洛中大鼠長尺二，若不早去大狗至。」及苟晞將破汲桑，又謠曰：「元超兄弟大落度，上桑打椹爲苟作。」由是越惡晞，奪其兗州，隙難遂搆焉。

愍帝初，有童謠曰：「天子何在豆田中。」〔一〕至建興四年，帝降劉曜，在城東豆田壁中。

建興中，江南謠歌曰：「訇如白坑破，合集持作甒。揚州破換敗，吳興覆瓿甊。」案白者，晉行。坑器有口屬甕，瓦甕質剛，亦金之類也。「訇如白坑破」者，言二都傾覆，王室大壞也。「合集持作甒」者，元帝鳩集遺餘，以主社稷，未能克復中原，但偏王江南，故其喻也。及石頭之事，六軍大潰，兵人抄掠京邑，爰及二宮。其後三年，錢鳳復攻京邑，阻水而守，相持月餘日，焚燒城邑，井堙木刊矣。鳳等敗退，沈充將其黨還吳興，官軍踵之，蹈藉郡縣，充父子授首，黨與誅者以百數。所謂「揚州破換敗，吳興覆瓿甊」，瓿甊瓦器，又小於甑也。

明帝太寧初，童謠曰：「惻惻力力，放馬山側。大馬死，小馬餓。高山崩，石自破。」及明帝崩，成帝幼，爲蘇峻所逼，遷於石頭，御膳不足，此「大馬死，小馬餓」也。高山，峻也，又言峻尋死。石，峻弟蘇石也。峻死後，石據石頭，尋爲諸公所破，復是崩山石破之應也。

成帝之末，又有童謠曰：「礚礚何隆隆，駕車入梓宮。」少日而宮車晏駕。

咸康二年十二月，河北謠云：「麥入土，殺石武。」〔一〕後如謠言。

庾亮初鎮武昌，出至石頭，百姓於岸上歌曰：「庾公上武昌，翩翩如飛鳥。庾公還揚州，白馬牽旐旐。」又曰：「庾公初上時，翩翩如飛鳥。庾公還揚州，白馬牽流蘇。」後連徵不入，及薨於鎮，以喪還都葬，皆如謠言。

穆帝升平中，童兒輩忽歌於道曰阿子聞，曲終輒云「阿子汝聞不」？無幾而帝崩，太后哭之曰：「阿子汝聞不？」

升平末，俗間忽作廉歌，有扈謙者聞之曰：「廉者，臨也。歌云『白門廉，宮庭廉』，內外悉臨，國家其大諱乎！」少時而穆帝晏駕。

哀帝隆和初，童謠曰：「升平不滿斗，隆和那得久！桓公入石頭，陛下徒跣走。」朝廷聞而惡之，改年曰興寧。人復歌曰：「雖復改興寧，亦復無聊生。」哀帝尋崩。升平五年而穆帝崩，「不滿斗」，升平不至十年也。〔一三〕

海西公太和中，百姓歌曰：「青青御路楊，白馬紫遊韁。汝非皇太子，那得甘露漿？」識者曰：「白者，金行。馬者，國族。紫爲奪正之色，明以紫間朱也。」海西公尋廢，其三子並非海西公之子，縊以馬韁。死之明日，南方獻甘露焉。

太和末，童謠曰：「犁牛耕御路，白門種小麥。」及海西公被廢，百姓耕其門以種小麥，遂如謠言。

海西公初生皇子，百姓歌云：「鳳皇生一雛，天下莫不喜。本言是馬駒，今定成龍子。」其歌甚美，其旨甚微。海西公不男，使左右向龍與內侍接，生子，以爲己子。

桓石民爲荊州，鎮上明，百姓忽歌曰「黃曇子」。曲中又曰：〔一四〕「黃曇英，揚州大佛來上明。」頃之而桓石民死，王忱爲荊州。黃曇子乃是王忱字也。忱小字佛大，是「大佛來上明」也。

孝武帝太元末，京口謠曰：〔一五〕「黃雌雞，莫作雄父啼。一旦去毛衣，衣被拉颯栖。」尋而王恭起兵誅王國寶，旋爲劉牢之所敗，故言「拉颯栖」也。

會稽王道子於東府造土山，名曰靈秀山。無幾而孫恩作亂，再踐會稽。會稽，道子所封，靈秀，孫恩之字也。

庾楷鎮歷陽，百姓歌曰：「重羅黎，重羅黎，使君南上無還時。」後楷南奔桓玄，爲玄所誅。

殷仲堪在荆州，童謠曰：「芒籠目，繩縛腹。殷當敗，桓當復。」未幾而仲堪敗，桓玄遂有荆州。

王恭鎮京口，舉兵誅王國寶。百姓謠云：「昔年食白飯，今年食麥麩。天公誅謫汝，教汝捻嚨喉。嚨喉喝復喝，京口敗復敗。」識者曰：「昔年食白飯，言得志也。今年食麥麩，麩粗穢，其精已去，明將敗也，天公將加譴謫而誅之也。捻嚨喉，氣不通，死之祥也。敗復敗，丁寧之辭也。」恭尋死，京都又大行欬疾，而喉並喝焉。

王恭在京口，百姓間忽云：「黃頭小兒欲作賊，阿公在城，下指縛得。」又云：「黃頭小人欲作亂，賴得金刀作藩扞。」黃字上恭字頭也，小人恭字下也，尋如謠言者焉。

安帝隆安中，百姓忽作懊憹之歌，其曲曰：「草生可攬結，女兒可攬擷。」尋而桓玄篡位，義旗以三月二日掃定京都，誅之。玄之宮女及逆黨之家子女妓妾悉爲軍賞，東及甌越，北流淮泗，皆人有所獲。故言時則草可結，事則女可擷也。

桓玄既篡，童謠曰：「草生及馬腹，烏啄桓玄目。」及玄敗，走至江陵，時正五月中，誅如其期焉。

安帝義熙初，童謠曰：「官家養蘆化成荻，蘆生不止自成積。」其時官養盧龍，〔一六〕寵以金紫，奉以名州，養之極也。而龍不能懷我好音，舉兵內伐，遂成讐敵也。「蘆生不止自成積」，及盧龍之敗，斬伐其黨，猶如草木以成積也。

盧龍據廣州，人爲之謠曰：「蘆生漫漫竟天半。」後擁上流數州之地，內逼京輦，應「天半」之言。

義熙二年，小兒相逢於道，輒舉其兩手曰「盧健健」，次曰「鬬歎鬬歎」，末曰「翁年老翁年老」。當時莫知所謂。其後盧龍內逼，舟艦蓋川，「健健」之謂也。既至查浦，屢剋期欲與官鬬，「鬬歎」之應也。「翁年老」，羣公有期頤之慶，知妖逆之徒自然消殄也。其時復有謠言曰：「盧橙橙，逐水流，東風忽如起，那得入石頭！」盧龍果敗，不得入石頭也。

昔溫嶠令郭景純卜己與庾亮吉凶，景純云：「元吉。」嶠語亮曰：「景純每筮是，不敢盡言。吾等與國家同安危，而曰『元吉』，是事有成也。」於是協同討滅王敦。

苻堅初，童謠云：「阿堅連牽三十年，後若欲敗時，當在江湖邊。」及堅在位凡三十年，敗於淝水，是其應也。又謠語云：「河水清復淸，苻堅死新城。」及堅爲姚萇所殺，死於新城。復謠歌云：「魚羊田升當滅秦。」識者以爲「魚羊，鮮也；田升，卑也；堅自號秦，言滅之者鮮卑也。」其羣臣諫堅，令盡誅鮮卑，堅不從。及淮南敗還，初爲慕容沖所攻，又爲姚萇所殺，身死國滅。

毛蟲之孽

武帝太康六年，南陽獻兩足猛獸，此毛蟲之孽也。識者爲其文曰：「武形有虧，金獸失儀，聖主應天，斯異何爲！」言兆亂也。京房易傳曰：「足少者，下不勝任也。」干寶以爲：「獸者陰精，居于陽，金獸也。南陽，火名也。金精入火而失其形，王室亂之妖也。」六，水數，言水數既極，火慝得作，而金受其敗也。至元康九年，始殺太子，距此十四年。二七十四，火始終相乘之數也。自帝受命，至愍懷之廢，凡三十五年焉。

太康七年十一月丙辰，四角獸見于河間，河間王顒獲以獻。天戒若曰，角，兵象也，四者，四方之象，當有兵亂起于四方。後河間王遂連四方之兵，作爲亂階，殆其應也。

懷帝永嘉五年，蝘鼠出延陵。郭景純筮之曰：「此郡東之縣，當有妖人欲稱制者，亦尋自死矣。」其後吳興徐馥作亂，殺太守袁琇，馥亦時滅，是其應也。

成帝咸和六年正月丁巳，會州郡秀孝於樂賢堂，有麏見於前，獲之。孫盛以爲吉祥。夫秀孝，〔一七〕天下之彥士；樂賢堂，所以樂養賢也。自喪亂以後，風教陵夷，秀孝策試，乏四科之實。礨興於前，或斯故乎？

哀帝隆和元年十月甲申，有麞入東海第。百姓讙言曰「麞入東海第」，識者怪之。及海西廢爲東海王，乃入其第。

孝武太元十三年四月癸巳，祠廟畢，有兔行廟堂上。天戒若曰，兔，野物也，而集宗廟之堂，不祥莫之甚焉。

犬禍

公孫文懿家有犬，冠幘絳衣上屋，此犬禍也。屋上，亢陽高危之地。天戒若曰，亢陽無上，偸自尊高，狗而冠者也。及文懿自立爲燕王，果爲魏所滅。京房易傳曰：「君不正，臣欲篡，厥妖狗出朝門。」

魏侍中應璩在直廬，欻見一白狗出門，問衆人，無見者。踰年卒，近犬禍也。

吳諸葛恪征淮南歸，將朝會，犬銜引其衣。恪曰：「犬不欲我行乎？」還坐。有頃復起，犬又銜衣，乃令逐犬，遂升車，入而被害。

武帝太康九年，幽州有犬，鼻行地三百餘步。天戒若曰，是時帝不思和嶠之言，卒立惠帝，以致衰亂，是言不從之罰也。

惠帝元康中，吳郡婁縣人家聞地中有犬子聲，掘之，得雌雄各一。還置窟中，覆以磨石，經宿失所在。天戒若曰，帝旣衰弱，藩王相譖，故有犬禍。

永興元年，丹楊內史朱逵家犬生三子，皆無頭。後逵爲揚州刺史曹武所殺。

孝懷帝永嘉五年，吳郡嘉興張林家狗人言云：「天下人餓死。」於是果有二胡之亂，天下饑荒焉。

愍帝建興元年，狗與豬交。案漢書，景帝時有此，以爲悖亂之氣，亦犬豕禍也。犬，兵革之占也。豕，北方匈奴之象。逆言失聽，異類相交，必生害也。俄而帝沒于胡，是其應也。

元帝太興中，吳郡太守張懋聞齋內牀下犬聲，〔一八〕求而不得。旣而地自坼，見有二犬子，取而養之，皆死。尋而懋爲沈充所害。京房易傳曰：「讒臣在側，則犬生妖。」

太興四年，廬江灊縣何旭家忽聞地中有犬子聲，掘之得一母犬，青釐色，狀甚羸瘦，走入草中，不知所在。視其處有二犬子，一雄一雌，哺而養之，雌死雄活。及長爲犬，善噬獸。其後旭里中爲蠻所沒。

安帝隆安初，吳郡治下狗恒夜吠，聚高橋上，人家狗有限而吠聲甚衆。或有夜覘視之云：「一狗假有兩三頭，皆前向亂吠。」無幾，孫恩亂於吳會焉。是時輔國將軍孫無終家于旣陽，地中聞犬子聲，尋而地坼，有二犬子，皆白色，一雄一雌，取而養之，皆死。後無終爲桓玄所誅滅。案尸子曰：「地中有犬，名曰地狼。」夏鼎志曰：「掘地得犬，名曰賈。」此蓋自然之物，不應出而出，爲犬禍也。

桓玄將拜楚王，已設拜席，羣官陪位。玄未及出，有狗來便其席，莫不驚怪。玄性猜暴，竟無言者，逐狗改席而已。天戒若曰，桓玄無德而叨竊大位，故犬便其席，示其妄據之甚也。八十日玄敗亡焉。〔一九〕

白眚白祥

魏明帝青龍三年正月乙亥，隕石于壽光。案左氏傳「隕石，星也」，劉歆說曰：「庶衆惟星隕于宋者，象宋襄公將得諸侯而不終也。」秦始皇時有隕石，班固以爲：「石，陰類也。又白祥，臣將危君。」是後宣帝得政云。

武帝太康五年五月丁巳，隕石于溫及河陽各二。六年正月，隕石于溫，三。

成帝咸和八年五月，星隕于肥鄉，一。九年正月，隕石于涼州，二。

吳孫亮五鳳二年五月，陽羨縣離里山大石自立。案京房易傳曰「庶士爲天子之祥也」，其說曰：「石立於山同姓，平地異姓。」干寶以爲「孫晧承廢故之家得位，其應也」。或曰孫休見立之祥也。

武帝太康十年，洛陽宮西宜秋里石生地中，始高三尺，如香鑪形，後如偪人，槃薄不可掘。案劉向說，此白眚也。明年宮車晏駕，王室始騷，卒以亂亡。京房易傳曰：「石立如人，庶士爲天下雄。」此近之矣。

惠帝元康五年十二月，有石生于宜年里。永康元年，襄陽郡上言，得鳴石，撞之，聲聞七八里。太安元年，丹楊湖熟縣夏架湖有大石，浮二百步而登岸，民驚噪相告曰「石來」。干寶曰：「尋有石冰入建鄴。」

車騎大將軍、東嬴王騰自幷州遷鎭鄴，行次眞定。時久積雪，而當門前方數丈獨消釋，騰怪而掘之，得玉馬，高尺許，口齒缺。騰以馬者國姓，上送之，以爲瑞。然馬無齒則不得食，妖祥之兆，衰亡之徵。案占，此白祥也。是後騰爲汲桑所殺，而天下遂亂。

武帝泰始八年五月，蜀地雨白毛，此白祥也。時益州刺史皇甫晏伐汶山胡，從事何旅固諫，不從，牙門張弘等因衆之怨，誣晏謀逆，害之。京房易傳曰：「前樂後憂，厥妖天雨羽。」又曰：「邪人進，賢人逃，天雨毛。」其易妖曰：「天雨毛羽，貴人出走。」三占皆應。

惠帝永寧元年，齊王冏舉義軍。軍中有小兒，出於襄城繁昌縣，年八歲，髮體悉白，頗能卜，於洪範，白祥也。

成帝咸康初，地生毛，近白祥也。孫盛以爲人勞之異也。是後石季龍滅而中原向化，將相皆甘心焉。於是方鎭屢革，邊戍仍遷，皆擁帶部曲，動有萬數。其間征伐徵賦，役無寧歲，天下勞擾，百姓疲怨。

咸康三年六月，地生毛。

孝武太元二年五月，京都地生毛，至四年而氐賊次襄國，圍彭城，向廣陵，征戍仍出，兵連年不解。

太元十四年四月，京都地生毛。是時苻堅滅後，經略多事，人勞之應也。十七年四月，地生毛。

安帝隆安四年四月乙未，地生毛，或白或黑。元興三年五月，江陵地生毛。是後江陵見襲，交戰者數矣。

義熙三年三月，地生白毛。十年三月，〔二〇〕地生毛。明年，王旅西討司馬休之。又明年，北掃關洛。

木沴金

魏齊王正始末，河南尹李勝治聽事，有小材激墮，檛受符吏石彪頭，〔二一〕斷之，此木沴金也。勝後旬日而敗。

惠帝元康八年五月，郊禖壇石中破爲二，此木沴金也。郊禖壇者，求子之神位，無故自毁，太子將危之象也。明年，愍懷廢死。

孝武帝太元十年四月，謝安出鎭廣陵，始發石頭，金鼓無故自破。此木沴金之異也，天意也。天戒若曰，安徒揚經略之聲，終無其實，鉦鼓不用之象也。月餘，以疾還而薨。

傳曰：「視之不明，是謂不哲，厥咎舒，厥罰恒燠，厥極疾。時則有草妖，時則有蠃蟲之孽，時則有羊禍，時則有目痾，時則有赤眚赤祥。惟水沴火。」視之不明，是謂不哲。哲，知也。詩云：「爾德不明，以亡陪亡卿。不明爾德，以亡背亡側。」言上不明，暗昧蔽惑，則不能知善惡，親近習，長同類，亡功者受賞，有罪者不殺，百官廢亂，失在舒緩，故其咎舒也。盛夏日長，暑以養物，政弛緩，故其罰常燠也。燠則冬溫，春夏不和，傷病疾人，其極疾也。誅不行則霜不殺草，繇臣下則殺不以時，故有草妖。凡妖，貌則以服，言則以詩，聽則以聲。視不以色者，五色，物之大分也，在於眚祥，故聖人以爲草妖，失物柄之明者也。溫燠生蟲，故有蠃蟲之孽，謂螟螣之類當死不死，當生而不生，或多於故而爲災也。劉歆以爲屬思心不容。於易，剛而苞柔爲離，離爲火，爲目。羊上角下蹄，剛而苞柔，羊大目而不精明，視氣毁，故有羊禍。一曰，暑歲羊多疫死，及爲怪，亦是也。及人，則多病目者，故有目痾。火色赤，故有赤眚赤祥。〔三〕凡視傷者，病火氣；火氣傷，則水沴之。其極疾者順之，其福曰壽。劉歆視傳曰有羽蟲之孽，雞禍。說以爲於天文南方朱張爲鳥星，故爲羽蟲。禍亦從羽，故爲雞。雞於易自在巽，說非是。

庶徵之恒燠，劉向以爲春秋無冰也。小燠不書，無冰然後書，舉其大者也。京房易傳曰：「祿不遂行茲謂欺，厥咎燠。其燠，雨雲四至而溫。臣安祿樂逸茲謂亂，燠而生蟲。知罪不誅茲謂舒，其燠，夏則暑殺人，冬則物華實。重過不誅茲謂亡徵，其咎當寒而燠盡六日也。」

吳孫亮建興元年九月，桃李華。孫權世政煩賦重，人彫於役。是時諸葛恪始輔政，息校官，原逋責，除關梁，崇寬厚，此舒緩之應也。一說桃李寒華爲草妖，或屬華孽。

魏少帝景元三年十月，〔三〕桃李華。時少帝深樹恩德，事崇優緩，此其應也。

惠帝元康二年二月，巴西郡界草皆生華，結子如麥，可食。時帝初即位，楚王瑋矯詔誅汝南王亮及太保衞瓘，帝不能察。今非時草結實，此恒燠寬舒之罰。

穆帝永和九年十二月，桃李華。是時簡文輔政，事多弛略，舒緩之應也。

草妖

漢獻帝建安二十五年春正月，魏武帝在洛陽起建始殿，伐濯龍樹而血出，〔二四〕又掘徙梨，根傷亦血出。帝惡之，遂寢疾，是月崩。蓋草妖，又赤祥，是歲魏文帝黄初元年也。

吴孫亮五鳳元年六月，交阯稗草化爲稻。昔三苗將亡，五穀變種，此草妖也。其後亮廢。

蜀劉禪景耀五年，宫中大樹無故自折。譙周憂之，無所與言，乃書柱曰：「衆而大，其之會。具而授，若何復。」言曹者衆也，魏者大也，衆而大，天下其當會也。具而授，如何復有立者乎？蜀果亡，如周言，此草妖也。

吴孫晧天璽元年，吴郡臨平湖自漢末穢塞，是時一夕忽開除無草。長老相傳：此湖塞，天下亂，此湖開，天下平。吴尋亡而九服爲一。

天紀三年八月，建鄴有鬼目菜於工黄狗家生，〔二五〕依緣棗樹，長丈餘，莖廣四寸，厚二分。又有蕒菜生工吴平家，高四尺，如枇杷形，上圓，徑一尺八寸，莖廣五寸，兩邊生葉，緑色。東觀案圖，名鬼目作芝草，蕒菜作平慮，遂以狗爲侍芝郎，平爲平慮郎，皆銀印青綬。干寶曰：明年平吴，王濬止船正得平渚，姓名顯然，指事之徵也。黄狗者，吴以土運承漢，故初有黄龍之瑞。及其季年，而有鬼目之妖託黄狗之家。黄稱不改，而貴賤大殊，天道精微之應也。

惠帝元康二年春，巴西郡界竹生花，紫色，結實如麥，外皮青，中赤白，味甘。

元康九年六月庚子，有桑生東宮西廂，日長尺餘，甲辰枯死。此與殷太戊同妖，太子不能悟，故至廢戮也。班固稱「野木生朝而暴長，小人將暴居大臣之位，危國亡家之象，朝將爲墟也」。是後孫秀、張林用事，遂至大亂。

永康元年四月，立皇孫臧爲皇太孫。五月甲子，就東宮，桑又生於西廂。明年，趙王倫篡位，鴆殺臧，此與愍懷同妖也。是月，壯武國有桑化爲柏，而張華遇害。壯武，華之封邑也。

孝懷帝永嘉二年冬，項縣桑樹有聲如解材，人謂之桑樹哭。案劉向說，「桑者喪也」，又爲哭聲，不祥之甚。是時京師虛弱，胡寇交侵，東海王越無衞國之心，四年冬季而南出，〔二六〕五年春薨于此城。石勒邀其衆，圍而射之，王公以下至衆庶，死者十餘萬人。又剖越棺，焚其屍。是敗也，中原無所請命，洛京亦尋覆沒，桑哭之應也。

六年五月，無錫縣有四株茱萸樹，相樛而生，狀若連理。先是，郭景純筮延陵蝘鼠，遇臨之益，曰：「後當復有妖樹生，若瑞而非，辛螫之木也。儻有此，東西數百里必有作逆者。」及此木生，其後徐馥果作亂，亦草妖也。郭又以爲「木不曲直」。其七月，豫章郡有樟樹久枯，是月忽更榮茂，與漢昌邑枯社復生同占。是懷愍淪陷之徵，元帝中興之應也。

明帝太寧元年九月，會稽剡縣木生如人面。是後王敦稱兵作逆，禍敗無成。昔漢哀成之世並有此妖，而人貌備具，故其禍亦大。今此但如人面而已，故其變也輕矣。

成帝咸和六年五月癸亥，曲阿有柳樹枯倒六載，是日忽復起生，至九年五月甲戌，吳縣吳雄家有死榆樹，是日因風雨起生，與漢上林斷柳起生同象。初，康帝爲吳王，于時雖改封琅邪，而猶食吳郡爲邑，是帝越正體饗國之象也。曲阿先亦吳地，象見吳邑雄之舍，又天意乎！

哀帝興寧三年五月癸卯，廬陵西昌縣修明家有僵栗樹，是日忽復起生。時孝武年始四歲，俄而哀帝崩，海西即位，未幾而廢，簡文越自藩王，入纂大業，登阼享國，又不踰二年，而孝武嗣統。帝諱昌明，識者竊謂西昌修明之祥，帝諱實應焉。是亦與漢宣帝同象也。

海西太和元年，〔三七〕涼州楊樹生松。天戒若曰，松者不改柯易葉，楊者柔脆之木，今松生於楊，豈非永久之業將集危亡之地邪？是時張天錫稱雄於涼州，尋而降苻堅。

孝武太元十四年六月，建寧郡銅樂縣枯樹斷折，忽然自立相屬。京房易傳曰：「棄正作淫，厥妖木斷自屬。妃后有專，木仆反立。」是時正道多僻，其後張夫人專寵，及帝崩，兆庶歸咎張氏焉。

安帝元興三年，荆、江二州界竹生實，如麥。

義熙二年九月，揚武將軍營士陳蓋家有苦蕒菜，莖高四尺六寸，廣三尺二寸，厚三寸，亦草妖也。此殆與吳終同象。識者以爲苦蕒者，買勤苦也。自後歲歲征討，百姓勞苦，是買苦也。十餘年中，姚泓滅，兵始戢，是苦蕒之應也。

義熙中，宮城上及御道左右皆生蒺藜，亦草妖也。蒺藜有刺，不可踐而行。生宮牆及馳道，天戒若曰，人君不聽政，雖有宮室馳道，若空廢也，故生蒺藜。

羽蟲之孽

魏文帝黄初四年五月，有鵜鶘鳥集靈芝池。案劉向說，此羽蟲之孽，又青祥也。詔曰：「此詩人所謂汙澤者也。曹詩『刺共公遠君子近小人』，今豈有賢智之士處于下位，否則斯鳥何爲而至哉！其博舉天下儁德茂才獨行君子，以答曹人之刺。」於是楊彪、管寧之徒咸見薦舉，此所謂覩妖知懼者也。然猶不能優容亮直而多溺偏私矣。京房易傳曰「辟退有德，厥妖水鳥集于國中」。

黄初元年，未央宮中又有燕生鷹，口爪俱赤，此與商紂、宋隱同象。

景初元年，又有燕生巨鷇於衞國李蓋家，形若鷹，吻似燕，此羽蟲之孽，又赤眚也。高堂隆曰：「此魏室之大異，宜防鷹揚之臣於蕭牆之內。」其後宣帝起誅曹爽，遂有魏室。

漢獻帝建安二十三年，禿鶖鳥集鄴宮文昌殿後池。明年，魏武王薨。魏文帝黃初三年，又集雒陽芳林園池。七年，又集。其夏，文帝崩。景初末，又集芳林園池。已前再至，輒有大喪，帝惡之。其年，明帝崩。

蜀劉禪建興九年十月，江陽至江州有鳥從江南飛渡江北，不能達，墮水死者以千數。是時諸葛亮連年動衆，志吞中夏，而終死渭南，所圖不遂。又諸將分爭，頗喪徒旅，鳥北飛不能達墮水死者，皆有其象也。亮竟不能過渭，又其應乎！此與漢時楚國烏鬬墮泗水粗類矣。

景初元年，陵霄闕始構，〔三八〕有鵲巢其上。鵲體白黑雜色，此羽蟲之孽，又白黑祥也。帝以問高堂隆，對曰：「詩云『惟鵲有巢，惟鳩居之』，今興起宮室而鵲來巢，此宮室未成身不得居之象也。天戒若曰，宮室未成，將有他姓制御之，不可不深慮。」於是帝改顏動色。

吳孫權赤烏十二年四月，有兩烏銜鵲墮東館，權使領丞相朱據燎鵲以祭。案劉歆說，此羽蟲之孽，又黑祥也。視不明、聽不聰之罰也。是時權意溢德衰，信讒好殺，二子將危，將相俱殆，覩妖不悟，加之以燎，昧道之甚者也。明年，太子和廢，魯王霸賜死，朱據左遷，陸議憂卒，是其應也。東館，典教之府；鵲墮東館，又天意乎？

吳孫權太元二年正月，封前太子和爲南陽王，遣之長沙，有鵲巢其帆檣。和故宮僚聞之，皆憂慘，以爲檣末傾危，非久安之象。是後果不得其死。

孫亮建興二年十一月，有大鳥五見于春申，吳人以爲鳳皇。明年，改元爲五鳳。漢桓帝時有五色大鳥，司馬彪云：「政道衰缺，無以致鳳，乃羽蟲孽耳。」孫亮未有德政，孫峻驕暴方甚，此與桓帝同事也。案瑞應圖，大鳥似鳳而爲孽者非一，宜皆是也。

孫晧建衡三年，西苑言鳳皇集，以之改元，義同於亮。

武帝泰始四年八月，有翟雉飛上閶闔門。天戒若曰，閶闔門非雉所止，猶殷宗雉登鼎耳之戒也。

惠帝永康元年，趙王倫既篡，京師得異鳥，莫能名。倫使人持出，周旋城邑市以問人。積日，宮西有小兒見之，逆自言曰：「服留鳥翳。」持者即還白倫，倫使更求，又見之，乃將入宮，密籠鳥，并閉小兒戶中，明日視之，悉不見。此羽蟲之孽。時趙王倫有目瘤之疾，言服留者，謂倫留將服其罪也。尋而倫誅。

趙王倫篡位，有鶉入太極殿，雉集東堂。天戒若曰，太極東堂皆朝享聽政之所，而鶉雉同日集之者，趙王倫不當居此位也。詩云：「鶉之彊彊，鵲之奔奔，人之無良，我以爲君。」其此之謂乎！尋而倫滅。

孝懷帝永嘉元年二月，洛陽東北步廣里地陷，有蒼白二色鵝出，蒼者飛翔沖天，白者止焉。此羽蟲之孽，又黑白祥也。陳留董養曰：「步廣，周之狄泉，盟會地也。白者，金色，國之行也。蒼爲胡象，其可盡言乎？」是後，劉元海、石勒相繼亂華。

明帝太寧三年八月庚戌，有大鳥二，蒼黑色，翼廣一丈四尺，其一集司徒府，射而殺之，其一集市北家人舍，亦獲焉。此羽蟲之孽，又黑祥也。及閏月戊子而帝崩，後遂有蘇峻、祖約之亂。

成帝咸和二年正月，有五鶗鳥集殿庭，此又白祥也。是時庾亮苟違衆謀，將召蘇峻，有言不從之咎，故白祥先見也。三年二月，峻果作亂，宮掖焚毀，化爲汙萊，此其應也。

咸康八年七月，有白鷺集殿屋。是時康帝始即位，不永之祥也。後涉再期而帝崩。案劉向曰：「野鳥入處，宮室將空。」此其應也。

海西初以興寧三年二月即位，有野雉集于相風。此羽蟲之孽也。尋爲桓溫所廢也。

孝武帝太元十六年六月，鵲巢太極東頭鴟尾，又巢國子學堂西頭。十八年東宮始成，十九年正月鵲又巢其西門。此殆與魏景初同占。學堂，風教之所聚；西頭，又金行之祥。及帝崩後，安皇嗣位，桓玄遂篡，風教乃穨，金行不競之象也。

安帝義熙三年，龍驤將軍朱猗戍壽陽。婢炊飯，忽有羣烏集竈，競來啄噉，婢驅逐不去。有猘狗咋殺兩烏，餘烏因共啄殺狗，又噉其肉，唯餘骨存。此亦羽蟲之孽，又黑祥也。明年六月，猗死，此其應也。

羊禍

成帝咸和二年五月，司徒王導廄羊生無後足，此羊禍也。京房易傳曰：「足少者，下不勝任也。」明年，蘇峻破京都，導與帝俱幽石頭，僅乃得免，是其應也。

赤眚赤祥

公孫文懿時，襄平北市生肉，長圍各數尺，有頭目口喙，無手足而動搖，此赤祥也。占曰：「有形不成，有體不聲，其國滅亡。」文懿尋爲魏所誅。

吳戍將鄧喜殺豬祠神，治畢懸之，忽見一人頭往食肉，喜引弓射中之，咋咋作聲，繞屋三日，近赤祥也。後人白喜謀北叛，闔門被誅。京房易傳曰：「山見葆，江于邑，邑有兵，狀如人頭，赤色。」

武帝太康五年四月壬子，魯國池水變赤如血。七年十月，河陰有赤雪二頃。此赤祥也。是後四載而帝崩，王室遂亂。

惠帝元康五年三月，呂縣有流血，東西百餘步，此赤祥也。至元康末，窮凶極亂，僵屍流血之應也。干寶以爲「後八載而封雲亂徐州，殺傷數萬人」，是其應也。

永康元年三月，尉氏雨血。夫政刑舒緩，則有常燠赤祥之妖。此歲正月，送愍懷太子幽于許宮。天戒若曰，不宜緩恣姦人，將使太子冤死。惠帝愚眊不寤，是月愍懷遂斃。於是王室成釁，禍流天下。淖齒殺齊湣王日，天雨血霑衣，天以告也，此之謂乎？京房易傳曰：「歸獄不解，茲謂追非，厥咎天雨血，茲謂不親，下有惡心，不出三年，無其宗。」又曰：「佞人祿，功臣戮，天雨血也。」

愍帝建興元年十二月，河東地震，雨肉。四年十二月丙寅，丞相府斬督運令史淳于伯，血逆流上柱二丈三尺，此赤祥也。是時，後將軍褚裒鎮廣陵，〔二九〕丞相揚聲北伐，伯以督運稽留及役使臧罪，依軍法戮之。其息訴稱：「督運事訖，無所稽乏，受賕役使，罪不及死。兵家之勢，先聲後實，實是屯戍，非爲征軍。自四年已來，運漕稽停，皆不以軍興法論。」僚佐莫之理。及有變，司直彈劾衆官，元帝不問，遂頻旱三年。干寶以爲冤氣之應也。郭景純曰：「血者水類，同屬于坎。坎爲法象，水平潤下，不宜逆流。此政有咎失之徵也。」

劉聰僞建元元年正月，平陽地震，其崇明觀陷爲池，水赤如血，赤氣至天，有赤龍奮迅而去。流星起于牽牛，入紫微，龍形委蛇，其光照地，落于平陽北十里。視之則肉，臭聞于平陽，長三十步，廣二十七步。肉旁常有哭聲，晝夜不止。數日，聰后劉氏產一蛇一獸，各害人而走。尋之不得，頃之見於隕肉之旁。是時，劉聰納劉殷三女，並爲其后。天戒若曰，聰既自稱劉姓，三后又俱劉氏，逆骨肉之綱，亂人倫之則。隕肉諸妖，其眚亦大。俄而劉氏死，哭聲自絕。

校勘記

〔一〕其福曰康寧　原無「曰」字，今據漢志中之上補。

〔二〕王霸會于戊　李校：「王霸」當作「五霸」，宋志不誤。

〔三〕踰月而不能濟水　斠注：宋志無「水」字。

〔四〕北中郎劉遐及淮陵內史蘇峻　校文：「郎」下脫「將」字，「淮陵」當作「臨淮」，二人本傳及帝紀可證。斠注：宋志有「將」字。

〔五〕庾晞至其聲悲切　此是司馬晞事，見世說黜免注引司馬晞傳。

〔六〕李憙　「憙」，各本誤作「熹」，今從宋本，與本傳合。

〔七〕元帝建武元年　「元帝」原誤作「愍帝」，而「建武」爲元帝年號，今據搜神記改。

〔八〕楚王小字也　校文：「王」下宋志有「彪」字。

〔九〕永安二年　「二年」，各本作「三年」，今從宋本。册府八九四、吳志孫晧傳引搜神記、宋志二俱作「二年」。

〔一〇〕揚州士至太平矣　「士」，各本誤作「土」，今從宋本，與吳志孫晧傳、宋志二合。「矣」，吳志作「始」。

〔一一〕天子何在豆田中　類聚八五、御覽八四一引王隱晉書作「天子在何許？近在豆田中」。

〔一二〕石武　「武」，宋志二作「虎」。「石虎」爲原名，宋志爲河北謠原文，唐人避諱改「虎」爲「武」。

〔一三〕不滿斗升平不至十年也　册府八九四此下有「無聊生，謂哀帝𦂳晏駕也。後桓溫入朝廢海西公」十九字。「不滿斗」，釋上隆和初一謠：「無聊生」，釋改年後一謠。本志及宋志二疑有脫文。

〔一四〕曲中　校文：「中」當從宋志作「終」。

〔一五〕京口謠曰　各本無「曰」字，今從宋本，與册府八九四合。

〔一六〕盧龍　御覽卷一〇〇〇引中興書作「盧循」。循小字元龍，盧龍蓋「盧元龍」之省。

〔一七〕孫盛至夫秀孝　李校：宋志作「孫盛曰：夫秀孝」云云，無「以爲吉祥」四字。玩下文義，盛固不以爲吉祥也。疑此處「以爲吉祥」四字本在「孫盛」上，而「盛」下脫一「曰」字。

〔一八〕張懋　元紀、宋志二作「張茂」，但占經一一九引中興書亦作「張懋」。

〔一九〕八十日玄敗亡焉　據安紀，桓玄以元興二年八月稱楚王，三年三月己未潰敗。相距約百八十日，疑此「八十日」上脫「百」字。

〔二〇〕十年三月　「十年」原作「十三年」。校文：帝紀，劉裕討休之在十一年春，志既云「明年王旅西討」，則當從宋志作「十年」乃合。按：御覽八八〇引正作「十年」，今據删「三」字。

〔二一〕檛受符吏石虎頭　各本無「吏」字，今從殿本。「石虎頭」，宋志二作「石虎項」。

〔二二〕故有赤眚赤祥　李校：「赤祥」上脫「赤眚」二字。今依漢志中之下增。下文有「赤眚赤祥」一目，尤可證。

〔二三〕魏少帝景元三年　「少帝」原作「文帝」。校文：景元爲陳留王年號。今據宋志三改「文」爲「少」，下同。

〔二四〕濯龍　校文二：「龍」下脫「祠」字。

〔二五〕於工黃狗家生　各本「於」作「生」，今從宋本。

〔二六〕四年冬季而南出　斠注：「季」當從宋志作「委」。

〔二七〕太和元年　「元」，各本誤作「九」，太和無九年，今從宋本。

〔二八〕陵霄闕　搜神記作「淩霄閣」。

〔二九〕是時後將軍褚裒鎭廣陵　據褚裒傳推算，裒此時年僅十歲，不能領軍出鎭，此「褚」字恐是譌字。以元四王傳及建武元年帝紀考之，疑本琅邪王裒事。

晉書卷二十九

志第十九

五行下

傳曰：「聽之不聰，是謂不謀，厥咎急，厥罰恒寒，厥極貧。時則有鼓妖，時則有魚孽，時則有豕禍，時則有耳痾，時則有黑眚黑祥。惟火沴水。」聽之不聰，是謂不謀，言上偏聽不聰，下情隔塞，則謀慮利害，失在嚴急，故其咎急也。盛冬日短，寒以殺物，政促迫，故其罰常寒也。寒則不生百穀，上下俱貧，故其極貧也。君嚴猛而閉下，臣戰慄而塞耳，則妄聞之氣發於音聲，故有鼓妖。寒氣動，故有魚孽。而龜能爲孽，龜能陸處，非極陰也，魚去水而死，極陰之孽也。於易，坎爲水，爲豕，豕大耳而不聰察，聽氣毀，故有豕禍也。一曰，寒歲豕多死及爲怪，亦是也。及人，則多病耳者，故有耳痾。水色黑，故有黑眚黑祥。凡聽傷者，病水氣；水氣病，則火沴之。其極貧者，順之，其福曰富。劉歆聽傳曰有介蟲之孽也。

庶徵之恒寒，劉歆以爲大雨雪，及未當雨雪而雨雪，及大雨雹，隕霜殺菽草，皆恒寒之罰也。京房易傳曰：「有德遭險茲謂逆命，厥異寒。誅罰過深，當燠而寒，盡六日，亦爲雹。害正不誅茲謂養賊，寒七十二日，殺飛禽。道人始去茲謂傷，其寒，物無霜而死，涌水而出。戰不量敵茲謂辱命，其寒，雖雨物不茂。聞善不予，厥咎聾。」

吳孫權嘉禾三年九月朔，隕霜傷穀。案劉向說，「誅罰不由君出，在臣下之象也」。是時，校事呂壹專作威福，與漢元帝時石顯用事隕霜同應。班固書九月二日，陳壽言朔，皆明未可以傷穀也。壹後亦伏誅。京房易傳曰：「興兵妄誅茲謂亡法，厥災霜，夏殺五穀，冬殺麥。誅不原情茲謂不仁，其霜，夏先大雷風，冬先雨，乃隕霜，有芒角。賢聖遭害，其霜附木不下地。佞人依刑茲謂私賊，其霜在草根土隙間。不教而誅茲謂虐，其霜反在草下。」

四年七月，雨雹，又隕霜。案劉向說，「雹者，陰脅陽也」。是時，呂壹作威用事，詆毁重臣，排陷無辜。自太子登以下咸患毒之，而壹反獲封侯寵異，與春秋時公子遂專任雨雹同應也。漢安帝信讒，多殺無辜，亦雨雹。董仲舒曰：「凡雹皆爲有所脅，行專一之政故也。」

赤烏四年正月，大雪，平地深三尺，鳥獸死者太半。是年夏，全琮等四將軍攻略淮南、襄陽，戰死者千餘人。其後，權以讒邪數責讓陸議，議憤恚致卒，與漢景武大雪同事。

十一年四月，雨雹。是時，權聽讒，將危太子。其後，朱據、屈晃以迕意黜辱，陳正、陳象以忠諫族誅，而太子終廢。此有德遭險，誅罰過深之應也。

武帝泰始六年冬，大雪。七年十二月，又大雪。明年，有步闡、楊肇之敗，死傷甚衆，不聰之罰也。

九年四月辛未，隕霜。是時，賈充親黨比周用事，與魯定公、漢元帝時隕霜同應也。

咸寧三年八月，平原、安平、上黨、泰山四郡霜，害三豆。是月，河間暴風寒冰，郡國五隕霜傷穀。是後大舉征吳，馬隆又帥精勇討涼州。五年五月丁亥，鉅鹿、魏郡雨雹，傷禾麥。辛卯，雁門雨雹，傷秋稼。六月庚戌，汲郡、廣平、陳留、滎陽雨雹。丙辰，又雨雹，隕霜，傷秋麥千三百餘頃，壞屋百二十餘間。癸亥，安定雨雹。七月丙申，魏郡又雨雹。閏月壬子，新興又雨雹。八月庚子，河南、河東、弘農又雨雹，兼傷秋稼三豆。

太康元年三月，河東、高平霜雹，傷桑麥。四月，河南、河內、河東、魏郡、弘農雨雹，傷麥豆。是月庚午，畿內縣二及東平、范陽雨雹。癸酉，畿內縣五又雨雹。五月，東平、平陽、上黨、雁門、濟南雨雹，傷禾麥三豆。是時王濬有大功，而權戚互加陷抑，帝從容不斷，陰脅陽之應也。

二年二月辛酉，隕霜于濟南、琅邪，傷麥。壬申，琅邪雨雹，傷麥。三月甲午，河東隕霜，害桑。五月丙戌，城陽、章武、琅邪傷麥。庚寅，河東、樂安、東平、濟陰、弘農、濮陽、齊國、頓丘、魏郡、河內、汲郡、上黨雨雹，傷禾稼。六月，郡國十七雨雹。七月，上黨雨雹。三年十二月，大雪。

五年七月乙卯，中山、東平雨雹，傷秋稼。甲辰，中山雨雹。九月，南安大雪，折木。六年二月，東海隕霜，傷桑麥。三月戊辰，齊郡臨淄、長廣不其等四縣，樂安梁鄒等八縣，琅邪臨沂等八縣，河間易城等六縣，高陽北新城等四縣隕霜，〔一〕傷桑麥。六月，滎陽、汲郡、鴈門雨雹。

八年四月，齊國、天水二郡隕霜。十二月，大雪。九年正月，京都大風雨雹，發屋拔木。四月，隴西隕霜。十年四月，郡國八隕霜。

惠帝元康二年八月，沛及蕩陰雨雹。三年四月，滎陽雨雹。六月，弘農湖、〔二〕華陰又雨雹，深三尺。是時，賈后凶淫專恣，與春秋魯桓夫人同事，陰氣盛也。五年六月，東海雨雹，深五寸。十二月，丹楊建鄴雨雹。是月，丹楊建鄴大雪。六年三月，東海隕雪，殺桑麥。七年五月，魯國雨雹。七月，秦、雍二州隕霜，殺稼也。九年三月旬有八日，河南、滎陽、潁川隕霜，傷禾。五月，雨雹。是時，賈后凶躁滋甚，及冬，遂廢愍懷。

永寧元年七月，襄城、河南雨雹。十月，襄城、河南、高平、平陽又風雹，折木傷稼。

光熙元年閏八月甲申朔，霰雪。劉向曰：「盛陽雨水，傷熱，陰氣脅之，則轉而爲雹。盛陰雨雪，凝滯，陽氣薄之，則散而爲霰。今雪非其時，此聽不聰之應。」是年，帝崩。

孝懷帝永嘉元年十二月冬，雪，平地三尺。七年十月庚午，大雪。

元帝太興二年三月丁未，成都風雹，殺人。三年三月，海鹽雨雹。是時，王敦陵上。

永昌二年十二月，幽、冀、并三州大雨。

明帝太寧元年十二月，幽、冀、并三州大雪。〔三〕二年四月庚子，京都雨雹，燕雀死。三年三月丁丑，雨雪。癸巳，隕霜。四月，大雨雹。是年，帝崩，尋有蘇峻之亂。

成帝咸和六年三月癸未，雨雹。是時，帝幼弱，政在大臣。九年八月，成都大雪。是歲，李雄死。

咸康二年正月丁巳，皇后見于太廟，其夕雨雹。

康帝建元元年八月，大雪。是時，政在將相，陰氣盛也。劉向曰：「凡雨陰也，雪又雨之陰也。出非其時，迫近象也。」

穆帝永和二年八月，冀方大雪，人馬多凍死。五年六月，臨漳暴風震電，雨雹，大如升。十年五月，涼州雪。明年八月，張祚枹罕護軍張瓘率宋混等攻滅祚，更立張耀靈弟玄靚。京房易傳曰：「夏雪，戒臣爲亂。」此其亂之應也。

十一年四月壬申朔，霜。十二月戊午，雷。己未，雪。是時帝幼，母后稱制，政在大臣，陰盛故也。

升平二年正月，大雪。

海西太和三年四月，雨雹，折木。〔四〕

孝武太元二年四月己酉，雨雹。十二月，大雪。是時帝幼，政在將相，陰之盛也。

十二年四月己丑，雨雹。二十年五月癸卯，上虞雨雹。

二十一年四月丁亥，雨雹。是時，張夫人專寵，及帝暴崩，兆庶尤之。十二月，雨雪二十三日。是時嗣主幼沖，冢宰專政。

安帝隆安二年三月乙卯，雨雹。是秋，王恭、殷仲堪稱兵內侮，終皆誅之也。

元興二年十二月，酷寒過甚。是時，桓玄篡位，政事煩苛。識者以爲朝政失在舒緩，玄則反之以酷。案劉向曰：「周衰無寒歲，秦滅無燠年。」此之謂也。

三年正月甲申，霰雪又雷。雷霰同時，皆失節之應也。四月丙午，江陵雨雹。是時，安帝蒙塵。

義熙元年四月壬申，雨雹。是時，四方未一，鉦鼓日戒。

五年三月己亥，雪，深數尺。五月癸巳，溧陽雨雹。九月己丑，廣陵雨雹。明年，盧循至蔡洲。六年正月丙寅，雪又雷。五月壬申，雨雹。八年四月辛未朔，雨雹。六月癸亥，雨雹，大風發屋。是秋，誅劉蕃等。〔五〕十年四月辛卯，雨雹。

雷震

魏明帝景初中，洛陽城東橋、城西洛水浮橋桓楹同日三處俱時震。〔六〕尋又震西城上候風木飛鳥。〔七〕時勞役大起，帝尋晏駕。

吳孫權赤烏八年夏，震宮門柱，又擊南津大橋桓楹。

孫亮建興元年十二月朔，大風震電。是月，又雷雨。義同前說，亮終廢。

武帝太康六年十二月甲申朔，淮南郡震電。七年十二月己亥，毗陵雷電，南沙司鹽都尉戴亮以聞。十年十二月癸卯，廬江、建安雷電大雨。

惠帝永康元年六月癸卯，震崇陽陵標西南五百步，標破爲七十片。是時，賈后陷害鼎輔，寵樹私戚，與漢桓帝時震憲陵寢同事也。后終誅滅。

永興二年十月丁丑，雷震。

懷帝永嘉四年十月，震電。

愍帝建興元年十一月戊午，會稽大雨震電。己巳夜，赤氣曜於西北。是夕，大雨震電。庚午，大雪。案劉向說，「雷以二月出，八月入」。今此月震電者，陽不閉藏也。既發泄而明日便大雪，皆失節之異也。是時，劉載僭號平陽，〔八〕李雄稱制於蜀，九州幅裂，西京孤微，爲君失時之象也。赤氣，赤祥也。

元帝太興元年十一月乙卯，暴雨雷電。

永昌二年七月丙子朔，〔九〕雷震太極殿柱。十二月，會稽、吳郡雷震電。

成帝咸和元年十月己巳，會稽郡大雨震電。三年六月辛卯，〔一〇〕臨海大雷，破郡府內小屋柱十枚，殺人。九月二日壬午立冬，會稽雷電。四年十一月，吳郡、會稽又震電。

穆帝永和七年十月壬午，雷雨震電。升平元年十一月庚戌，雷。乙丑，又雷。五年十月庚午，雷發東南方。

孝武帝太元五年六月甲寅，雷震含章殿四柱，幷殺內侍二人。十年十二月，雷聲在南方。十四年七月甲寅，雷震，燒宣陽門西柱。

安帝隆安二年九月壬辰，雷雨。

元興三年，永安皇后至自巴陵，將設儀導入宮，天雷震，人馬各一俱殪焉。

義熙四年十一月辛卯朔，西北方疾風發。癸丑，雷。五年六月丙寅，〔一〕雷震太廟，破東鴟尾，徹柱，又震太子西池合堂。是時，帝不親蒸嘗，故天震之，明簡宗廟也。西池是明帝爲太子時所造次，故號太子池。及安帝多病，患無嗣，故天震之，明無後也。六年正月丙寅，雷，又雪。十二月壬辰，大雷。九年十一月甲戌，雷。乙亥，又雷。

鼓妖

惠帝元康九年三月，有聲若牛，出許昌城。十二月，廢愍懷太子，幽于許宮。明年，賈后遣黃門孫慮殺太子，擊以藥杵，聲聞于外，是其應也。

蘇峻在歷陽外營，將軍鼓自鳴，如人弄鼓者。峻手自破之，曰：「我鄉土時有此，則城空矣。」俄而作亂夷滅，此聽不聰之罰也。

石季龍末，洛陽城西北九里，石牛在青石趺上，忽鳴，聲聞四十里。季龍遣人打落兩耳及尾，鐵釘釘四脚。尋而季龍死。

孝武太元十五年三月己酉朔，東北方有聲如雷。案劉向說，以爲「雷當託於雲，猶君託於臣。無雲而雷，此君不恤於下，下人將叛之象也」。及帝崩而天下漸亂，孫恩、桓玄交陵京邑。

兵。吳興長城夏架山有石鼓，長丈餘，面逕三尺所，下有盤石爲足，鳴則聲如金鼓，三吳有兵。至安帝隆安中大鳴，後有孫恩之亂。

魚孽

魏齊王嘉平四年五月，有二魚集于武庫屋上，此魚孽也。王肅曰：「魚生於水，而亢於屋，介鱗之物，失其所也。邊將其殆有弃甲之變乎！」後果有東關之敗。干寶又以爲高貴鄉公兵禍之應。二說皆與班固旨同。

武帝太康中，有鯉魚二見武庫屋上。干寶以爲：「武庫兵府，魚有鱗甲，亦兵類也。魚既極陰，屋上太陽，魚見屋上，象至陰以兵革之禍干太陽也。至惠帝初，誅楊駿，廢太后，矢交館閣。元康末，賈后謗殺太子，尋亦誅廢。十年之間，母后之難再興，是其應也，自是禍亂搆矣。」京房易傳曰：「魚去水，飛入道路，兵且作。」

蝗蟲

春秋，螽。劉歆從介蟲之孽，與魚同占。

魏文帝黃初三年七月，冀州大蝗，人飢。案蔡邕說，「蝗者，在上貪苛之所致也」。是時，孫權歸順，帝因其有西陵之役，舉大衆襲之，權遂背叛也。

武帝泰始十年六月，蝗。是時，荀、賈任政，疾害公直。

惠帝永寧元年，郡國六蝗。

懷帝永嘉四年五月，大蝗，自幽、并、司、冀至于秦雍，草木牛馬毛鬣皆盡。是時，天下兵亂，漁獵黔黎，存亡所繼，惟司馬越、苟晞而已。競爲暴刻，經略無章，故有此孽。

愍帝建興四年六月，大蝗。去歲劉曜頻攻北地、馮翊，麴允等悉衆御之，卒爲劉曜所破，西京遂潰。　五年，帝在平陽，司、冀、青、雍螽。

元帝太興元年六月，蘭陵合鄉蝗，害禾稼。乙未，東莞蝗蟲縱廣三百里，害苗稼。七月，東海、彭城、下邳、臨淮四郡蝗蟲害禾豆。八月，冀、青、徐三州蝗，食生草盡，至于二年。是時，中州淪喪，暴亂滋甚也。

二年五月，淮陵、臨淮、淮南、安豐、廬江等五郡蝗蟲食秋麥。是月癸丑，徐州及揚州江西諸郡蝗，吳郡百姓多餓死。是年，王敦并領荆州，苛暴之釁自此興矣。

孝武帝太元十五年八月，兗州蝗。是時，慕容氏逼河南，征戍不已，故有斯孽。　十六年五月，飛蝗從南來，集堂邑縣界，害苗稼。是年春，發江州兵營甲士二千人，家口六七千，配護軍及東宮，後尋散亡殆盡。又邊將連有征役，故有斯孽。

豕禍

吳孫晧寶鼎元年，野豕入右大司馬丁奉營，此豕禍也。後奉見遣攻穀陽，無功而反。晧怒，斬其導軍。及舉大衆北出，奉及萬彧等相謂曰：「若至華里，不得不各自還也。」此謀泄，奉時雖已死，晧追討穀陽事，殺其子溫，家屬皆遠徙，豕禍之應也。襲遂曰，「山野之獸，來入宮室，宮室將空」，又其象也。

懷帝永嘉中，壽春城內有豕生兩頭而不活，周馥取而觀之。時識者云：「豕，北方畜，胡狄象。兩頭者，無上也。生而死，不遂也。天戒若曰，勿生專利之謀，將自致傾覆也。」周馥不寤，遂欲迎天子令諸侯，俄爲元帝所敗，是其應也。

元帝建武元年，有豕生八足，此聽不聰之罰，又所任邪也。是後有劉隗之變。

成帝咸和六年六月，錢唐人家猳豕產兩子，而皆人面，如胡人狀，其身猶豕。京房易妖曰：「豕生人頭豕身者，危且亂。今此猳豕而產，異之甚者也。」

孝武帝太元十年四月，京都有豚一頭二脊八足。十三年，京都人家豕產子，一頭二身八足，並與建武同妖也。是後，宰相沈酗，不恤朝政，近習用事，漸亂國綱，至於大壞也。

黑眚黑祥

孝懷帝永嘉五年十二月，黑氣四塞，近黑祥也。帝尋淪陷，王室丘墟，是其應也。

愍帝建興二年正月己巳朔，黑霧著人如墨，連夜，五日乃止，此近黑祥也。其四年，帝降劉曜。

元帝永昌元年十月，京師大霧，黑氣蔽天，日月無光。十一月，帝崩。

火沴水

武帝太康五年六月，任城、魯國池水皆赤如血。案劉向說，近火沴水，聽之不聰之罰也。京房易傳曰：「君淫於色，賢人潛，國家危，厥異水流赤。」

穆帝升平三年二月，涼州城東池中有火。四年四月，姑臧澤水中又有火。此火沴水之妖也。明年，張天錫殺中護軍張邕。邕，執政之人也。

安帝元興二年十月，錢唐臨平湖水赤，桓玄諷吳郡使言開除以爲己瑞，俄而桓玄敗。

傳曰：「思心之不容，是謂不聖，厥咎霿，厥罰恒風，厥極凶短折。時則有脂夜之妖，時則有華孽，時則有牛禍，時則有心腹之痾，時則有黃眚黃祥，時則有金木水火沴土。」思心不容，是謂不聖。思心者，心思慮也。容，寬也。孔子曰：「居上不寬，吾何以觀之哉！」言上不寬大包容，臣下則不能居聖位。貌言視聽，以心爲主，四者皆失，則區霿無識，故其咎霿也。雨旱寒燠，亦以風爲本，四氣皆亂，故其罰恒風也。恒風傷物，故其極凶短折也。傷人曰凶，禽獸曰短，草木曰折。一曰，凶，夭也；兄喪弟曰短，父喪子曰折。在人，腹中肥而包裹心者，脂也。心區霿則冥晦，故有脂夜之妖。一曰，有脂物而夜爲妖，若脂夜汚人衣，淫之象也。一曰，夜妖者，雲風並起而杳冥，故與常風同象也。溫而風則生螟螣，有裸蟲之孽。劉向以爲：「於易，巽爲風，爲木。卦在三月四月，繼陽而治，主木之華實。風氣盛至，秋冬木復華，故有華孽。」一曰，地氣盛則秋冬復華。一曰，華者色也，土爲內事，謂女孽也。於易，坤爲土，爲牛。牛大心而不能思慮，心氣毀，故有牛禍。一曰，牛多死及爲怪，亦是也。及人，則多病心腹者，故有心腹之痾。土色黃，故有黃眚黃祥。凡思心傷者，病土氣；土氣病，則金木水火沴之，故曰時則有金木水火沴土。不言「惟」而獨曰「時則有」者，非一衡氣所沴，明其異大也。其極凶短折者，順之，其福曰考終命。劉歆思心傳曰：「時有蠃蟲之孽，謂螟螣之屬也。」

庶徵恒風

魏齊王正始九年十一月，大風數十日，發屋折樹。十二月戊午晦尤甚，動太極東閤。

嘉平元年正月壬辰朔，西北大風，發屋折樹木，昏塵蔽天。案管輅說，此爲時刑大臣，執政之憂也。是時，曹爽區霿自專，驕僭過度，天戒數見，終不改革，此思心不睿，恒風之罰也。後踰旬而爽等誅滅。京房易傳曰：「衆逆同志，至德乃潛，厥異風。其風也，行不解，物不長，雨小而傷。政悖德隱茲謂亂，厥風先風不雨，大風暴起，發屋折木。守義不進茲謂眊，厥風與雲俱起，折五穀莖。臣易上政茲謂不順，厥風大焱發屋。賦斂不理茲謂禍，厥風絕經紀，止卽溫，溫卽蟲。侯專封茲謂不統，厥風疾而樹不搖，穀不成。辟不思道利茲謂無澤，厥風不搖木，旱無雲，傷禾。公常於利茲謂亂，厥風微而溫，生蟲蝗，害五穀。棄政作淫茲謂惑，厥風溫，螟蟲起，害有益人之物。諸侯不朝茲謂畔，厥風無恒，地變赤，雨殺人。」

吳孫權太元元年八月朔，大風，江海涌溢，平地水深八尺，拔高陵樹二千株，石碑蹉動，吳城兩門飛落。〔三〕案華覈對，役繁賦重，區霿不容之罰也。明年，權薨。

孫亮建興元年十二月丙申，大風震電。是歲，魏遣大衆三道來攻，諸葛恪破其東興軍，二軍亦退。明年，恪又攻新城，喪衆太半，還，伏誅。

孫休永安元年十一月甲午，風四轉五復，蒙霧連日。是時，孫綝一門五侯，權傾吳主，風霧之災，與漢五侯、丁、傅同應也。十二月丁卯夜，有大風，發木揚沙。明日，綝誅。

武帝泰始五年五月辛卯朔，廣平大風，折木。

咸寧元年五月，下邳、廣陵大風，壞千餘家，折樹木。其月甲申，廣陵、司吾、下邳大風，折木。〔一三〕三年八月，河間大風，折木。

太康二年五月，濟南暴風，折木，傷麥。六月，高平大風，折木，發壞邸閣四十餘區。七月，上黨又大風，傷秋稼。八年六月，郡國八大風。九年正月，京都風雹，發屋拔樹。後二年，宮車晏駕。

惠帝元康四年六月，大風雨，拔木。五年四月庚寅夜，暴風，城東渠波浪殺人。七月，下邳大風，壞廬舍。九月，雁門、新興、太原、上黨災風傷稼。明年，氐羌反叛，大兵西討。

九年六月，飆風吹賈謐朝服飛數百丈。明年，謐誅。十一月甲子朔，京都連大風，發屋折木。十二月，愍懷太子廢，幽于許昌。

永康元年二月，大風拔木。三月，愍懷被害。己卯，喪柩發許昌還洛。是日，又大風雷電，幃蓋飛裂。四月，張華第舍飆風起，折木飛繒，折軸六七。是月，華遇害。十一月戊午朔，大風從西北來，折木飛沙石，六日止。明年正月，趙王倫篡位。

永寧元年八月，郡國三大風。

永興元年正月乙丑，西北大風。趙王倫建始元年正月癸酉，趙王倫祠太廟，災風暴起，塵四合。其年四月，倫伏辜。

元帝永昌元年七月丙寅，大風拔木，屋瓦皆飛。八月，暴風壞屋，拔御道柳樹百餘株。其風縱橫無常，若風自八方來者。是時，王敦專權，害尚書令刁協、僕射周顗等，故風縱橫若非一處也。此臣易上政，諸侯不朝之罰也。十一月，宮車晏駕。

成帝咸康四年三月壬辰，成都大風，發屋折木。四月，李壽襲殺李期，自立。

康帝建元元年七月庚申，〔一四〕晉陵、吳郡災，風。

穆帝升平元年八月丁未，策立皇后何氏。是日，疾風。後桓玄簒位，乃降后爲零陵縣君，不睿之罰也。五年正月戊戌朔，〔一五〕疾風。

海西公太和六年二月，大風迅急，是年被廢。

孝武帝寧康元年三月，京都大風，火大起。是時，桓溫入朝，志在陵上，帝又幼少，人懷憂恐，斯不睿之徵也。三年三月戊申朔，暴風迅起，從丑上來，須臾逆轉，從子上來，飛沙揚礫。

太元二年二月乙丑朔，暴風折木。閏三月甲子朔，暴風疾雨俱至，發屋折木。三年六月，長安大風，拔苻堅宮中樹。其後，堅再南伐，遂有淝水之敗，身戮國亡。四年八月乙未，暴風揚沙石。

十二年正月壬子夜，〔一六〕暴風。七月甲辰，大風折木。十三年十二月乙未，〔一七〕大風，晝晦。其後帝崩而諸侯違命，權奪於元顯，禍成於桓玄，是其應也。十七年六月乙卯，〔一八〕大風折木。

安帝元興二年二月甲辰夜，〔一九〕大風雨，大航門屋瓦飛落。明年，桓玄篡位，由此門入。三年正月，桓玄出遊大航南，飄風飛其轄輗蓋，經三月而玄敗歸江陵。五月，江陵又大風折木。是月，桓玄敗於崢嶸洲，身亦屠裂。十一月丁酉，〔二〇〕大風，江陵多死者。

義熙四年十一月辛卯朔，西北疾風起。五年閏十月丁亥，〔二一〕大風發屋。明年，盧循至蔡洲。六年五月壬申，大風拔北郊樹，樹幾百年也。并吹琅邪、揚州二射堂倒壞。是日，盧循大艦漂沒。甲戌，又風，發屋折木。是冬，王師南討。

九年正月，大風，白馬寺浮圖剎柱折壞。十年四月己丑朔，大風拔木。六月辛亥，大風拔木。七月，淮北大風，壞廬舍。明年，西討司馬休之應。

夜妖

魏高貴鄉公正元二年正月戊戌，景帝討毌丘儉，大風晦暝，行者皆頓伏，近夜妖也。劉向曰："正晝而暝，陰爲陽，臣制君也。"

元帝景元三年十月，京都大震，晝晦，此夜妖也。班固曰："夜妖者，雲風並起而杳冥，故與常風同象也。"劉向春秋說云："天戒若曰，勿使大夫世官，將令專事。暝晦，公室卑矣。"魏見此妖，晉有天下之應也。

懷帝永嘉四年十月辛卯，〔三〕晝昏，至于庚子，此夜妖也。後年，劉曜寇洛川，王師頻爲賊所敗，帝蒙塵于平陽。

孝武帝太元十三年十二月乙未，大風晦暝。其後帝崩，而諸侯違命，干戈內侮，權奪於元顯，禍成於桓玄。

蠃蟲之孽

京房易傳曰："臣安祿位茲謂貪，厥災蟲食根。德無常茲謂煩，蟲食葉。不絀無德，蟲食本。與東作爭茲謂不時，蟲食莖。蔽惡生孽，蟲食心。"

武帝咸寧元年七月，郡國螟。九月，青州又螟。是月，郡國有青蟲食其禾稼。四年，司、冀、兗、豫、荆、揚郡國二十螟。

太康四年，會稽彭蜞及蟹皆化爲鼠，甚衆，復大食稻爲災。九年八月，郡國二十四螟。

九月，蟲又傷秋稼。是時，帝聽讒諛，寵任賈充、楊駿，故有蟲蝗之災，不紬無德之罰。

惠帝元康三年九月，帶方等六縣螟，食禾葉盡。

永寧元年七月，梁、益、涼三州螟。是時，齊王冏執政，貪苛之應也。十月，〔三〕南安、巴西、江陽、太原、新興、北海青蟲食禾葉，甚者十傷五六。十二月，郡國六螟。

牛禍

武帝太康九年，幽州塞北有死牛頭語，近牛禍也。是時，帝多疾病，深以後事爲念，而託付不以至公，思瞀亂之應也。案師曠曰：「怨讟動於人，則有非言之物而言。」又其義也。京房易傳曰：「殺無罪，牛生妖。」

惠帝太安中，江夏張騁所乘牛言曰：「天下亂，乘我何之！」騁懼而還，犬又言曰：「歸何早也？」尋後牛又人立而行。騁使善卜者卦之，謂曰：「天下將有兵亂，爲禍非止一家。」其年，張昌反，先略江夏，騁爲將帥，於是五州殘亂，騁亦族滅。京房易傳曰：「牛能言，如其言占吉凶。」易萌氣樞曰：「人君不好士，走馬被文繡，犬狼食人食，則有六畜談言。」時天子諸侯不以惠下爲務，又其應也。

元帝建武元年七月，晉陵陳門才牛生犢，〔四〕一體兩頭。案京房易傳言：「牛生子二首一身，天下將分之象也。」是時，愍帝蒙塵於平陽，尋爲逆胡所殺。元帝卽位江東，天下分爲二，是其應也。

太興元年，武昌太守王諒牛生子，兩頭八足，兩尾共一腹，三年後死。又有牛一足三尾，皆生而死。案司馬彪說，「兩頭者，政在私門，上下無別之象也。」京房易傳曰：「足多者，所任邪也；足少者，不勝任也。」其後王敦等亂政，此其祥也。

四年十二月，郊牛死。案劉向說春秋郊牛死曰：「宣公區霿昏亂，故天不饗其祀。」今元帝中興之業，實王導之謀也。劉隗探會上意，以得親幸，導見疎外，此區霿不睿之禍。

成帝咸和二年五月，護軍牛生犢，兩頭六足。是冬，蘇峻作亂。　七年，九德人袁榮家牛產犢，兩頭八足，二尾共身。

桓玄之國，在荆州詣刺史殷仲堪，行至鶴穴，逢一老公驅青牛，形色瓌異，桓玄卽以所乘牛易取。乘至零陵涇溪，駿駛非常，息駕飲牛，牛逕入江水不出。玄遣人覘守，經日無所見。於後玄敗被誅。

黄眚黄祥

蜀劉備章武二年，東伐。二月，自秭歸進屯夷道。六月，秭歸有黄氣見，長十餘里，廣數十丈。後踰旬，備爲陸議所破，近黄祥也。

魏齊王正始中，中山王周南爲襄邑長。有鼠從穴出，語曰：「王周南，爾以某日死。」周南不應，鼠還穴。後至期，更冠幘皁衣出，語曰：「周南，汝日中當死。」又不應，鼠復入穴。斯須更出，語如向。日適欲中，鼠入須臾復出，出復入，轉更數，語如前。日適中，鼠曰：「周南，汝不應，我復何道！」言絶，顛蹶而死，即失衣冠。取視，俱如常鼠。案班固說，此黄祥也。是時，曹爽專政，競爲比周，故鼠作變也。

惠帝元康四年十二月，大霧。帝時昏眊，政非己出，故有區霿之妖。

元帝太興四年八月，黄霧四塞，埃氛蔽天。

永昌元年十月，京師大霧，黑氣貫天，日無光。

明帝太寧元年正月癸巳，黄霧四塞。二月，又黄霧四塞。是時王敦擅權，謀逆愈甚。

穆帝永和七年三月，涼州大風拔木，黄霧下塵。是時，張重華納譖，出謝艾爲酒泉太守，而所任非其人，至九年死，嗣子見殺，是其應也。京房易傳曰：「聞善不予兹謂不知，厥異黄，厥咎聾，厥災不嗣。黄者，有黄濁氣四塞天下。蔽賢絶道，故災至絶世也。」

孝武太元八年二月癸未，黄霧四塞。是時，道子專政，親近佞人，朝綱方替。

安帝元興元年十月丙申朔，黄霧昏濁不雨。是時桓玄謀逆之應。

義熙五年十一月，大霧。十年十一月，又大霧。是時，帝室衰微，臣下權盛，兵及士地，略非君有，此其應也。

地震

劉向曰：「地震，金木水火沴土者也。」伯陽甫曰：「天地之氣，不過其序；若過其序，人之亂也。陽伏而不能出，陰迫而不能升，於是有地震。」

吳孫權黃武四年，江東地連震。是時，權受魏爵命爲大將軍、吳王，改元專制，不修臣跡。京房易傳曰：「臣事雖正，專必震。其震，於水則波，於木則搖，於屋則瓦落。大經在辟而易臣茲謂陰動，厥震搖政宮。大經搖政茲謂不陰，厥震搖山，出涌水。嗣子無德專祿茲謂不順，厥震動丘陵，涌水出。」劉向並云：〔三五〕「臣下强盛，將動而爲害之應也。」

魏明帝青龍二年十一月，京都地震，從東來，隱隱有聲，搖屋瓦。

景初元年六月戊申，京都地震。是秋，吳將朱然圍江夏，荆州刺史胡質擊退之。又，公孫文懿叛，自立爲燕王，改年，置百官。明年，討平之。

吳孫權嘉禾六年五月，江東地震。

赤烏二年正月，地再震。是時，呂壹專事，步騭上疏曰：「伏聞校事吹毛求瑕，趣欲陷人，成其威福，無罪無辜，橫受重刑，雖有大臣，不見信任，如此，天地焉得無變！故地連震動，臣下專政之應也。冀所以警悟人主，可不深思其意哉！」壹後卒敗。

魏齊王正始二年十一月，南安郡地震。三年七月甲申，南安郡地震。十二月，魏郡地震。六年二月丁卯，南安郡地震。是時，曹爽專政，遷太后于永寧宮，太后與帝相泣而別。連年地震，是其應也。

吳孫權赤烏十一年二月，江東地仍震。是時，權聽讒，尋黜朱據，廢太子。

蜀劉禪炎興元年，蜀地震。是時宦人黃皓專權。案司馬彪說，「閹官無陽施，猶婦人也」。皓見任之應，與漢和帝時同事也。是冬，蜀亡。

武帝泰始五年四月辛酉，地震。是年冬，新平氐羌叛。明年，孫皓遣大衆入渦口。七年六月丙申，地震。

咸寧二年八月庚辰，河南、河東、平陽地震。四年六月丁未，陰平廣武地震，甲子又震。

太康二年二月庚申，淮南、丹楊地震。五年正月朔壬辰，〔二六〕京師地震。六年七月己丑，地震。〔二七〕七年七月，南安、犍爲地震。八月，京兆地震。八年五月壬子，建安地震。七月，陰平地震。八月，丹楊地震。九年正月，會稽、丹楊、吳興地震。四月辛酉，長沙、南海等郡國八地震。七月至于八月，地又四震，其三有聲如雷。九月，臨賀地震，十二月又震。

十年十二月己亥，丹楊地震。

太熙元年正月，地又震。武帝世，始於賈充，終於楊駿，阿黨昧利，苟竊朝權。至於末年，所任轉弊，故頻年地震，過其序也，終喪天下。

惠帝元康元年十二月辛酉，京都地震。此夏，賈后使楚王瑋殺汝南王亮及太保衞瓘，此陰道盛、陽道微故也。

四年二月，上谷、上庸、遼東地震。五月，蜀郡山移；淮南壽春洪水出，山崩地陷，壞城府。八月，上谷地震，水出，殺百餘人。十月，京都地震。十一月，滎陽、襄城、汝陰、梁國、南陽地皆震。十二月，京都又震。是時，賈后亂朝，終至禍敗之應也。漢鄧太后攝政時，郡國地震。李固以爲：「地，陰也，法當安靜。今乃越陰之職，專陽之政，故應以震。」此同事也。京房易傳曰：「小人剝廬，厥妖山崩，茲謂陰乘陽，弱勝强。」又曰：「陰背陽則地裂，父子分離，夷羌叛去。」

五年五月丁丑，地震。六月，金城地震。　六年正月丁丑，地震。　八年正月丙辰，地震。

太安元年十月，〔二八〕地震。時齊王冏專政之應。　二年十二月丙辰，地震。是時，長沙王乂專政之應也。

孝懷帝永嘉三年十月，荆、湘二州地震。〔二九〕時司馬越專政。　四年四月，兗州地震。五月，石勒寇汲郡，執太守胡寵，遂南濟河，〔三〇〕是其應也。

愍帝建興二年四月甲辰，地震。　三年六月丁卯，長安又地震。是時主幼，權傾於下，四方雲擾，兵亂不息之應也。

元帝太興元年四月，西平地震，湧水出。　十二月，廬陵、豫章、武昌、西陵地震，湧水出，山崩。干寶以爲王敦陵上之應也。

二年五月己丑，祁山地震，山崩，殺人。是時，相國南陽王保在祁山，稱晉王不終之象也。　三年五月庚寅，〔三一〕丹楊、吳郡、晉陵又地震。

成帝咸和二年二月，江陵地震。　三月，益州地震。　四月己未，豫章地震。〔三二〕是年，蘇峻作亂。　九年三月丁酉，會稽地震。

穆帝永和元年六月癸亥，地震。是時，嗣主幼沖，母后稱制，政在臣下，所以連年地震。二年十月，〔三三〕地震。　三年正月丙辰，地震。　九月，地又震。　四年十月己未，地震。五年正月庚寅，地震。　是時，石季龍僭即皇帝位，亦過其序也。

九年八月丁酉，京都地震，有聲如雷。　十年正月丁卯，地震，聲如雷，雞雉皆鳴呴。

十一年四月乙酉，地震。五月丁未，地震。

升平二年十一月辛酉，地震。　五年八月，涼州地震。

哀帝隆和元年四月甲戌，地震。　是時，政在將相，人主南面而已。

興寧元年四月甲戌，揚州地震，湖瀆溢。　二年二月庚寅，〔三四〕江陵地震。　是時，桓溫專政。

海西公太和元年二月，涼州地震，水涌。　是海西將廢之應也。

簡文帝咸安二年十月辛未，安成地震。〔三五〕是年帝崩。

孝武帝寧康元年十月辛未，地震。　二年二月丁巳，地震。　七月甲午，涼州地又震，山崩。　是時，嗣主幼沖，權在將相，陰盛之應也。

太元二年閏三月壬午，地震。　五月丁丑，地震。　十一年六月己卯，地震。　是後緣河諸將連歲兵役，人勞之應也。　十五年三月己酉朔夜，地震。　八月，京都地震。　十二月己未，地震。　十七年六月癸卯，地震。　十二月己未，地又震。　是時，羣小弄權，天下側目。十八年正月癸亥朔，地震。　二月乙未夜，地震。

安帝隆安四年四月乙未，地震。　九月癸丑，地震。　是時，幼主沖昧，政在臣下。

義熙四年正月壬子夜，地震有聲。　十月癸亥，地震。　五年正月戊戌夜，尋陽地震，有聲如雷。明年，盧循下。　八年，自正月至四月，南康、廬陵地四震。明年，王旅西討荆益。十年三月戊寅，地震。

山崩地陷裂

吳孫權赤烏十三年八月，丹楊、句容及故鄣、寧國諸山崩，鴻水溢。案劉向說，「山，陽，君也。水，陰，百姓也。天戒若曰，君道崩壞，百姓將失其所與」！春秋梁山崩，漢齊、楚衆山發水，同事也。夫三代命祀，祭不越望，吉凶禍福，不是過也。吳雖稱帝，其實列國，災發丹楊，其天意矣。劉歆以爲：「國主山川，山崩川竭，亡之徵也。」後二年而權薨，又二十六年而吳亡。

魏元帝咸熙二年二月，太行山崩，此魏亡之徵也。其冬，晉有天下。

武帝泰始三年三月戊午，大石山崩。　四年七月，泰山崩墜三里。京房易傳曰：「自上下者爲崩，厥應泰山之石顛而下，聖王受命人君虜。」及帝晏駕，而祿去王室，惠皇懦弱，懷、愍二帝俱辱虜庭，淪胥於北，元帝中興於南，此其應也。

太康五年五月丙午，〔三六〕宣帝廟地陷。　六年十月，南安新興山崩，涌水出。　七年二月，朱提之大瀘山崩，震壞郡舍，陰平之仇池崖隕。　八年七月，大雨，殿前地陷，方五尺，深數丈，中有破船。

惠帝元康四年，蜀郡山崩，殺人。五月壬子，壽春山崩，洪水出，城壞，地陷方三十丈，殺人。六月，壽春大雷，山崩地坼，人家陷死，上庸亦如之。八月，居庸地裂，廣三十六丈，長八十四丈，水出，大饑。上庸四處山崩，地墜廣三十丈，長百三十丈，水出殺人。皆賈后亂朝之應也。

太安元年四月，西墉崩。

懷帝永嘉元年三月，洛陽東北步廣里地陷。二年八月乙亥，鄄城城無故自壞七十餘丈，司馬越惡之，遷于濮陽，此見沴之異也。越卒以陵上受禍。三年七月戊辰，當陽地裂三所，廣三丈，長三百餘步。京房易傳曰：「地坼裂者，臣下分離，不肯相從也。」其後司馬越荀晞交惡，四方牧伯莫不離散，王室遂亡。

三年十月，宜都夷道山崩。四年四月，湘東酃黑石山崩。

元帝太興元年二月，廬陵、豫章、武昌、西陽地震山崩。二年五月，祁山地震，山崩，殺人。三年，南平郡山崩，出雄黃數千斤。時王敦陵傲，帝優容之，示含養禍萌也。四年八月，常山崩，水出，滹沲盈溢，大木傾拔。

成帝咸和四年十月，柴桑廬山西北崖崩。十二月，劉胤爲郭默所殺。

穆帝永和七年九月，峻平、崇陽二陵崩。十二年十一月，遣散騎常侍車灌修峻平陵，開埏道，崩壓，殺數十人。

升平五年二月，南掖門馬足陷地，得鍾一，有文四字。

哀帝隆和元年四月丁丑，浩亹山崩，張天錫亡徵也。

安帝義熙八年三月壬寅，山陰地陷，方四丈，有聲如雷。十年五月戊寅，西明門地穿，涌水出，毁門扇及限，此水沴土也。十一年五月，霍山崩，出銅鍾六枚。十三年七月，漢中成固縣水涯有聲若雷，既而岸崩，出銅鍾十有二枚。

惠帝元康九年六月夜，暴雷雨，賈謐齋屋柱陷入地，壓謐牀帳，此木沴土，土失其性，不能載也。明年，謐誅焉。

光熙元年五月，范陽國地燃，可以爨，此火沴土也。是時，禮樂征伐自諸侯出。

傳曰：「皇之不極，是謂不建，厥咎眊，厥罰恒陰，厥極弱。時則有射妖，時則有龍蛇之孽，時則有馬禍，時則有下人伐上之痾，時則有日月亂行，星辰逆行。」皇之不極，是謂不建。皇，君；極，中；建，立也。人君貌言視聽思心五事皆失，不得其中，不能立萬事，失在眊悖，故其咎眊也。王者自下承天理物。雲起於山，而彌於天；天氣亂，故其罰恒陰。一曰，上失中，則下強盛而蔽君明也。易曰：「亢龍有悔，貴而亡位，高而亡民，賢人在下位而亡輔。」如此，則君有南面之尊，而亡一人之助，故其極弱也。盛陽動進輕疾。禮，春而大射，以順陽氣。上微弱則下奮驚動，故有射妖。易曰：「雲從龍。」又曰：「龍蛇之蟄，以存身也。」陰氣動，〔三七〕故有龍蛇之孽。於易，乾爲君，爲馬。任用而強力，君氣毀，故有馬禍。一曰，馬多死及爲怪，亦是也。君亂且弱，人之所叛，天之所去，不有明王之誅，則有篡殺之禍，故有下人伐上之痾。凡君道傷者，病天氣。不言五行沴天，而曰「日月亂行，〔三八〕星辰逆行」者，爲若下不敢沴天，猶春秋曰「王師敗績于貿戎」，不言敗之者，以自敗爲文，尊尊之意也。劉歆皇極傳曰有下體生於上之痾。說以爲下人伐上，天誅已成，不得復爲痾云。

恒陰

吳孫亮太平三年，自八月沈陰不雨，四十餘日。是時，將誅孫綝，謀泄。九月戊午，綝以兵圍宮，廢亮爲會稽王，此恒陰之罰也。

吳孫晧寶鼎元年十二月，太史奏久陰不雨，將有陰謀。孫晧驚懼。時陸凱等謀因其謁廟廢之。及出，留平領兵前驅，凱先語平，平不許，是以不果。晧既肆虐，羣下多懷異圖，終至降亡。

射妖

蜀車騎將軍鄧芝征涪陵，見玄猨緣山，手射中之。猨拔其箭，卷木葉塞其創。芝曰：「嘻！吾違物之性，其將死矣！」俄而卒，此射妖也。一曰，猨母抱子，芝射中之，子爲拔箭，取木葉塞創。芝歎息，投弩水中，自知當死。

恭帝爲琅邪王，好奇戲，嘗閉一馬於門內，令人射之，欲觀幾箭死。左右有諫者曰：「馬，國姓也。今射之，不祥。」於是乃止，而馬已被十許箭矣。此蓋射妖也。俄而禪位於宋焉。

龍蛇之孽

魏明帝青龍元年正月甲申，青龍見郟之摩陂井中。凡瑞興非時，則爲妖孽，況困于井，非嘉祥矣。魏以改年，非也。干寶曰：「自明帝，終魏世，青龍、黃龍見者，皆其主興廢之應也。魏土運，青木色，而不勝于金。黃得位，青失位之象也。青龍多見者，君德國運內相克伐也。故高貴鄉公卒敗于兵。」案劉向說，龍貴象而困井中，諸侯將有幽執之禍也。魏世，龍莫不在井，此居上者逼制之應。高貴鄉公著潛龍詩，卽此旨也。

高貴鄉公正元元年十月戊戌，〔三九〕黃龍見于鄴井中。二年二月，甘露元年正月辛丑，青龍見軹縣井中。六月乙丑，青龍見元城縣界井中。四年正月，黃龍青龍見溫縣井中。三年，黃龍、青龍俱見頓丘、冠軍、陽夏縣界井中。二見寧陵縣界井中。

元帝景元元年十二月甲申，黃龍見華陰縣井中。〔四〇〕三年二月，龍見軹縣井中。

吳孫晧天册中，龍乳於長沙人家，啖雞雛。京房易妖曰：「龍乳人家，王者爲庶人。」其後晧降晉。

武帝咸寧二年六月丙午，白龍二見于九原井中。

太康五年正月癸卯，二龍見武庫井中。帝觀之，有喜色。百僚將賀，劉毅獨表曰：「昔龍漦夏庭，禍發周室。龍見鄭門，子產不賀。」帝答曰：「朕德政未修，未有以應受嘉祥。」遂不賀也。孫盛曰：〔四一〕「龍，水物也，何與於人！子產言之當矣。但非其所處，實爲妖災。夫龍以飛翔顯見爲瑞，今則潛伏幽處，非休祥也。」漢惠帝二年，兩龍見蘭陵井中，本志以爲其後趙王幽死之象。武庫者，帝王威御之器所寶藏也，屋宇邃密，非龍所處。是後七年，藩王相害，二十八年，果有二胡僭竊神器，二逆皆字曰龍，此之表異，爲有證矣。

愍帝建興二年十一月，枹罕羌妓產一龍子，色似錦文，常就母乳，遙見神光，少得就視。

此亦皇之不建，於是帝竟淪沒。

呂纂末，龍出東廂井中，到其殿前蟠臥，比旦失之。俄又有黑龍升其宮門。纂咸以爲美瑞。或曰：「龍者陰類，出入有時，今而屢見，必有下人謀上之變。」後纂果爲呂超所殺。

武帝咸寧中，司徒府有二大蛇，長十許丈，居聽事平橑上而人不知，但數年怪府中數失小兒及豬犬之屬。後有一蛇夜出，被刃傷不能去，乃覺之，發徒攻擊，移時乃死。夫司徒，五教之府；此皇極不建，故蛇孽見之。漢靈帝時，蛇見御座，楊賜云爲帝溺於色之應也。魏代宮人猥多，晉又過之，燕遊是湎，此其孽也。詩云「惟虺惟蛇，女子之祥」也。

惠帝元康五年三月癸巳，臨淄有大蛇，長十餘丈，負二小蛇入城北門，逕從市入漢城陽景王祠中，不見。天戒若曰，昔漢景王有定傾之功，而不厲節忠慎，以至失職奪功之辱。今齊王冏不寤，雖建興復之功，而驕陵取禍，此其徵也。

明帝太寧初，武昌有大蛇，常居故神祠空樹中，每出頭從人受食。京房易妖曰：「蛇見於邑，不出三年有大兵，國有大憂。」尋有王敦之逆。

馬禍

武帝太熙元年，遼東有馬生角，在兩耳下，長三寸。案劉向說曰，「此兵象也」。及帝晏駕之後，王室毒於兵禍，是其應也。京房易傳曰：「臣易上，政不順，厥妖馬生角，茲謂賢士不足。」又曰：「天子親伐，馬生角。」呂氏春秋曰：「人君失道，馬有生角。」及惠帝踐阼，昏愚失道，又親征伐成都，是其應也。

惠帝元康八年十二月，皇太子將釋奠，太傅趙王倫驂乘，至南城門，馬止，力士推之不能動。倫入軺車，乃進。此馬禍也。天戒若曰，倫不知義方，終爲亂逆，非傳導行禮之人也。

九年十一月戊寅，忽有牡騮馬驚奔至廷尉訊堂，悲鳴而死。天戒若曰，愍懷冤死之象也。見廷尉訊堂，其天意乎！

懷帝永嘉六年二月，神馬鳴南城門。

愍帝建興二年九月，蒲子縣馬生人。京房易傳曰：「上亡天子，諸侯相伐，厥妖馬生人。」是時，帝室衰微，不絕如綫，胡狄交侵，兵戈日逼，尋而帝亦淪陷，故此妖見也。

元帝太興二年，丹楊郡吏濮陽演馬生駒，兩頭，自項前別，生而死。司馬彪說曰：「此政在私門，二頭之象也。」其後王敦陵上。

成帝咸康八年五月甲戌，有馬色赤如血，自宣陽門直走入于殿前，盤旋走出，尋逐莫知所在。己卯，〔四三〕帝不豫。六月，崩。此馬禍，又赤祥也。是年，張重華在涼州，將誅其西河相張祥，廏馬數十匹，同時悉無後尾也。

安帝隆安四年十月，梁州有馬生角，刺史郭銓送示桓玄。案劉向說曰，馬不當生角，猶玄不當舉兵向上也。玄不寤，以至夷滅。

石季龍在鄴，有一馬尾有燒狀，入其中陽門，出顯陽門，東宮皆不得入，走向東北，俄爾不見。術者佛圖澄歎曰：「災其及矣！」逾年季龍死，其國遂滅。

人痾

魏文帝黃初初，清河宋士宗母化爲鼈，入水。

明帝太和三年，曹休部曲丘奚農女死復生。時又有開周世冢，得殉葬女子，數日而有氣，數月而能言，郭太后愛養之。又，太原人發冢破棺，棺中有一生婦人，問其本事，不知也，視其墓木，可三十歲。案京房易傳曰：「至陰爲陽，下人爲上。」宣帝起之象也。漢平帝、獻帝並有此異，占以爲王莽、曹操之徵。

孫休永安四年，安吳民陳焦死七日復生，穿冢出。干寶曰：「此與漢宣帝同事，烏程侯皓承廢故之家，得位之祥也。」

孫皓寶鼎元年，丹楊宣騫母年八十，因浴化爲黿，兄弟閉戶衞之。掘堂上作大坎，實水其中，竄入坎遊戲，一二日恒延頸外望。伺戶小開，便輪轉自躍，入于遠潭，遂不復還。與漢靈帝時黃氏母同事，吳亡之象也。

魏元帝咸熙二年八月，襄武縣言有大人見，長三丈餘，跡長三尺二寸，髮白，著黃巾黃單衣，柱杖呼王始語曰：「今當太平。」晉尋代魏。

武帝泰始五年，元城人年七十生角。殆趙王倫簒亂之象也。

咸寧二年十二月，琅邪人顏畿病死，棺斂已久，家人咸夢畿謂己曰：「我當復生，可急開棺。」遂出之，漸能飲食屈伸視瞻，不能行語，二年復死。京房易傳曰：「至陰爲陽，下人爲上，厥妖人死復生。」其後劉元海、石勒僭逆，遂亡晉室，下爲上之應也。

惠帝元康中，安豐有女子周世寧，年八歲，漸化爲男，至十七八而氣性成。京房易傳曰：「女子化爲丈夫，茲謂陰昌，賤人爲王。」此亦劉元海、石勒蕩覆天下之妖也。

永寧初，齊王冏唱義兵，誅除亂逆，乘輿反正。忽有婦人詣大司馬門求寄產，門者詰之，婦曰：「我截臍便去耳。」是時，齊王冏匡復王室，天下歸功，識者爲其惡之，後果斬戮。

永寧元年十二月甲子，有白頭公入齊王冏大司馬府，大呼曰：「有大兵起，不出甲子旬。」冏殺之。明年十二月戊辰，冏敗，卽甲子旬也。

太安元年四月癸酉，有人自雲龍門入殿前，北面再拜曰：「我當作中書監。」卽收斬之。

干寶以爲「禁庭尊祕之處，今賤人徑入而門衞不覺者，宮室將虛而下人踰上之妖也」。是後帝北遷鄴，又遷長安，宮闕遂空焉。

元康中，梁國女子許嫁，已受禮娉，尋而其夫戍長安，經年不歸，女家更以適人。女不樂行，其父母逼强，不得已而去，尋得病亡。後其夫還，問其女所在，其家具說之。其夫逕至女墓，不勝哀情，便發冢開棺，女遂活，因與俱歸。後壻聞知，詣官爭之，所在不能決。祕書郎王導議曰：「此是非常事，不得以常理斷之，宜還前夫。」朝廷從其議。

惠帝世，杜錫家葬而婢誤不得出。後十年開冢祔葬而婢尚生。始如瞑，有頃漸覺，問之，自謂再宿耳。初，婢之埋年十五六，及開冢更生，猶十五六也，嫁之有子。

光熙元年，會稽謝眞生子，頭大而有髮，兩蹠反向上，有男女兩體，生便作丈夫聲，經一日死。此皇之不極，下人伐上之痾，於是諸王有僭亂之象也。

惠帝之世，京洛有人兼男女體，亦能兩用人道，而性尤淫，此亂氣所生。自咸寧、太康之後，男寵大興，甚於女色，士大夫莫不尙之，天下相倣效，或至夫婦離絕，多生怨曠，故男女之氣亂而妖形作也。

懷帝永嘉元年，吳郡吳縣萬詳婢生子，〔四三〕鳥頭，兩足馬蹄，一手，無毛，尾黃色，大如枕。此亦人妖，亂之象也。

五年五月，枹罕令嚴根妓產一龍，一女，一鵝。京房易傳曰：「人生他物，非人所見者，皆爲天下大兵。」是時，帝承惠皇之後，四海沸騰，尋而陷於平陽，爲逆胡所害，此其徵也。

愍帝建興四年，新蔡縣吏任僑妻產二女，腹與心相合，自胸以上、臍以下各分，此蓋天下未一之妖也。時內史呂會上言：「案瑞應圖，異根同體謂之連理，異畝同穎謂之嘉禾。〔四〕草木之異猶以爲瑞，今二人同心，易稱『二人同心，其利斷金』，蓋四海同心之瑞也。」時皆哂之。俄而四海分崩，帝亦淪沒。

元帝太興初，有女子其陰在腹，當臍下，自中國來至江東，其性淫而不產。又有女子陰在首，渡在揚州，性亦淫。京房易妖曰：「人生子，陰在首，天下大亂；在腹，天下有事；在背，天下無後。」于時王敦據上流，將欲爲亂，是其徵。

三年十二月，尙書騶謝平妻生女，墮地濞濞有聲，須臾便死。鼻目皆在頂上，面處如項，口有齒，都連爲一，胸如鼈，手足爪如鳥爪，皆下勾。此亦人生他物，非人所見者。後二年，有石頭之敗。

明帝太寧二年七月，丹楊江寧侯紀妻死，經三日復生。

成帝咸康五年四月，下邳民王和僑居暨陽，息女可年二十，自云上天來還，得徵瑞印綬，當母天下。晉陵太守以爲妖，收付獄。至十一月，有人持柘杖絳衣詣止車門，口列爲聖人使求見天子。門候受辭，辭稱姓呂名賜，〔四五〕其言王和女可右足下有七星，星皆有毛，長七寸，天今命可爲天下母。奏聞，卽伏誅，幷下晉陵誅可。

康帝建元二年十月，衞將軍營督過望所領兵陳瀆女臺有文在其足，〔四六〕曰「天下之母」，灸之愈明。京都諠譁，有司收繫以聞。俄自建康縣獄亡去。明年，帝崩，獻后臨朝，此其祥也。

孝武帝寧康初，南郡州陵女唐氏漸化爲丈夫。

安帝義熙七年，無錫人趙未年八歲，〔四七〕一旦暴長八尺，髭鬚蔚然，三日而死。

義熙中，東陽人莫氏生女不養，〔四八〕埋之數日，於土中啼，取養遂活。

義熙末，豫章吳平人有二陽道，〔四九〕重累生。

恭帝元熙元年，建安人陽道無頭，正平，本下作女人形體。

校勘記

〔一〕北新城　原作「北陽新城」，今據地理志上及宋志四删「陽」字。

〔二〕湖　原作「湖城」。周校：「城」衍文。按：地理志上及宋志四並無「城」字，今據删。

〔三〕永昌二年十二月幽冀幷三州大雨明帝太寧元年十二月幽冀幷三州大雪　校文：此本一事，誤複爲二。永昌僅一年，所云「二年」，卽太寧元年。上條「大雨」乃「大雪」之譌。

〔四〕折木　海西公紀作「大風折木」。

〔五〕劉蕃　斠注：安紀「蕃」作「藩」。

〔六〕同日三處俱時震　宋志四無「時」字，此「時」字疑衍。

〔七〕候風木飛鳥　李校：宋志「鳥」作「烏」，是也，此卽相風烏。

〔八〕劉載　劉聰一名載，見載記，因此殿本改作「劉聰」。

〔九〕丙子　各本作「庚子」，今從宋本，與宋志四合。

〔一〇〕三年六月辛卯　「三年」原作「二年」，今據宋志四改作「三年」，蓋二年六月無辛卯，三年六月辛卯則爲十四日。

〔一一〕五年六月丙寅　原無「五年」二字。周校：「六月」上脫去「五年」二字。按：宋志四有「五年」二字，安紀亦繫此事於五年，因據補。

〔一二〕吳城兩門飛落　吳志孫權傳「兩門」作「南門」。御覽八七六引本志「飛落」上有「瓦」字。

〔一三〕其月甲申廣陵司吾下邳大風折木　與上條同，疑一事複出。

〔一四〕七月庚申　「庚申」原作「庚寅」，七月無庚寅，據康紀改。

〔一五〕正月戊戌朔　「戊戌」原作「戊午」，正月戊戌朔，宋志五不誤，今據改。

〔一六〕正月壬子夜　原作「壬午夜」。正月無「壬午」，據孝武紀改。

〔一七〕十二月乙未　「乙未」原作「己未」，十二月無「己未」，據孝武紀改。

〔一八〕六月乙卯　「乙卯」原作「乙未」，據孝武紀改。

〔一九〕甲辰夜　原無「甲辰」二字，據宋志五補。

〔二〇〕十一月丁酉　「十一月」，各本作「十二月」，宋本作「十一月」，與宋志五同，干支亦合，今從宋本。

〔二一〕閏十月　各本作「閏十一月」，誤，今據宋志五删「一」字。

〔二二〕十月辛卯　「十月」原作「十一月」，干支不合，今據懷紀删「一」字。

〔二三〕十月　各本「十月」上有「永寧元年」四字，周校：四字衍文。按：吳本無此四字，今從之。

〔二四〕晉陵陳門才牛生犢　「陳門才」不知何義，亦不知是否人名。搜神記七作「晉陵東門有牛生犢」，疑此「陳」爲「東」、「才」爲「有」之誤。宋志五「陳門才」則作「曲阿門」。

〔二五〕劉向　斠注：宋志「劉向」上有「董仲舒」三字，本志誤脫。

〔二六〕正月朔壬辰　周校：「正月朔壬辰」，文理不明，武紀在二月壬辰。

〔二七〕七月己丑地震　據帝紀，此巴西震。七月無己丑，疑「己丑」乃「巴西」二字之形譌。

〔二八〕十月　原作「十二月」。今據帝紀及宋志五删「二」字。

〔二九〕荆湘二州地震　「湘」原作「襄」，今據懷紀及宋志五改。

〔三〇〕南濟河　「河」原作「泗」，今據懷紀及石勒載記改。濟泗不合地理。

〔三一〕五月庚寅　「五月」原作「四月」，四月無庚寅，今依元紀改作「五月」。

〔三二〕豫章地震　「豫章」原作「豫州」，今依成紀及宋志五改。

〔三三〕二年十月　「十月」原作「十二月」，今依穆紀及宋志五删「二」字。

〔三四〕二月庚寅　「二月」原作「三月」，三月無庚寅，今據哀紀及宋志五改作「二月」。

〔三五〕簡文帝咸安二年十月辛未安成地震　校文：此與下文孝武帝寧康元年十月辛未地震，疑一事而歧爲二，故月日俱同。志於兩帝死亡新立之際，所記事實，動多複出，此其一也。

〔三六〕五月丙午　原脱「五月」二字，今據帝紀補。

〔三七〕陰氣動　「陰」下原有「陽」字，衍文，今據漢志下之上删。

〔三八〕而曰日月亂行　各本無「曰」字，殿本有，今從之。

〔三九〕正元元年十月戊戌　魏志高貴鄉公紀繫於冬十月下，此脱「十月」二字，今據補。

〔四〇〕元帝景元元年至華陰縣井中　此陳留王事，陳留王謚元皇帝。「華陰」原作「華容」，華容屬吳，誤，今據魏志陳留王紀改。

〔四一〕孫盛　孫盛此時（太康五年）猶未生，「盛」爲「楚」之誤，孫楚傳正載此事。

〔四二〕己卯　六月丙戌朔，無己卯，成紀作「庚寅」。

〔四三〕萬詳　斠注：宋志「詳」作「祥」。

〔四四〕異畝同穎　斠注：宋志「異畝」作「異苗」。

〔四五〕名賜　斠注：「賜」宋志作「錫」。

〔四六〕臺　宋志五「臺」作「壹」。

〔四七〕趙未　斠注：宋志「未」作「朱」。

〔四八〕莫氏　宋志五作「黄氏」。

〔四九〕豫章吴平人　殿本作「吴豫章人」，似當作「豫章人吴平」。

晉書卷三十

志第二十

刑法

傳曰：「齊之以禮，有恥且格。」刑之不可犯，不若禮之不可踰，則昊歲比於犧年，宜有降矣。若夫穹圓肇判，宵貌攸分，流形播其喜怒，稟氣彰其善惡，則有自然之理焉。念室後刑，衢樽先惠，將以屏除災害，引導休和，取譬琴瑟，不忘銜策，擬陽秋之成化，若堯舜之爲心也。郊原布肅，軒皇有轡野之師；雷電揚威，高辛有觸山之務。陳平兵甲而肆諸市朝，具嚴天刑，以懲亂首，論其本意，蓋有不得已而用之者焉。是以丹浦興仁，羽山咸服。而世屬僥倖，事關攸蠹，政失禮微，獄成刑起，則孔子曰：「聽訟吾猶人也，必也使無訟乎！」及周氏龔行，却收鋒刃，祖述生成，憲章堯禹，政有膏露，威兼禮樂，或觀辭以明其趣，或傾耳以照其微，或彰善以激其情，或除惡以崇其本。至夫取威定霸，一匡九合，寓言成康，不由凝網，此所謂酌其遺美，而愛民治國者焉。若乃化蔑彝倫，道睽明愼，則夏癸之虐劉百姓，商辛之毒痛四海，衞鞅之無所自容，韓非之不勝其虐，與夫甘棠流詠，未或同歸。秦文初造參夷，始皇加之抽脅，囹圄如市，悲哀盈路。漢王以三章之法以弔之，文帝以刑厝之道以臨之，于時百姓欣然，將逢交泰。而犴逐情遷，科隨意往，獻瓊杯於闕下，徙靑衣於蜀路，覆醢裁刑，傾宗致獄。況乃數囚於京兆之夜，五日於長安之市，北闕相引、中都繼及者，亦往往而有焉。而將亡之國，典刑咸棄，刊章以急其憲，適意以寬其網，桓靈之季，不其然歟！魏明帝時，宮室盛興，而期會迫急，有稽限者，帝親召問，言猶在口，身首已分。王肅抗疏曰：「陛下之所行刑，皆宜死之人也。然衆庶不知，將爲倉卒，願陛下下之於吏而暴其罪。均其死也，不汙宮掖，不爲搢紳驚惋，不爲遠近所疑。人命至重，難生易殺，氣絕而不續者也，是以聖王重之。孟軻云：『殺一不辜而取天下者，仁者不爲也。』」

世祖武皇帝接三統之微，酌千年之範，乃命有司，大明刑憲。于時詔書頒新法於天下，海內同軌，人甚安之。條綱雖設，稱爲簡惠，仰昭天眷，下濟民心，道有法而無敗，德俟刑而久立。及晉圖南徙，百有二年，仰止前規，挹其流潤，江左無外，蠻陬來格。孝武時，會稽王道子傾弄朝權，其所樹之黨，貨官私獄，烈祖惛迷，〔一〕不聞司敗，晉之綱紀大亂焉。

傳曰「三皇設言而民不違，五帝畫象而民知禁」，則書所謂「象以典刑，流宥五刑，鞭作官刑，扑作教刑」者也。然則犯黥者皁其巾，犯劓者丹其服，犯臏者墨其體，犯宮者雜其屨，大辟之罪，殊刑之極，布其衣裾而無領緣，投之於市，與衆棄之。舜命皋陶曰：「五刑有服，五服三就，五流有宅，五宅三居。」方乎前載，事既參倍。夏后氏之王天下也，則五刑之屬三千。殷因於夏，有所損益。周人以三典刑邦國，以五聽察民情，左嘉右肺，事均鎔造，而五刑之屬猶有二千五百焉。乃置三刺、三宥、三赦之法：一刺曰訊羣臣，再刺曰訊羣吏，三刺曰訊萬民；一宥曰不識，再宥曰過失，三宥曰遺忘；一赦曰幼弱，再赦曰老旄，三赦曰蠢愚。司馬法：或起甲兵以征不義，廢貢職則討，不朝會則誅，亂嫡庶則縶，變禮刑則放。

傳曰：「殷周之質，不勝其文。」及昭后徂征，穆王斯耄，爰制刑辟，以詰四方，姦宄弘多，亂離斯永，則所謂「夏有亂政而作禹刑，商有亂政而作湯刑，周有亂政而作九刑」者也。古者大刑用甲兵，中刑用刀鋸，薄刑用鞭扑。自茲厥後，狙詐彌繁。武皇帝並以爲往憲猶疑，不可經國，乃命車騎將軍、守尚書令、魯公徵求英俊，刊律定篇云爾。

漢自王莽篡位之後，舊章不存。光武中興，留心庶獄，常臨朝聽訟，躬決疑事。是時承離亂之後，法網弛縱，罪名旣輕，無以懲肅。梁統乃上疏曰：

臣竊見元帝初元五年，輕殊刑三十四事，〔二〕哀帝建平元年盡四年，輕殊死者刑八十一事，其四十二事，手殺人皆減死罪一等，著爲常法。自是以後，人輕犯法，吏易殺人，吏民俱失，至於不羈。

臣愚以爲刑罰不苟務輕，務其中也。君人之道，仁義爲主，仁者愛人，義者理務。愛人故當爲除害，理務亦當爲去亂。是以五帝有流殛放殺之誅，三王有大辟刻肌之刑，所以爲除殘去亂也。故孔子稱「仁者必有勇」，又曰「理財正辭，禁人爲非曰義」。高帝受命，制約令，定法律，傳之後世，可常施行。文帝寬惠溫克，遭世康平，因時施恩，省去肉刑，除相坐之法，他皆率由舊章，天下幾致升平。武帝值中國隆盛，財力有餘，出兵命將，征伐遠方，軍役數興，百姓罷弊，豪桀犯禁，姦吏弄法，故設遁匿之科，〔三〕著知縱之律。宣帝聰明正直，履道握要，以御海內，臣下奉憲，不失繩墨。元帝法律，少所改更，天下稱安。孝成、孝哀，承平繼體，卽位日淺，聽斷尙寡。丞相王嘉等猥以數年之間，虧除先帝舊約，穿令斷律，凡百餘事，或不便於政，或不厭人心。臣謹表取其尤妨政事、害善良者，傅奏如左。

伏惟陛下苞五常，履九德，推時撥亂，博施濟時，而反因循季世末節，衰微軌迹，誠非所以還初反本，據元更始也。願陛下宣詔有司，悉舉初元、建平之所穿鑿，考其輕重，察其化俗，足以知政教所處，擇其善者而從之，其不善者而改之，定不易之典，施之無窮，天下幸甚。

事下三公、廷尉議，以爲隆刑峻法，非明王急務，不可開許。統復上言曰：「有司猥以臣所上不可施行。今臣所言，非曰嚴刑。竊謂高帝以後，至於宣帝，其所施行，考合經傳，比方今事，非隆刑峻法。不勝至願，願得召見，若對尚書近臣，口陳其意。」帝令尚書問狀，統又對，極言政刑宜改。議竟不從。及明帝卽位，常臨聽訟觀錄洛陽諸獄。帝性旣明察，能得下姦，故尚書奏決罰近於苛碎。

至章帝時，尚書陳寵上疏曰：「先王之政，賞不僭，刑不濫，與其不得已，寧僭不濫。故唐堯著典曰『流宥五刑，眚災肆赦』。帝舜命皋陶以『五宅三居，惟明克允』。文王重易六爻，而列叢棘之聽；周公作立政，戒成王勿誤乎庶獄。陛下卽位，率由此義，而有司執事，未悉奉承。斷獄者急於榜格酷烈之痛，執憲者繁於詐欺放濫之文，違本離實，箠楚爲姦，或因公行私，以逞威福。夫爲政也，猶張琴瑟，大弦急者小弦絕，故子貢非臧孫之猛法，而美鄭僑之仁政。方今聖德充塞，假於上下，宜因此時，隆先聖之務，蕩滌煩苛，輕薄箠楚，以濟羣生，廣至德也。」帝納寵言，決罪行刑，務於寬厚。其後遂詔有司，禁絕鉆鑽諸酷痛舊制，解祆惡之禁，除文致之請，〔四〕讞五十餘事，定著于令。是後獄法和平。

永元六年，寵又代郭躬爲廷尉，復校律令，刑法溢於甫刑者，奏除之，曰：「臣聞禮經三百，威儀三千，故甫刑大辟二百，五刑之屬三千。禮之所去，刑之所取，失禮卽入刑，相爲表裏者也。今律令，犯罪應死刑者六百一十，耐罪千六百九十八，贖罪以下二千六百八十一，溢於甫刑千九百八十九，其四百一十大辟，千五百耐罪，〔五〕七十九贖罪。春秋保乾圖曰：『王者三百年一蠲法。』漢興以來，三百二年，憲令稍增，科條無限。又律有三家，說各駁異。刑法繁多，宜令三公、廷尉集平律令，應經合義可施行者，大辟二百，耐罪、贖罪二千八百，合爲三千，與禮相應。其餘千九百八十九事，悉可詳除。使百姓改易視聽，以成大化，致刑措之美，傳之無窮。」未及施行，會寵抵罪，遂寢。寵子忠。忠後復爲尙書，略依寵意，奏上三十三條，〔六〕爲決事比，以省請讞之弊。又上除蠶室刑，解贓吏三世禁錮，狂易殺人得減重論，母子兄弟相代死聽赦所代者，事皆施行。雖時有蠲革，而舊律繁蕪，未經纂集。

獻帝建安元年，應劭又删定律令，以爲漢議，〔七〕表奏之曰：「夫國之大事，莫尙載籍也。載籍也者，決嫌疑，明是非，賞刑之宜，允執厥中，俾後之人永有鑒焉。故膠東相董仲舒老病致仕，〔八〕朝廷每有政議，數遣廷尉張湯親至陋巷，問其得失，於是作春秋折獄二百三十二事，動以經對，言之詳矣。逆臣董卓，蕩覆王室，典憲焚燎，靡有孑遺，開闢以來，莫或茲酷。今大駕東邁，巡省許都，拔出險難，其命惟新。臣竊不自揆，輒撰具律本章句、尙書舊事、廷尉板令、決事比例、司徒都目、五曹詔書及春秋折獄，凡二百五十篇，蠲去復重，爲之節文。又集議駁三十篇，以類相從，凡八十二事。其見漢書二十五，漢記四，皆删敘潤色，以全本體。其二十六，博採古今瓌瑋之士，德義可觀。其二十七，臣所創造。左氏云：『雖有姬姜，不棄憔悴；雖有絲麻，不棄菅蒯。』蓋所以代匱也。是用敢露頑才，廁於明哲之末，雖未足綱紀國體，宣洽時雍，庶幾觀察，增闡聖德。惟因萬機之餘暇，遊意省覽。」獻帝善之，於是舊事存焉。

是時天下將亂，百姓有土崩之勢，刑罰不足以懲惡，於是名儒大才故遼東太守崔寔、〔九〕大司農鄭玄、大鴻臚陳紀之徒，咸以爲宜復行肉刑。漢朝既不議其事，故無所用矣。及魏武帝匡輔漢室，尚書令荀彧博訪百官，復欲申之，而少府孔融議以爲：「古者敦厖，善否區別，吏端刑清政簡，一無過失，百姓有罪，皆自取之。末世陵遲，風化壞亂，政撓其俗，法害其教。故曰『上失其道，人散久矣』。而欲繩之以古刑，投之以殘棄，非所謂與時消息也。紂斮朝涉之脛，天下謂爲無道。夫九牧之地，千八百君，若各刖一人，是天下常有千八百紂也，求世休和，弗可得已。且被刑之人，慮不念生，志在思死，類多趨惡，莫復歸正。夙沙亂齊，伊戾禍宋，趙高、英布，爲世大患。不能止人遂爲非也。雖忠如鬻拳，信如卞和，智如孫臏，冤如巷伯，才如史遷，達如子政，〔一〇〕一罹刀鋸，沒世不齒。是太甲之思庸，穆公之霸秦，陳湯之都賴，魏尚之臨邊，無所復施也。漢開改惡之路，凡爲此也。故明德之君，遠度深惟，棄短就長，不苟革其政者也。」朝廷善之，卒不改焉。

及魏國建，陳紀子羣時爲御史中丞，魏武帝下令又欲復之，使羣申其父論。羣深陳其便。時鍾繇爲相國，亦贊成之，而奉常王脩不同其議。魏武帝亦難以藩國改漢朝之制，遂寢不行。於是乃定甲子科，犯釱左右趾者易以木械，是時乏鐵，故易以木焉。又嫌漢律太重，故令依律論者聽得科半，使從半減也。

魏文帝受禪，又議肉刑。詳議未定，會有軍事，復寢。時有大女劉朱，撾子婦酷暴，前後三婦自殺，論朱減死輸作尚方，因是下怨毒殺人減死之令。魏明帝改士庶罰金之令，男聽以罰金，婦人加笞還從鞭督之例，以其形體裸露故也。

是時承用秦漢舊律，其文起自魏文侯師李悝。悝撰次諸國法，著法經。以爲王者之政，莫急於盜賊，故其律始於盜賊。盜賊須劾捕，故著網捕二篇。〔二〕其輕狡、越城、博戲、借假不廉、淫侈、踰制以爲雜律一篇，又以具律具其加減。是故所著六篇而已，然皆罪名之制也。商君受之以相秦。漢承秦制，蕭何定律，除參夷連坐之罪，增部主見知之條，益事律興、廄、戶三篇，合爲九篇。叔孫通益律所不及，傍章十八篇，張湯越宮律二十七篇，趙禹朝律六篇，合六十篇。又漢時決事，集爲令甲以下三百餘篇，及司徒鮑公撰嫁娶辭訟決爲法比都目，凡九百六卷。世有增損，率皆集類爲篇，結事爲章。一章之中或事過數十，事類雖同，輕重乖異。而通條連句，上下相蒙，雖大體異篇，實相採入。盜律有賊傷之例，賊律有盜章之文，興律有上獄之法，廐律有逮捕之事，若此之比，錯糅無常。後人生意，各爲章句。叔孫宣、郭令卿、馬融、鄭玄諸儒章句十有餘家，家數十萬言。凡斷罪所當由用者，合二萬六千二百七十二條，七百七十三萬二千二百餘言，言數益繁，覽者益難。天子於是下詔，但用鄭氏章句，不得雜用餘家。

衞覬又奏曰：「刑法者，國家之所貴重，而私議之所輕賤；獄吏者，百姓之所縣命，而選用者之所卑下。王政之弊，未必不由此也。請置律博士，轉相教授。」事遂施行。然而律文煩廣，事比衆多，離本依末，決獄之吏如廷尉獄吏范洪受囚絹二丈，附輕法論之，獄吏劉象受屬偏考囚張茂物故，附重法論之。洪、象雖皆棄市，而輕枉者相繼。是時太傅鍾繇又上疏求復肉刑，詔下其奏，司徒王朗議又不同。時議者百餘人，與朗同者多。帝以吳蜀未平，又寢。

其後，天子又下詔改定刑制，命司空陳羣、散騎常侍劉邵、給事黃門侍郎韓遜、議郎庾嶷、中郎黃休、荀詵等刪約舊科，傍采漢律，定爲魏法，制新律十八篇，州郡令四十五篇，尚書官令、軍中令，合百八十餘篇。其序略曰：

舊律所難知者，由於六篇篇少故也。篇少則文荒，文荒則事寡，事寡則罪漏。是以後人稍增，更與本體相離。今制新律，宜都總事類，多其篇條。

舊律因秦法經，就增三篇，而具律不移，因在第六。罪條例既不在始，又不在終，非篇章之義。故集罪例以爲刑名，冠於律首。

盜律有劫略、恐猲、和賣買人，科有持質，皆非盜事，故分以爲劫略律。賊律有欺謾、詐僞、踰封、矯制，囚律有詐僞生死，令丙有詐自復免，事類衆多，故分爲詐律。賊律有賊伐樹木、殺傷人畜產及諸亡印，金布律有毀傷亡失縣官財物，故分爲毀亡律。囚律有告劾、傳覆，廐律有告反逮受，〔一二〕科有登聞道辭，故分爲告劾律。囚律有繫囚、鞫獄、斷獄之法，興律有上獄之事，科有考事報讞，宜別爲篇，故分爲繫訊、斷獄律。盜律有受所監受財枉法，雜律有假借不廉，令乙有呵人受錢，科有使者驗賂，其事相類，故分爲請賕律。盜律有勃辱強賊，興律有擅興徭役，具律有出賣呈，科有擅作修舍事，故分爲興擅律。興律有乏徭稽留，賊律有儲峙不辦，廐律有乏軍之興，及舊典有奉詔不謹、不承用詔書，漢氏施行有小愆之反不如令，〔一三〕輒劾以不承用詔書乏軍要斬，又減以丁酉詔書，丁酉詔書，漢文所下，不宜復以爲法，故別爲之留律。秦世舊有廐置、乘傳、副車、食廚，漢初承秦不改，後以費廣稍省，故後漢但設騎置而無車馬，而律猶著其文，則爲虛設，故除廄律，取其可用合科者，以爲郵驛令。其告反逮驗，別入告劾律。上言變事，以爲變事令，以驚事告急，與興律烽燧及科令者，〔一四〕以爲驚事律。盜律有還贓畀主，金布律有罰贖入責以呈黃金爲價，〔一五〕科有平庸坐贓事，以爲償贓律。律之初制，無免坐之文，張湯、趙禹始作監臨部主、見知故縱之例。其見知而故不舉劾，各與同罪，失不舉劾，各以贖論，其不見不知，不坐也，是以文約而例通。科之爲制，每條有違科，不覺不知，從坐之免，不復分別，而免坐繁多，宜總爲免例，以省科文，故更制定其由例，以爲免坐律。諸律令中有其教制，本條無從坐之文者，皆從此取法也。凡所定增十三篇，就故五篇，合十八篇，於正律九篇爲增，於旁章科令爲省矣。

改漢舊律不行於魏者皆除之，更依古義制爲五刑。其死刑有三，髡刑有四，完刑、作刑各三，贖刑十一，罰金六，雜抵罪七，凡三十七名，以爲律首。又改賊律，但以言語及犯宗廟園陵，謂之大逆無道，要斬，家屬從坐，不及祖父母、孫。至於謀反大逆，臨時捕之，或汙瀦，或梟菹，夷其三族，不在律令，所以嚴絕惡跡也。賊鬬殺人，以劾而亡，許依古義，聽子弟得追殺之。會赦及過誤相殺，不得報讎，所以止殺害也。正殺繼母，與親母同，防繼假之隙也。除異子之科，使父子無異財也。歐兄姊加至五歲刑，以明教化也。囚徒誣告人反，罪及親屬，異於善人，所以累之使省刑息誣也。改投書棄市之科，所以輕刑也。正篡囚棄市之罪，斷凶强爲義之蹤也。二歲刑以上，除以家人乞鞫之制，省所煩獄也。改諸郡不得自擇伏日，所以齊風俗也。

斯皆魏世所改，其大略如是。其後正始之間，天下無事，於是征西將軍夏侯玄、河南尹李勝、中領軍曹義、尚書丁謐又追議肉刑，卒不能決。其文甚多，不載。

及景帝輔政，是時魏法，犯大逆者誅及已出之女。毌丘儉之誅，其子甸妻荀氏應坐死，其族兄顗與景帝姻，通表魏帝，以匄其命。詔聽離婚。荀氏所生女芝，爲潁川太守劉子元妻，亦坐死，以懷妊繫獄。荀氏辭詣司隸校尉何曾乞恩，求沒爲官婢，以贖芝命。曾哀之，使主簿程咸上議曰：「夫司寇作典，建三等之制；甫侯修刑，通輕重之法。叔世多變，秦立重辟，漢又修之。大魏承秦漢之弊，未及革制，所以追戮已出之女，誠欲殄醜類之族也。然則法貴得中，刑愼過制。臣以爲女人有三從之義，無自專之道，出適他族，還喪父母，降其服紀，所以明外成之節，異在室之恩。而父母有罪，追刑已出之女；夫黨見誅，又有隨姓之戮。一人之身，內外受辟。今女既嫁，則爲異姓之妻；如或產育，則爲他族之母，此爲元惡之所忽。戮無辜之所重，於防則不足懲姦亂之源，於情則傷孝子之心。男不得罪於他族，而女獨嬰戮於二門，非所以哀矜女弱，蠲明法制之本分也。臣以爲在室之女，從父母之誅；既醮之婦，從夫家之罰。宜改舊科，以爲永制。」於是有詔改定律令。

文帝爲晉王，患前代律令本注煩雜，陳羣、劉邵雖經改革，而科網本密，又叔孫、郭、馬、杜諸儒章句，但取鄭氏，又爲偏黨，未可承用。於是令賈充定法律，令與太傅鄭沖、司徒荀顗、中書監荀勖、中軍將軍羊祜、中護軍王業、廷尉杜友、守河南尹杜預、散騎侍郎裴楷、潁川太守周雄、〔一六〕齊相郭頎、騎都尉成公綏、尙書郎柳軌及吏部令史榮邵等十四人典其事，就漢九章增十一篇，仍其族類，正其體號，改舊律爲刑名、法例，辨囚律爲告劾、繫訊、斷獄，分盜律爲請賕、詐僞、水火、毁亡，因事類爲衞宮、違制，撰周官爲諸侯律，合二十篇，〔一七〕六百二十條，〔一八〕二萬七千六百五十七言。蠲其苛穢，存其清約，事從中典，歸於益時。其餘未宜除者，若軍事、田農、酤酒，未得皆從人心，權設其法，太平當除，故不入律，悉以爲令。施行制度，以此設教，違令有罪則入律。其常事品式章程，各還其府，爲故事。減梟斬族誅從坐之條，除謀反適養母出女嫁皆不復還坐父母棄市，省禁固相告之條，去捕亡、亡沒爲官奴婢之制。輕過誤老少女人當罰金杖罰者，皆令半之。重姦伯叔母之令，棄市。淫寡女，三歲刑。崇嫁娶之要，一以下娉爲正，不理私約。峻禮教之防，準五服以制罪也。凡律令合二千九百二十六條，十二萬六千三百言，六十卷，故事三十卷。泰始三年，事畢，表上。武帝詔曰：「昔蕭何以定律令受封，叔孫通制儀爲奉常，賜金五百斤，弟子百人皆爲郎。〔一九〕夫立功立事，古今之所重，宜加祿賞，其詳考差敍。輒如詔簡異弟子百人，隨才品用，賞帛萬餘匹。」武帝親自臨講，使裴楷執讀。四年正月，大赦天下，乃班新律。

其後，明法掾張裴又注律，〔三〇〕表上之，其要曰：

律始於刑名者，所以定罪制也；終於諸侯者，所以畢其政也。王政布於上，諸侯奉於下，禮樂撫於中，故有三才之義焉，其相須而成，若一體焉。

刑名所以經略罪法之輕重，正加減之等差，明發衆篇之多義，補其章條之不足，較舉上下綱領。其犯盜賊、詐僞、請賕者，則求罪於此，作役、水火、畜養、守備之細事，皆求之作本名。告訊爲之心舌，捕繫爲之手足，斷獄爲之定罪，名例齊其制。〔三一〕自始及終，往而不窮，變動無常，周流四極，上下無方，不離于法律之中也。

其知而犯之謂之故，意以爲然謂之失，違忠欺上謂之謾，背信藏巧謂之詐，虧禮廢節謂之不敬，兩訟相趣謂之鬭，兩和相害謂之戲，無變斬擊謂之賊，不意誤犯謂之過失，逆節絕理謂之不道，陵上僭貴謂之惡逆，將害未發謂之戕，唱首先言謂之造意，二人對議謂之謀，制衆建計謂之率，不和謂之强，攻惡謂之略，三人謂之羣，取非其物謂之盜，貨財之利謂之贓：凡二十者，律義之較名也。

夫律者，當慎其變，審其理。若不承用詔書，無故失之刑，當從贖。謀反之同伍，實不知情，當從刑。此故失之變也。卑與尊鬭，皆爲賊。鬭之加兵刃水火中，不得爲戲，戲之重也。向人室廬道徑射，不得爲過，失之禁也。都城人衆中走馬殺人，當爲賊，賊之似也。過失似賊，戲似鬬，鬬而殺傷傍人，又似誤，盜傷縛守似强盜，呵人取財似受賕，囚辭所連似告劾，諸勿聽理似故縱，持質似恐猲。如此之比，皆爲無常之格也。

五刑不簡，正于五罰，五罰不服，正于五過，意善功惡，以金贖之。故律制，生罪不過十四等，死刑不過三，徒加不過六，囚加不過五，累作不過十一歲，累笞不過千二百，刑等不過一歲，金等不過四兩。月贖不計日，日作不拘月，歲數不疑閏。不以加至死，幷死不復加。不可累者，故有幷數；不可幷數，乃累其加。以加論者，但得其加；與加同者，連得其本。不在次者，不以通論。以人得罪與人同，以法得罪與法同。侵生害死，不可齊其防；親疏公私，不可常其敎。禮樂崇於上，故降其刑；刑法閑於下，故全其法。是故尊卑敍，仁義明，九族親，王道平也。

律有事狀相似而罪名相涉者，若加威勢下手取財爲强盜，不自知亡爲縛守，將中有惡言爲恐猲，不以罪名呵爲呵人，以罪名呵爲受賕，劫召其財爲持質。此六者，〔三二〕以威勢得財而名殊者也。即不求自與爲受求，所監求而後取爲盜贓，〔三三〕輸入呵受爲留難，斂人財物積藏於官爲擅賦，加歐擊之爲戮辱。諸如此類，皆爲以威勢得財而罪相似者也。

夫刑者，司理之官；理者，求情之機；情者，心神之使。心感則情動於中，而形於言，暢於四支，發於事業。是故姦人心愧而面赤，內怖而色奪。論罪者務本其心，審其情，精其事，近取諸身，遠取諸物，然後乃可以正刑。仰手似乞，俯手似奪，捧手似謝，擬手似訴，拱臂似自首，攘臂似格鬬，矜莊似威，怡悅似福，喜怒憂歡，貌在聲色。姦眞猛弱，〔二四〕候在視息。出口有言當爲告，下手有禁當爲賊，喜子殺怒子當爲戲，怒子殺喜子當爲賊。諸如此類，自非至精不能極其理也。

律之名例，非正文而分明也。若八十，非殺傷人，他皆勿論，卽誣告謀反者反坐。十歲，不得告言人；卽奴婢捍主，主得謁殺之。賊燔人廬舍積聚，盜贓五匹以上，〔二五〕棄市；卽燔官府積聚盜，亦當與同。歐人敎令者與同罪，卽令人歐其父母，不可與行者同得重也。若得遺物強取強乞之類，無還贓法隨例畀之文。法律中諸不敬，違儀失式，及犯罪爲公爲私，贓入身不入身，皆隨事輕重取法，以例求其名也。

夫理者，精玄之妙，不可以一方行也；律者，幽理之奧，不可以一體守也。或計過以配罪，或化略以循常，〔二六〕或隨事以盡情，或趣舍以從時，或推重以立防，或引輕而就下。公私廢避之宜，除削重輕之變，皆所以臨時觀釁，使用法執詮者幽於未制之中，〔二七〕采其根牙之微，致之於機格之上，稱輕重於豪銖，考輩類於參伍，然後乃可以理直刑正。

夫奉聖典者若操刀執繩，刀妄加則傷物，繩妄彈則侵直。梟首者惡之長，斬刑者罪之大，棄市者死之下，髡作者刑之威，贖罰者誤之誡。王者立此五刑，所以寶君子而逼小人，故爲敕愼之經，皆擬周易有變通之體焉。欲令提綱而大道淸，舉略而王法齊，其旨遠，其辭文，其言曲而中，其事肆而隱。通天下之志唯忠也，斷天下之疑唯文也，切天下之情唯遠也，彌天下之務唯大也，變無常體唯理也，非天下之賢聖，孰能與於斯！

夫形而上者謂之道，形而下者謂之器，化而財之謂之格。〔三八〕刑殺者是冬震曜之象，髡罪者似秋彫落之變，贖失者是春陽悔吝之疵也。五刑成章，輒相依準，法律之義焉。

是時侍中盧珽、中書侍郎張華又表：「抄新律諸死罪條目，懸之亭傳，以示兆庶。」有詔從之。及劉頌爲廷尉，頻表宜復肉刑，不見省，又上言曰：

臣昔上行肉刑，從來積年，遂寢不論。臣竊以爲議者拘孝文之小仁，而輕違聖王之典刑，未詳之甚，莫過於此。

今死刑重，故非命者衆；生刑輕，故罪不禁姦。所以然者，肉刑不用之所致也。今爲徒者，類性元惡不軌之族也，去家懸遠，作役山谷，飢寒切身，志不聊生，雖有廉士介者，〔二九〕苟慮不首死，則皆爲盜賊，豈況本性姦凶無賴之徒乎！又令徒富者輸財，解日歸家，乃無役之人也。貧者起爲姦盜，又不制之虜也。不刑，則罪無所禁；不制，則羣惡橫肆。爲法若此，近不盡善也。是以徒亡日屬，賊盜日煩，亡之數者至有十數，得輒加刑，日益一歲，此爲終身之徒也。自顧反善無期，而災困逼身，其志亡思盜，勢不得息，事使之然也。

古者用刑以止刑，今反於此。諸重犯亡者，髮過三寸輒重髡之，此以刑生刑；加作一歲，此以徒生徒也。亡者積多，繫囚猥畜。議者曰囚不可不赦，復從而赦之，此爲刑不制罪，法不勝姦。下知法之不勝，相聚而謀爲不軌，月異而歲不同。故自頃年以來，姦惡陵暴，所在充斥。議者不深思此故，而曰肉刑於名忤聽，忤聽孰與賊盜不禁？

聖王之制肉刑，遠有深理，其事可得而言，非徒懲其畏剝割之痛而不爲也，乃去其爲惡之具，使夫姦人無用復肆其志，止姦絕本，理之盡也。亡者刖足，無所用復亡。盜者截手，無所用復盜。淫者割其勢，理亦如之。除惡塞源，莫善於此，非徒然也。此等已刑之後，便各歸家，父母妻子，共相養恤，不流離於塗路。有今之困，創愈可役，上準古制，隨宜業作，雖已刑殘，不爲虛棄，〔三〇〕而所患都塞，又生育繁阜之道自若也。

今宜取死刑之限輕，及三犯逃亡淫盜，悉以肉刑代之。其三歲刑以下，已自杖罰遣，又宜制其罰數，使有常限，不得減此。其有宜重者，又任之官長。應四五歲刑者，皆髡笞，笞至一百，稍行，使各有差，悉不復居作。然後刑不復生刑，徒不復生徒，而殘體爲戮，終身作誡。人見其痛，畏而不犯，必數倍於今。且爲惡者隨發被刑，去其爲惡之具，此爲諸已刑者皆良士也，豈與全其爲姦之手足，而蹴居必死之窮地同哉！而猶曰肉刑不可用，臣竊以爲不識務之甚也。

臣昔常侍左右，數聞明詔，謂肉刑宜用，事便於政。願陛下信獨見之斷，使夫能者得奉聖慮，行之於今。比塡溝壑，冀見太平。周禮三赦三宥，施於老幼悼耄，黔黎不屬逮者，此非爲惡之所出，故刑法逆舍而宥之。至於自非此族，犯罪則必刑而無赦，此政之理也。暨至後世，以時嶮多難，因赦解結，權以行之，又不以寬罪人也。至今恒以罪積獄繁，赦以散之，是以赦愈數而獄愈塞，如此不已，將至不勝。原其所由，肉刑不用之故也。今行肉刑，非徒不積，〔三〕且爲惡無具則姦息。去此二端，獄不得繁，故無取於數赦，於政體勝矣。

疏上，又不見省。

至惠帝之世，政出羣下，每有疑獄，各立私情，刑法不定，獄訟繁滋。尚書裴頠表陳之曰：

夫天下之事多塗，非一司之所管；中才之情易擾，賴恒制而後定。先王知其所以然也，是以辨方分職，爲之準局。準局既立，各掌其務，刑賞相稱，輕重無二，故下聽有常，羣吏安業也。舊宮掖陵廟有水火毁傷之變，然後尚書乃躬自奔赴，其非此也，皆止於郎令史而已。刑罰所加，各有常刑。

去元康四年，大風之後，廟闕屋瓦有數枚傾落，免太常荀寓。于時以嚴詔所譴，莫敢據正。然內外之意，僉謂事輕責重，有違于常。會五年二月有大風，主者懲懼前事。臣新拜尚書始三日，本曹尚書有疾，權令兼出，按行蘭臺。主者乃瞻望阿棟之間，求索瓦之不正者，得棟上瓦小邪十五處。或是始瓦時邪，蓋不足言，風起倉卒，臺官更往，太常按行，不及得周，文書未至之頃，便競相禁止。臣以權兼暫出，出還便罷，不復得窮其事。而本曹據執，却問無已。臣時具加解遣，而主者畏咎，不從臣言，禁止太常，復興刑獄。

昔漢氏有盜廟玉環者，文帝欲族誅，釋之但處以死刑，曰：「若侵長陵一抔土，何以復加？」文帝從之。大晉垂制，深惟經遠，山陵不封，園邑不飾，墓而不墳，同乎山壤，是以丘阪存其陳草，使齊乎中原矣。雖陵兆尊嚴，唯毁發然後族之，此古典也。若登踐犯損，失盡敬之道，事止刑罪可也。

去八年，奴聽敎加誣周龍燒草，廷尉遂奏族龍，一門八口幷命。會龍獄翻，然後得免。考之情理，準之前訓，所處實重。今年八月，陵上荆一枝圍七寸二分者被斫，司徒太常，奔走道路，雖知事小，而案劾難測，搔擾驅馳，各競免負，于今太常禁止未解。近日太祝署失火，燒屋三間半。署在廟北，隔道在重牆之內，又即已滅，頻爲詔旨所問。主者以詔旨使問頻繁，便責尚書不即案行，輒禁止，尚書免，皆在法外。

刑書之文有限，而舛違之故無方，故有臨時議處之制，誠不能皆得循常也。至於此等，皆爲過當，每相逼迫，不復以理，上替聖朝畫一之德，下損崇禮大臣之望。臣愚以爲犯陵上草木，不應乃用同産異刑之制。〔三〕按行奏劾，應有定準，相承務重，體例遂虧。或因餘事，得容淺深。

頠雖有此表，曲議猶不止。時劉頌爲三公尚書，又上疏曰：

自近世以來，法漸多門，令甚不一。臣今備掌刑斷，職思其憂，謹具啓聞。

臣竊伏惟陛下爲政，每盡善，故事求曲當，則例不得直；盡善，故法不得全。何則？夫法者，〔三〕固以盡理爲法，而上求盡善，則諸下牽文就意，以赴主之所許，是以法不得全。刑書徵文，徵文必有乖於情聽之斷，而上安於曲當，故執平者因文可引，則生二端。是法多門，令不一，則吏不知所守，下不知所避。姦僞者因法之多門，以售其情，所欲淺深，苟斷不一，則居上者難以檢下，於是事同議異，獄犴不平，有傷於法。

古人有言：「人主詳，其政荒；人主期，其事理。」詳匪他，盡善則法傷，故其政荒也。期者輕重之當，雖不厭情，苟入於文，則循而行之，故其事理也。夫善用法者，忍違情不厭聽之斷，輕重雖不允人心，經於凡覽，若不可行，法乃得直。又君臣之分，各有所司。法欲必奉，故令主者守文；理有窮塞，故使大臣釋滯；事有時宜，故人主權斷。主者守文，若釋之執犯蹕之平也；大臣釋滯，若公孫弘斷郭解之獄也；人主權斷，若漢祖戮丁公之爲也。天下萬事，自非斯格重爲，故不近似此類，不得出以意妄議，其餘皆以律令從事。然後法信於下，人聽不惑，吏不容姦，可以言政。人主軌斯格以責羣下，大臣小吏各守其局，則法一矣。

古人有言：「善爲政者，看人設教。」看人設教，制法之謂也。又曰「隨時之宜」，當務之謂也。然則看人隨時，在大量也，而制其法。法軌既定則行之，行之信如四時，執之堅如金石，羣吏豈得在成制之內，復稱隨時之宜，傍引看人設教，以亂政典哉！何則？始制之初，固已看人而隨時矣。今若設法未盡當，則宜改之。若謂已善，不得盡以爲制，而使奉用之司公得出入以差輕重也。夫人君所與天下共者，法也。已令四海，不可以不信以爲教，方求天下之不慢，不可繩以不信之法。且先識有言，人至愚而不可欺也。不謂平時背法意斷，不勝百姓顧也。

上古議事以制，不爲刑辟。夏殷及周，書法象魏。三代之君齊聖，然咸棄曲當之妙鑒，而任徵文之直準，非聖有殊，所遇異也。今論時敦朴，〔三〕不及中古，而執平者欲適情之所安，自託於議事以制。臣竊以爲聽言則美，論理則違。然天下至大，事務衆雜，時有不得悉循文如令。故臣謂宜立格爲限，使主者守文，死生以之，不敢錯思於成制之外，以差輕重，則法恒全。事無正據，名例不及，大臣論當，以釋不滯，則事無閡。至如非常之斷，出法賞罰，若漢祖戮楚臣之私己，封趙氏之無功，唯人主專之，非奉職之臣所得擬議。然後情求傍請之跡絕，似是而非之奏塞，此蓋齊法之大準也。主者小吏，處事無常。何則？無情則法徒克，有情則撓法。積克似無私，然乃所以得其私，又恒所岨以衞其身。斷當恒克，世謂盡公，時一曲法，迺所不疑。故人君不善倚深似公之斷，而責守文如令之奏，然後得爲有檢，此又平法之一端也。

夫出法權制，指施一事，厭情合聽，可適耳目，誠有臨時當意之快，勝於徵文不允人心也。然起爲經制，終年施用，恒得一而失十。故小有所得者，必大有所失；近有所漏者，必遠有所苞。故諳事識體者，善權輕重，不以小害大，不以近妨遠。忍曲當之近適，以全簡直之大準。不牽於凡聽之所安，必守徵文以正例。每臨其事，恒御此心以決斷，此又法之大概也。

又律法斷罪，皆當以法律令正文，若無正文，依附名例斷之，其正文名例所不及，皆勿論。法吏以上，所執不同，得爲異議。如律之文，守法之官，唯當奉用律令。至於法律之內，所見不同，迺得爲異議也。今限法曹郎令史，意有不同爲駁，唯得論釋法律，以正所斷，不得援求諸外，論隨時之宜，以明法官守局之分。

詔下其事，侍中、太宰、汝南王亮奏以爲：〔三五〕「夫禮以訓世，而法以整俗，理化之本，事實由之。若斷不斷，常輕重隨意，則王憲不一，人無所錯矣。故觀人設敎，在上之舉；守文直法，臣吏之節也。臣以去太康八年，隨事異議。周懸象魏之書，漢詠畫一之法，誠以法與時共，義不可二。今法素定，而法爲議，則有所開長，以爲宜如頌所啓，爲永久之制。」於是門下屬三公曰：「昔先王議事以制，自中古以來，執法斷事，既以立法，誠不宜復求法外小善也。若常以善奪法，則人逐善而不忌法，其害甚於無法也。案啓事，欲令法令斷一，事無二門，郎令史已下，應復出法駁案，隨事以聞也。」

及于江左，元帝爲丞相時，朝廷草創，議斷不循法律，人立異議，高下無狀。主簿熊遠奏曰：「禮以崇善，法以閑非，故禮有常典，法有常防，人知惡而無邪心。是以周建象魏之制，漢創畫一之法，故能闡弘大道，以至刑厝。律令之作，由來尚矣。經賢智，歷夷險，隨時斟酌，最爲周備。自軍興以來，法度陵替，至於處事不用律令，競作屬命，人立異議，曲適物情，虧傷大例。府立節度，復不奉用，臨事改制，朝作夕改，至於主者不敢任法，每輒關諮，委之大官，非爲政之體。若本曹處事不合法令，監司當以法彈違，不得動用開塞，以壞成事。按法蓋粗術，非妙道也，矯割物情，以成法耳。若每隨物情，輒改法制，此爲以情壞法。法之不一，是謂多門，開人事之路，廣私請之端，非先王立法之本意也。凡爲駁議者，若違律令節度，當合經傳及前比故事，不得任情以破成法。愚謂宜令錄事更立條制，諸立議者皆當引律令經傳，不得直以情言，無所依準，以虧舊典也。若開塞隨宜，權道制物，此是人君之所得行，非臣子所宜專用。主者唯當徵文據法，以事爲斷耳。」

是時帝以權宜從事，尚未能從。而河東衞展爲晉王大理，考擿故事有不合情者，又上書曰：「今施行詔書，有考子正父死刑，或鞭父母問子所在。近主者所稱庚寅詔書，舉家逃亡家長斬。若長是逃亡之主，斬之雖重猶可。設子孫犯事，將考祖父逃亡，逃亡是子孫，而父祖嬰其酷。傷順破教，如此者衆。相隱之道離，則君臣之義廢；君臣之義廢，則犯上之姦生矣。秦網密文峻，漢興，掃除煩苛，風移俗易，幾於刑厝。大人革命，不得不蕩其穢匿，通其圮滯。今詔書宜除者多，有便於當今，著爲正條，則法差簡易。」元帝令曰：「禮樂不興，則刑罰不中，是以明罰勅法，先王所愼。自元康已來，事故薦臻，法禁滋漫。大理所上，宜朝堂會議，蠲除詔書不可用者，此孤所虛心者也。」

及帝卽位，展爲廷尉，又上言：「古者肉刑，事經前聖，漢文除之，增加大辟。今人戶彫荒，百不遺一，而刑法峻重，非句踐養胎之義也。愚謂宜復古施行，以隆太平之化。」詔內外通議。於是驃騎將軍王導、太常賀循、侍中紀瞻、中書郎庾亮、大將軍諮議參軍梅陶、散騎郎張嶷等議，以：「肉刑之典，由來尙矣。肇自古先，以及三代，聖哲明王所未曾改也。豈是漢文常主所能易者乎！時蕭曹已沒，絳灌之徒不能正其義。逮班固深論其事，以爲外有輕刑之名，內實殺人。又死刑太重，生刑太輕，生刑縱於上，死刑怨於下，輕重失當，故刑政不中也。且原先王之造刑也，非以過怒也，非以殘人也，所以救姦，所以當罪。今盜者竊人之財，淫者好人之色，亡者避叛之役，皆無殺害也，則加之以刑。刑之則止，而加之斬戮，戮過其罪，死不可生，縱虐於此，歲以巨計。此迺仁人君子所不忍聞，而況行之於政乎！若乃惑其名而不練其實，惡其生而趣其死，此畏水投舟，避坎蹈井，愚夫之不若，何取於政哉！今大晉中興，遵復古典，率由舊章，起千載之滯義，拯百殘之遺黎，使皇典廢而復存，黔首死而更生，至義暢于三代之際，遺風播乎百世之後，生肉枯骨，惠侔造化，豈不休哉！惑者乃曰，死猶不懲，而況於刑？然人者冥也，其至愚矣，雖加斬戮，忽爲灰土，死事日往，生欲日存，未以爲改。若刑諸市朝，朝夕鑒戒，刑者詠爲惡之永痛，惡者觀殘刖之長廢，故足懼也。然後知先王之輕刑以御物，顯誡以懲愚，其理遠矣。」

尙書令刁協、尙書薛兼等議，以爲：「聖上悼殘荒之遺黎，傷犯死之繁衆，欲行刖以代死刑，使犯死之徒得存性命，則率土蒙更生之澤，兆庶必懷恩以反化也。今中興祚隆，大命惟新，誠宜設寬法以育人。然懼羣小愚蔽，習翫所見而忽異聞，或未能咸服。愚謂行刑之時，先明申法令，樂刑者刖，甘死者殺，則心必服矣。古典刑不上大夫，今士人有犯者，謂宜如舊，不在刑例，則進退爲允。」

尙書周顗、郎曹彥、中書郎桓彝等議，以爲：「復肉刑以代死，誠是聖王之至德，哀矜之弘私。然竊以爲刑罰輕重，隨時而作。時人少罪而易威，則從輕而寬之；時人多罪而難威，則宜化刑而濟之。〔三六〕肉刑平世所應立，非救弊之宜也。方今聖化草創，人有餘姦，習惡之徒，爲非未已，截頭絞頸，尙不能禁，而乃更斷足劓鼻，輕其刑罰，使欲爲惡者輕犯寬刑，蹈罪更衆，是爲輕其刑以誘人於罪，殘其身以加楚酷也。昔之畏死刑以爲善人者，今皆犯輕刑而殘其身，畏重之常人，反爲犯輕而致囚，此則何異斷刖常人以爲恩仁邪！受刑者轉廣，而爲非者日多，踊貴屨賤，有鼻者醜也。徒有輕刑之名，而實開長惡之源。不如以殺止殺，重以全輕，權小停之。須聖化漸著，兆庶易威之日，徐施行也。」

議奏，元帝猶欲從展所上，大將軍王敦以爲：「百姓習俗日久，忽復肉刑，必駭遠近。且逆寇未殄，不宜有慘酷之聲，以聞天下。」於是乃止。

咸康之世，庾冰好爲糾察，近於繁細，後益矯違，復存寬縱，疏密自由，律令無用矣。

至安帝元興末，桓玄輔政，又議欲復肉刑斬左右趾之法，以輕死刑，命百官議。蔡廓上議曰：「建邦立法，弘敎穆化，必隨時置制，德刑兼施。長貞一以閑其邪，敎禁以檢其慢，灑湛露以流潤，厲嚴霜以肅威，雖復質文迭用，而斯道莫革。肉刑之設，肇自哲王。蓋由曩世風淳，人多惇謹，圖像旣陳，則機心直戢，刑人在塗，則不逞改操，故能勝殘去殺，化隆無爲。季末澆僞，設網彌密，利巧之懷日滋，恥畏之情轉寡。終身劇役，不足止其姦，況乎黥劓，豈能反於善。徒有酸慘之聲，而無濟俗之益。至於棄市之條，實非不赦之罪，事非手殺，考律同歸，輕重均科，〔三七〕減降路塞，鍾陳以之抗言，元皇所爲留愍。今英輔翼贊，道邈伊周，誠宜明愼用刑，愛人弘育，申哀矜以革濫，移大辟於支體，全性命之至重，恢繁息於將來。」而孔琳之議不同，用王朗、夏侯玄之旨。時論多與琳之同，故遂不行。

校勘記

〔一〕烈祖　孝武帝廟號「烈宗」，「祖」字誤。

〔二〕輕殊刑三十四事　「殊」下疑脫「死」字。後漢書梁統傳及注引東觀漢記、通典一六三、通志六〇、通考一六三並有「死」字。

〔三〕遁匿之科　梁統傳及注、通典一六三、通考一六三「遁匿」俱作「首匿」。

〔四〕除文致之請　原無「之」字，據後漢書陳寵傳增。

〔五〕千五百耐罪　各本「五百」下有「七」字，殿本刪之，與陳寵傳合，亦與大數合，今從殿本。

〔六〕三十三條　陳寵傳、通考一六四俱作「二十三條」。

〔七〕漢議　後漢書應劭傳及通考一六四作「漢儀」。

〔八〕膠東相董仲舒　各本及後漢書應劭傳原文俱作「膠東相」，但考之史漢本傳及春秋繁露對膠西王，「膠東」應作「膠西」，足見應劭執筆時已誤「西」爲「東」。唐修晉書沿襲其誤。

〔九〕崔寔　「寔」，各本作「實」，今從宋本。

〔一〇〕達如子政　「政」，各本作「正」，今從殿本作「政」。劉向字子政。後漢書孔融傳載此文即作「政」。

〔一一〕故著網捕二篇　唐六典注「李悝法經六篇，一曰囚法，四曰捕法」。御覽六三八引唐書作「故著囚捕二篇」。此「網」字疑「囚」之誤。

〔一二〕告反逮受　斠注：沈家本律目考曰：「逮」，玉海引作「訊」。

〔一三〕有小愆之反不如令　斠注：律目考曰：「之反」，通典作「乏及」，通考「之」亦作「乏」。

〔一四〕及科令者　律目考：「令」疑「合」之譌。

〔一五〕爲價　律目考：通典「價」作「償」。

〔一六〕周雄　「雄」，各本作「權」，今從宋本作「雄」，與賈充傳、通典一六三、册府六一〇合。

〔一七〕合二十篇　上云「就漢九章增十一篇」，又加諸侯律一篇，當爲二十一篇。隋書刑法志杜預律本二十一卷，新唐書藝文志二，賈充、杜預刑法律本二十一卷，亦可證。

〔一八〕六百二十條　通典一六三、通志六〇、通考一六四俱作「六百三十條」。

〔一九〕皆爲郎　「郎」下原有「中」字，今據賈充傳、史漢叔孫通傳及御覽六三七删。

〔二〇〕張裴　斠注：「裴」誤。按：南齊書孔稚珪傳、隋書經籍志二、新唐書藝文志二、書鈔四五、御覽六三八、六四二皆作「斐」。

〔二一〕名例齊其制　通典一六四、通考一六四「制」上有「法」字。

〔二二〕此六者　「六」原作「八」。斠注：通典一六四引作「六者」，上文强盜、縛守、恐猲、呵人、受賕、持質，凡六。按：吳說是，今據通典及通考一六四改。

〔二三〕爲盜贓　「贓」原作「賊」，通典一六四、通考一六四作「贓」，今據改。

〔二四〕姦眞　通典一六四、通考一六四「眞」作「貞」。

〔二五〕盜臧五匹以上　「盜」下原有「賊」字。通典一六四及通考一六四無「賊」字，今據刪。

〔二六〕或化略以循常　「以」原作「不」。通典一六四、通考一六四作「化俗以循常」，册府六一〇「不」亦作「以」，今據改。

〔二七〕使用法執詮者　「使」，各本作「者」，屬上讀；今從殿本作「使」，屬下讀。

〔二八〕化而財之謂之格　通典一六四及通考一六四作「推而行之謂之通，舉而措之謂之格」二句。

〔二九〕雖有廉士介者　「雖」，各本作「又」，今從殿本，與通典一六八合。

〔三〇〕虛棄　斠注：類聚五四引劉頌上書作「虐棄」。

〔三一〕非徒不積　「非」，各本作「之」，今從殿本，與通典一六八合。

〔三二〕同產異刑　「異」，各本作「畢」，今從殿本，與通典一六八合。

〔三三〕夫法者　「夫」，各本誤作「失」，今從殿本及通典一六六。

〔三四〕敦朴　「朴」原作「弊」，今據通典一六六引改。

〔三五〕汝南王亮奏　通鑑考異云：刑法志敍頌奏續頠表之下，而云「侍中太宰汝南王亮」。按：頠表引元康八年事，時亮死已久，蓋志誤也。

〔三六〕化刑　斠注：當從通典一六八作「死刑」。

〔三七〕輕重均科　「均」原作「約」，今據通典一六八、通考一六四改。